JN035727

古代ローマ人の危機管理

堀 賀貴［編］

九州大学出版会

口絵１　ポンペイ遺跡の中央広場（上）と犠牲者の石膏型取り（下）

口絵 **2**　オスティア遺跡

口絵 **3**
ポンペイ，「トリプトレモスの家（**VII.7.5**）」**u** 室（上）と **r** 室（下）の敷居

口絵 **4**
ポンペイ,「ケイイの家
(**I.6.15**)」の正面

口絵 **6**　オスティア,「ディアナの家 (**I.III.**
3–4)」地階，奥の廊下天井に残る火災の痕跡

口絵 **5**　ヘルクラネウム，炭化した窓の
鎧戸 (デクマヌス・マキシムスの店舗 **No. 4**)

口絵 7　ヘルクラネウム,「郊外浴場」

口絵 8　オスティア,「ディアナの家」

口絵 9　オスティア,「中央広場浴場（I.XII.6）」の貯水槽上部に残るヴォールト天井

口絵 **10**
オスティア，コーベルの実例，「エパガシアーナのホレア（**I.VIII.3**）」の街路側倉庫の石製コーベル（上）と「ジョーヴェとガニメデの家（**I.IV.2**）」に残るレンガ製コーベル（下）

口絵 **11**
オスティア，手前に「エパガシアーナのホレア（**I.VIII.3**）」，奥に「**I.VIII. 2** のホレア」，その向こうに「ピッコロ・メルカート（**I.VIII.1**）」，さらに現在のテベレ川（ローマ時代のティベリス川）も遠くに見える（上），手前が「ピッコロ・メルカート」，直下は出土大理石の保管所となっている。奥が「**I.VIII.2** のホレア」，左手に実測用のレーザースキャナー（下）

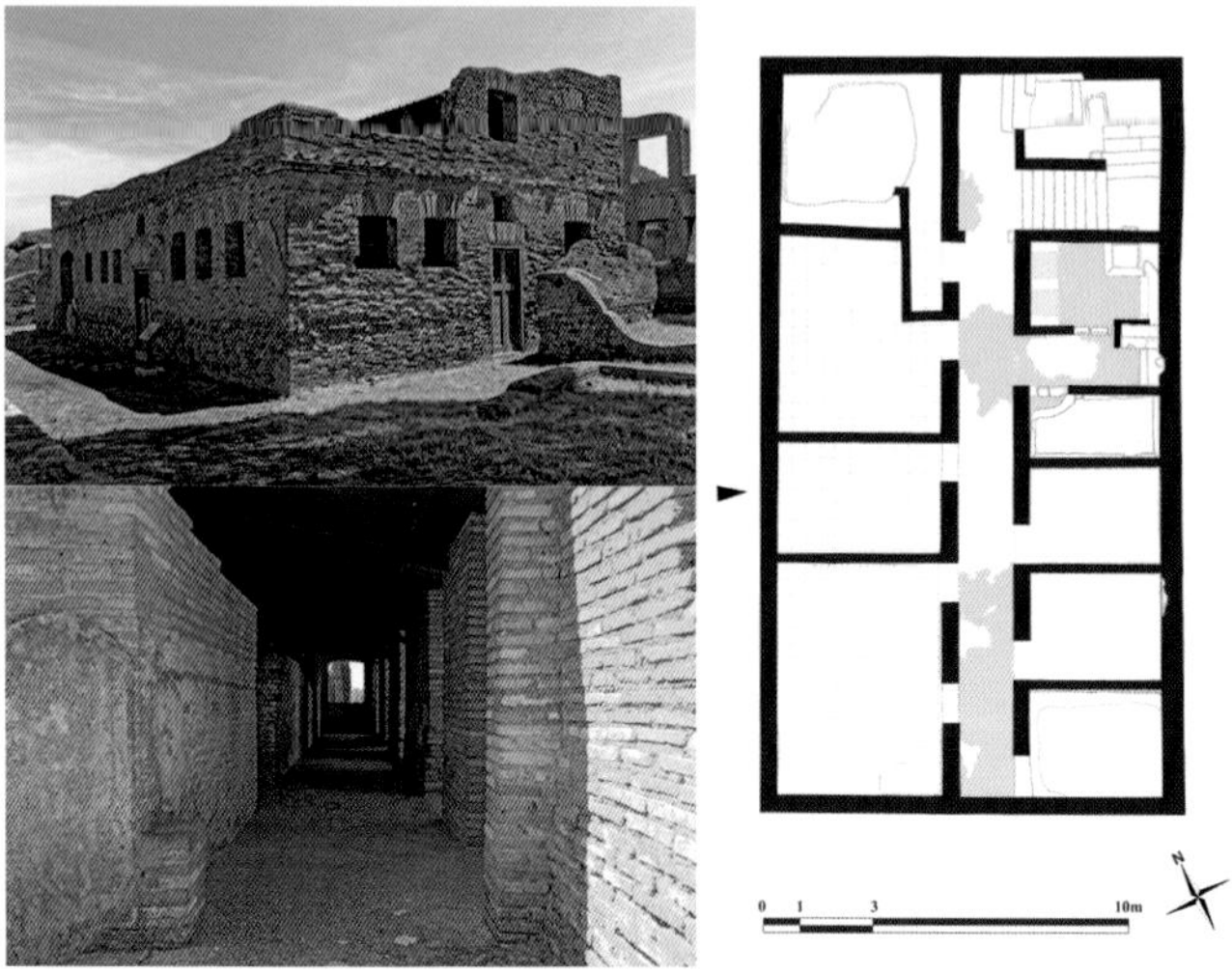

口絵 **12**　オスティア,「絵のあるヴォールト天井の共同住宅（**III.V.1**）」（左上），**2** 階の中廊下（左下）と平面（矢印は地階にある入口の位置）（右）

口絵 **13**
オスティア,「消防署通り」の下から発見されたモザイク床

（レーザースキャニングのデータから描いた図）

口絵 **15**　オスティア，「絵のあるヴォールト天井の共同住宅」，地階

口絵 **14**　オスティア，カピトリウムを含めた広場周辺の立面図

口絵 16　ポンペイ,「スタビア浴場」の冷浴室（左）と脱衣場（右）

口絵 17　ヘルクラネウム,「郊外浴場」ボイラー室（左上,
壁の穴の向こうが温浴室）と温浴室（右上）の断面（下）

目次

略号一覧

文献史料

古典叢書

Aeschin. *In Tim.*	アイスキネス『ティマルコス弾劾』
Aur. Vict. *Caes.*	アウレリウス・ウィクトル『ローマ皇帝列伝』
Cato, *Agr.*	カトー（大）『農業論』
Cass. Dio	ディオン・カッシオス『ローマ史』
Celsus, *Med.*	ケルスス『医学論』
Cic. *QFr.*	キケロ『弟クイントゥス宛書簡集』
Curiosum	― 『都市ローマ一四行政区画の詳細』
Frontin. *Aq.*	フロンティヌス『水道書』
Gal. *in Hp. art. comm.*	ガレノス『ヒポクラテス「関節について」注解』
Gal. *in Hp. epid. VI comm.*	〃 『ヒポクラテス「伝染病第六巻」注解』
Gal. *de libr. propr.*	〃 『自著について』
Gal. *de purg. med. fac.*	〃 『下剤の諸力について』
Gal. *quod. opt. med.*	〃 『最良の医師を見分ける方法について』
Gal. *de san. tuenda*	〃 『健康を維持することについて』
Gal. *de simpl. med. temp. ac fac.*	〃 『単体薬の混合と諸力について』
Gal. *de ther. ad Pis.*	〃 『テリアカについて，ピソのために』
Gell. *NA.*	ゲッリウス『アッティカの夜』
Hor. *S.*	ホラティウス『諷刺詩集』
Juv.	ユウェナリス『諷刺詩』
Luc. *Hipp.*	ルキアノス『ヒッピアス，あるいは浴場について』
Lucr.	ルクレティウス『事物の本性について』
M. Aur. *Med.*	マルクス・アウレリウス『自省録』
Mart. *Epigr.*	マルティアリス『エピグラム集』
Notitia	― 『都市ローマ要覧』
Paulus, *Sent.*	パウルス『断案録』
Petron, *Sat.*	ペトロニウス『サテュリコン』
Philo, *Leg.*	フィロン『ガイウスへの使節』
Plin. *NH.*	プリニウス（大）『博物誌』
Plin. *Ep.*	プリニウス（小）『書簡集』
Plut. *Vit. Crass.*	プルタルコス『対比列伝』クラッスス
Sen. *Ep.*	セネカ（小）『道徳書簡集』
Sen. *Prov.*	〃 『神慮について』
Sen. *QNat.*	〃 『自然研究』

SHA. *Verus*	アエリウス・スパルティアヌスほか『ローマ皇帝群像』, ルキウス・ウェルス
Strab.	ストラボン『地理誌』
Suet. *Aug.*	スエトニウス『ローマ皇帝伝』, アウグストゥス
Suet. *Nero*	〃 『ローマ皇帝伝』, ネロ
Tac. *Ann.*	タキトゥス『年代記』
Thuc.	トゥキュディデス『歴史』
Tib.	ティブッルス ＊詩のタイトルはなく, 第～巻第～歌とのみ表示。
Varro, *Ling.*	ウァロ『ラテン語論』
Varro, *Rust.*	〃 『農業論』
Vell. Pat.	ウェレイユス・パテルクルス『ローマ世界の歴史』
Vitr. *De arch.*	ウィトルウィウス『建築書』
Xen. *Mem.*	クセノフォン『ソクラテスの思い出』

法律史料

XII Tab.	『十二表法』
Dig.	『学説彙纂』

パピルス史料

P. Giss.	『ギーセン・パピルス』

オストラコン史料

O. Claud.	クラウディアヌス山：ギリシア語とラテン語のオストラコン

碑文集成

CIL	『ラテン碑文集成』
CIG	『ギリシア碑文集成』
CLE	『ラテン語韻律碑文集成』
ILS	『ラテン碑文選集』

＊ラテン語史料の略号は, *Oxford Classical Dictionary* 第4版に倣い, 前掲書にないものについては, 適宜適切と思われる形にした。

＊一般書であるため, 著者名や書名の原題は表記せず, わが国での翻訳（複数ある場合は一つを選択）を併記した。

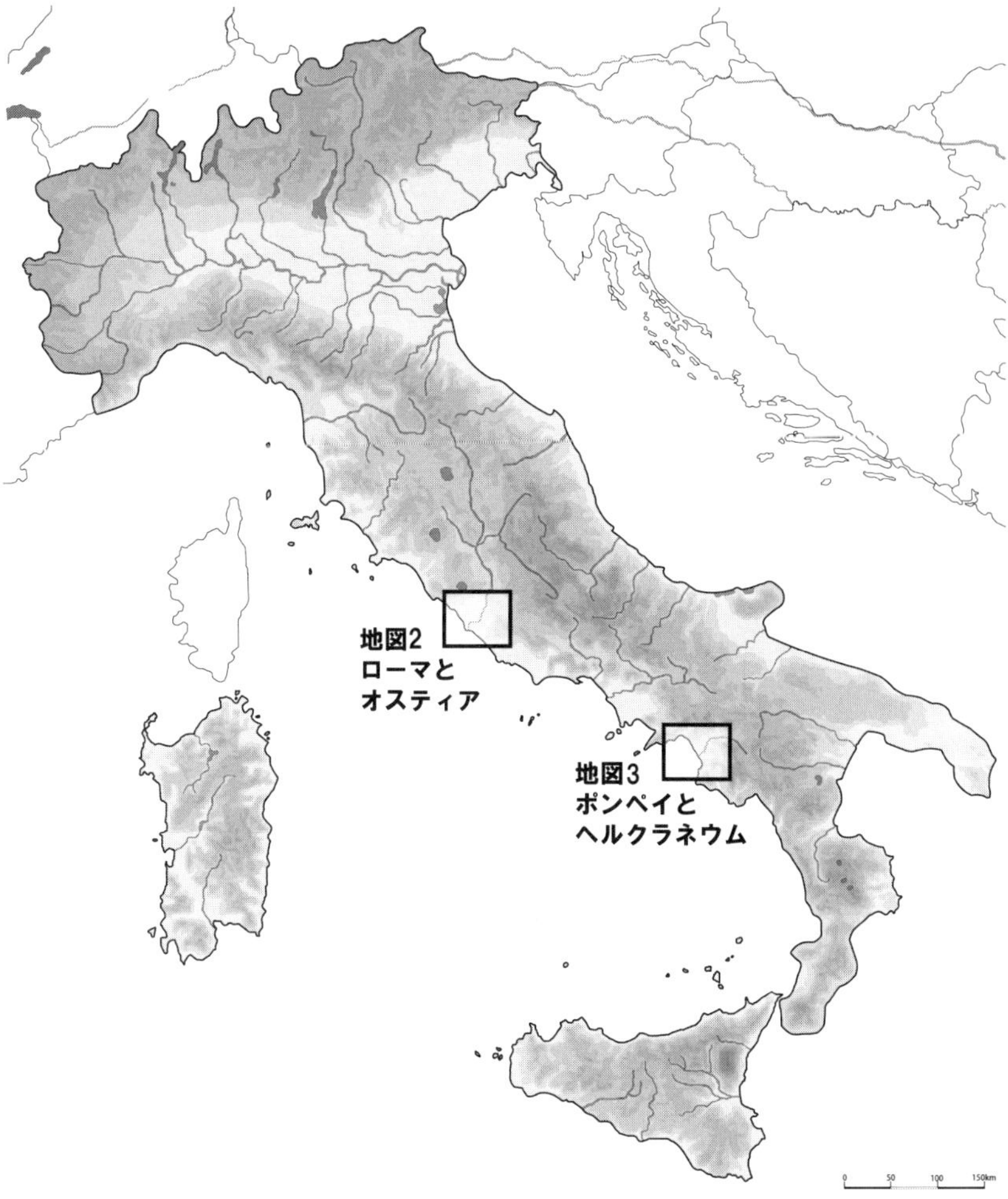

地図 1　ポンペイ，ヘルラネウム，ローマ，オスティアの位置

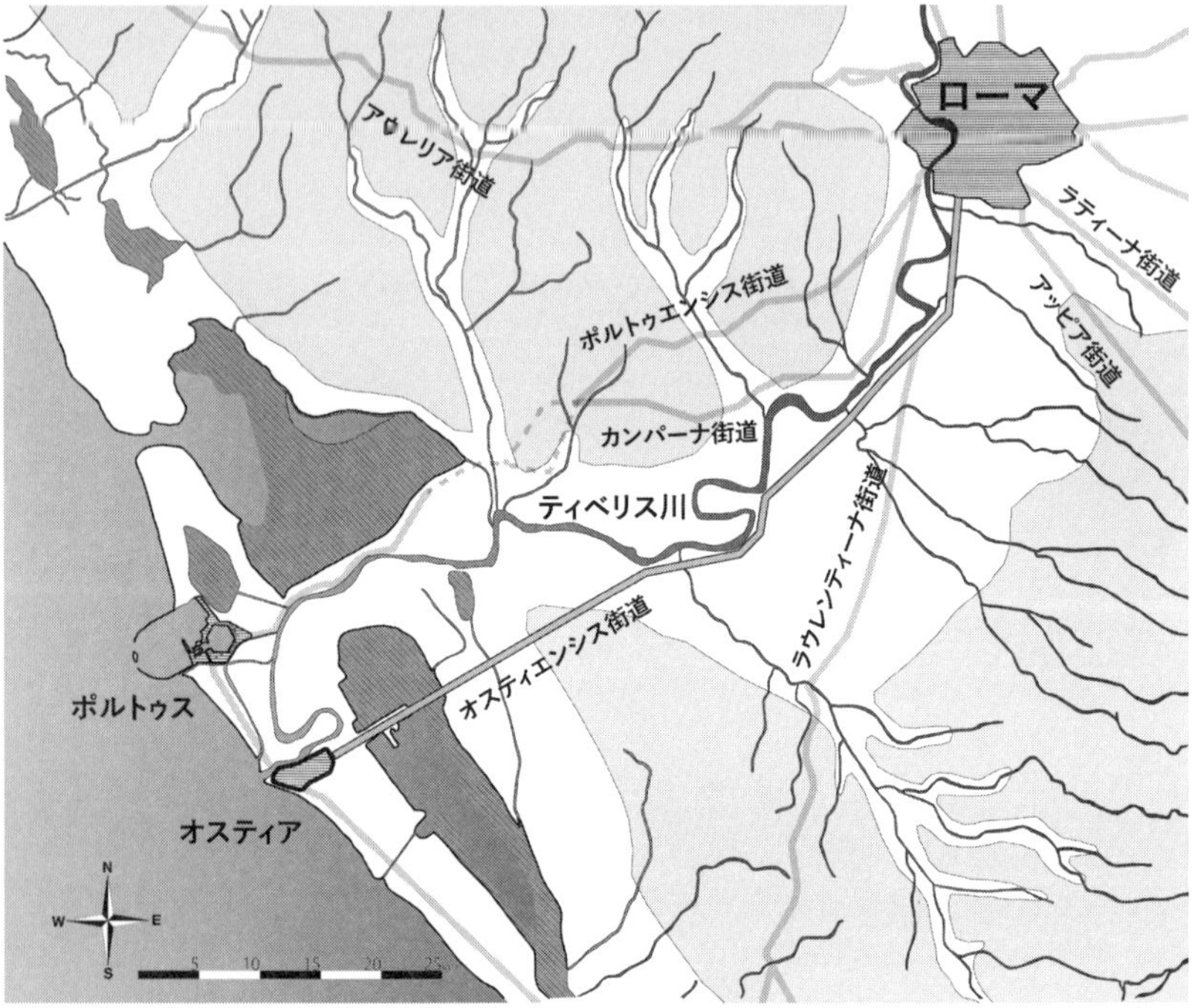

地図 2　ローマとオスティア

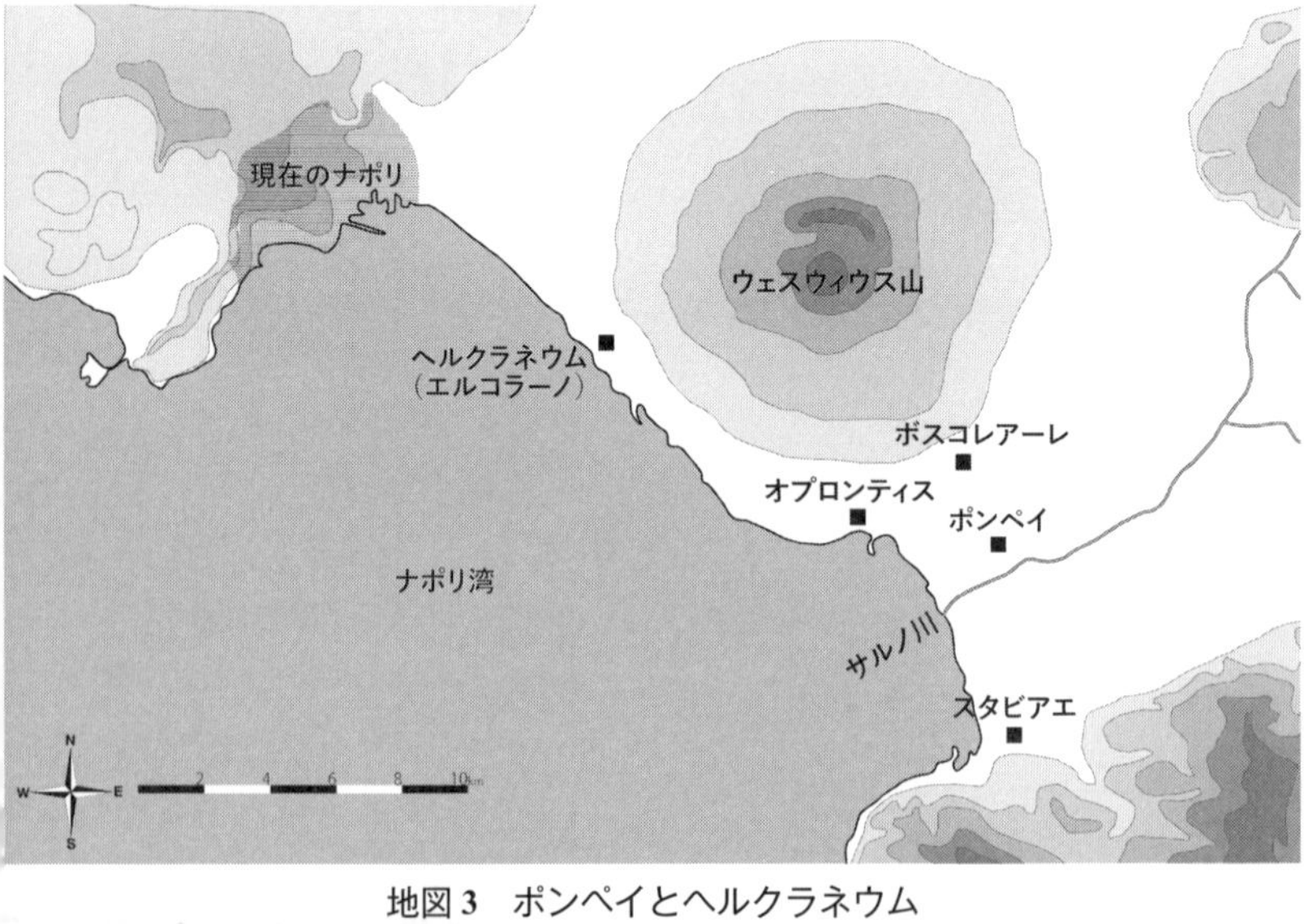

地図 3　ポンペイとヘルクラネウム

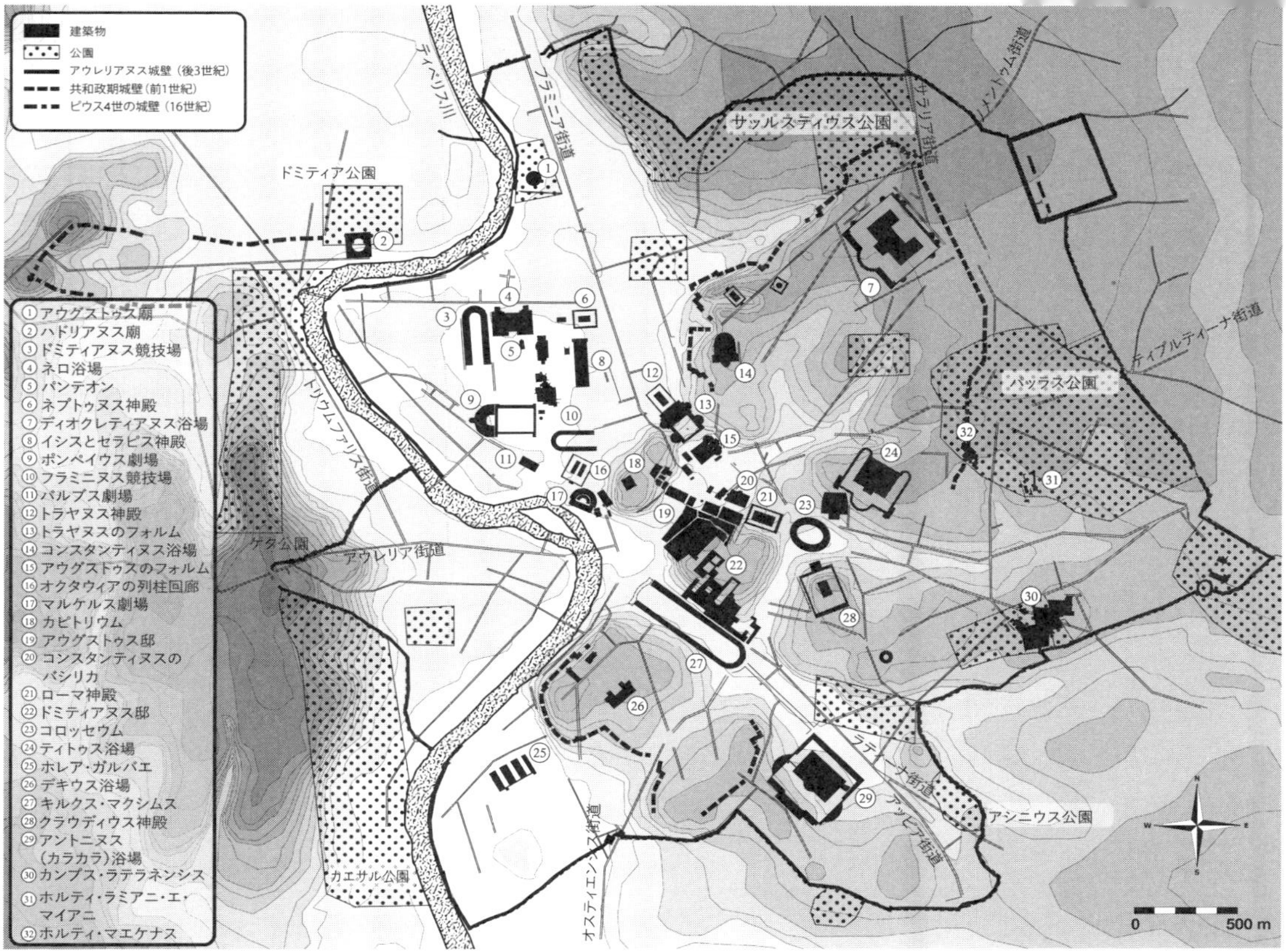

建築物
公園
アウレリアヌス城壁（後3世紀）
共和政期城壁（前1世紀）
ピウス4世の城壁（16世紀）
①アウグストゥス廟
②ハドリアヌス廟
③ドミティアヌス競技場
④ネロ浴場
⑤パンテオン
⑥ネプトゥヌス神殿
⑦ディオクレティアヌス浴場
⑧イシスとセラピス神殿
⑨ポンペイウス劇場
⑩フラミニヌス競技場
⑪バルブス劇場
⑫トラヤヌス神殿
⑬トラヤヌスのフォルム
⑭コンスタンティヌス浴場
⑮アウグストゥスのフォルム
⑯オクタウィアの列柱回廊
⑰マルケルス劇場
⑱カピトリウム
⑲アウグストゥス邸
⑳コンスタンティヌスのバシリカ
㉑ローマ神殿
㉒ドミティアヌス邸
㉓コロッセウム
㉔ティトゥス浴場
㉕ホレア・ガルバエ
㉖デキウス浴場
㉗キルクス・マクシムス
㉘クラウディウス神殿
㉙アントニヌス（カラカラ）浴場
㉚カンプス・ラテラネンシス
㉛ホルティ・ラミアニ・エ・マイアニ
㉜ホルティ・マエケナス
ティベリス川
フラミニア街道
ドミティア公園
サッルスティウス公園
サラリア街道
ノメントゥム街道
ティブルティーナ街道
パッラス公園
トリウムファリス街道
ケタ公園
アウレリア街道
カエサル公園
オスティエンシス街道
ラティーナ街道
アッピア街道
アシニウス公園
0
500 m

地図 4　ローマ都市図

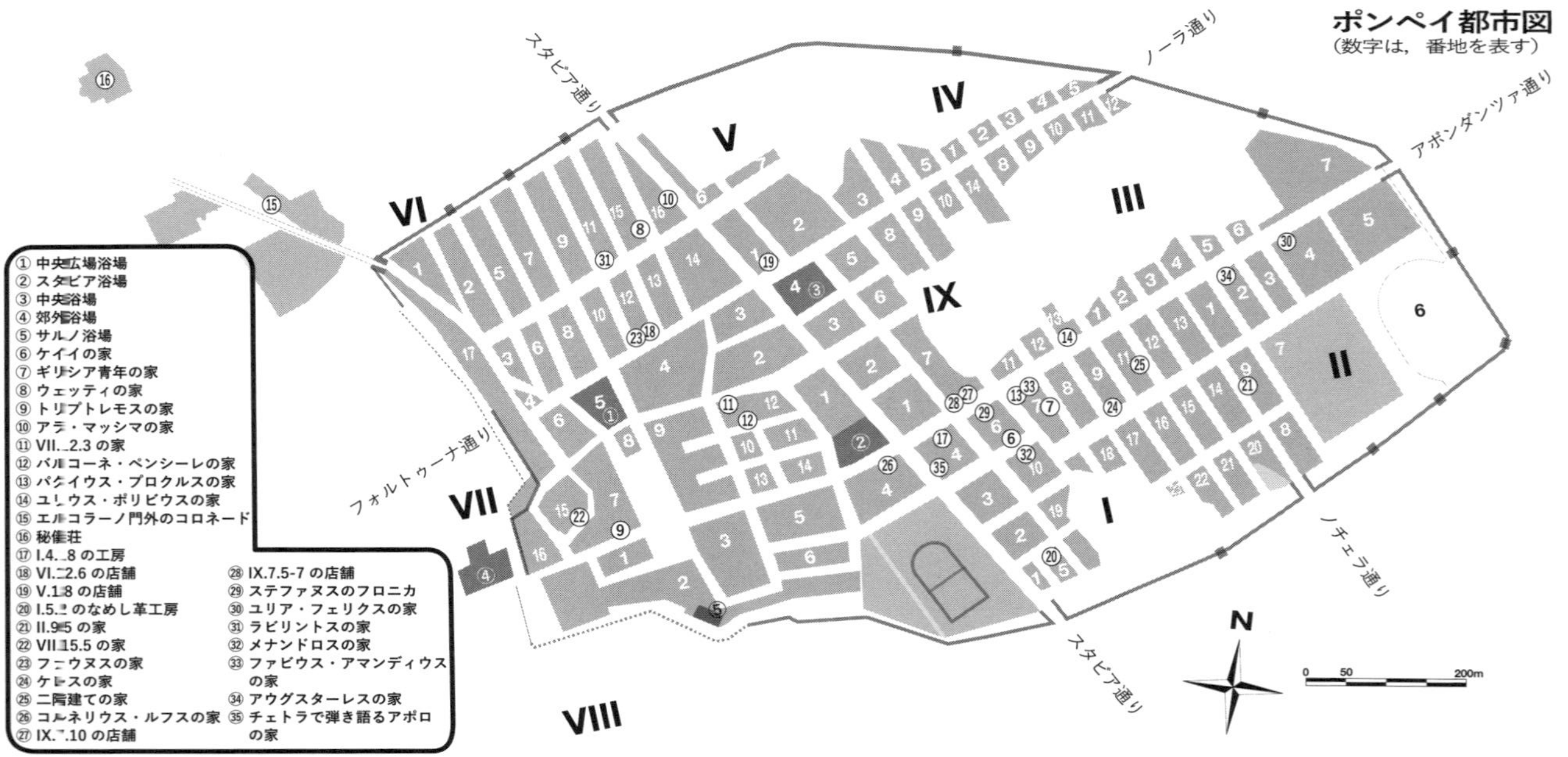
ポンペイ都市図
(数字は，番地を表す)
スタビア通り
ノーラ通り
アボンダンツァ通り
フォルトゥーナ通り
ノチェラ通り
スタビア通り
I
II
III
IV
V
VI
VII
VIII
IX
N
0
50
200m
① 中央広場浴場
② スタビア浴場
③ 中央浴場
④ 郊外浴場
⑤ サルノ浴場
⑥ ケイイの家
⑦ ギリシア青年の家
⑧ ウェッティの家
⑨ トリプトレモスの家
⑩ アラ・マッシマの家
⑪ VII. 2.3 の家
⑫ バルコーネ・ペンシーレの家
⑬ パクイウス・プロクルスの家
⑭ ユリウス・ポリビウスの家
⑮ エルコラーノ門外のコロネード
⑯ 秘儀荘
⑰ I.4. 8 の工房
⑱ VI. 2.6 の店舗
⑲ V.1 8 の店舗
⑳ I.5. のなめし革工房
㉑ II.9 5 の家
㉒ VII 15.5 の家
㉓ ファウヌスの家
㉔ ケレスの家
㉕ 二階建ての家
㉖ コルネリウス・ルフスの家
㉗ IX. .10 の店舗
㉘ IX.7.5-7 の店舗
㉙ ステファヌスのフロニカ
㉚ ユリア・フェリクスの家
㉛ ラビリントスの家
㉜ メナンドロスの家
㉝ ファビウス・アマンディウスの家
㉞ アウグスターレスの家
㉟ チェトラで弾き語るアポロの家

地図 5　ポンペイ都市図

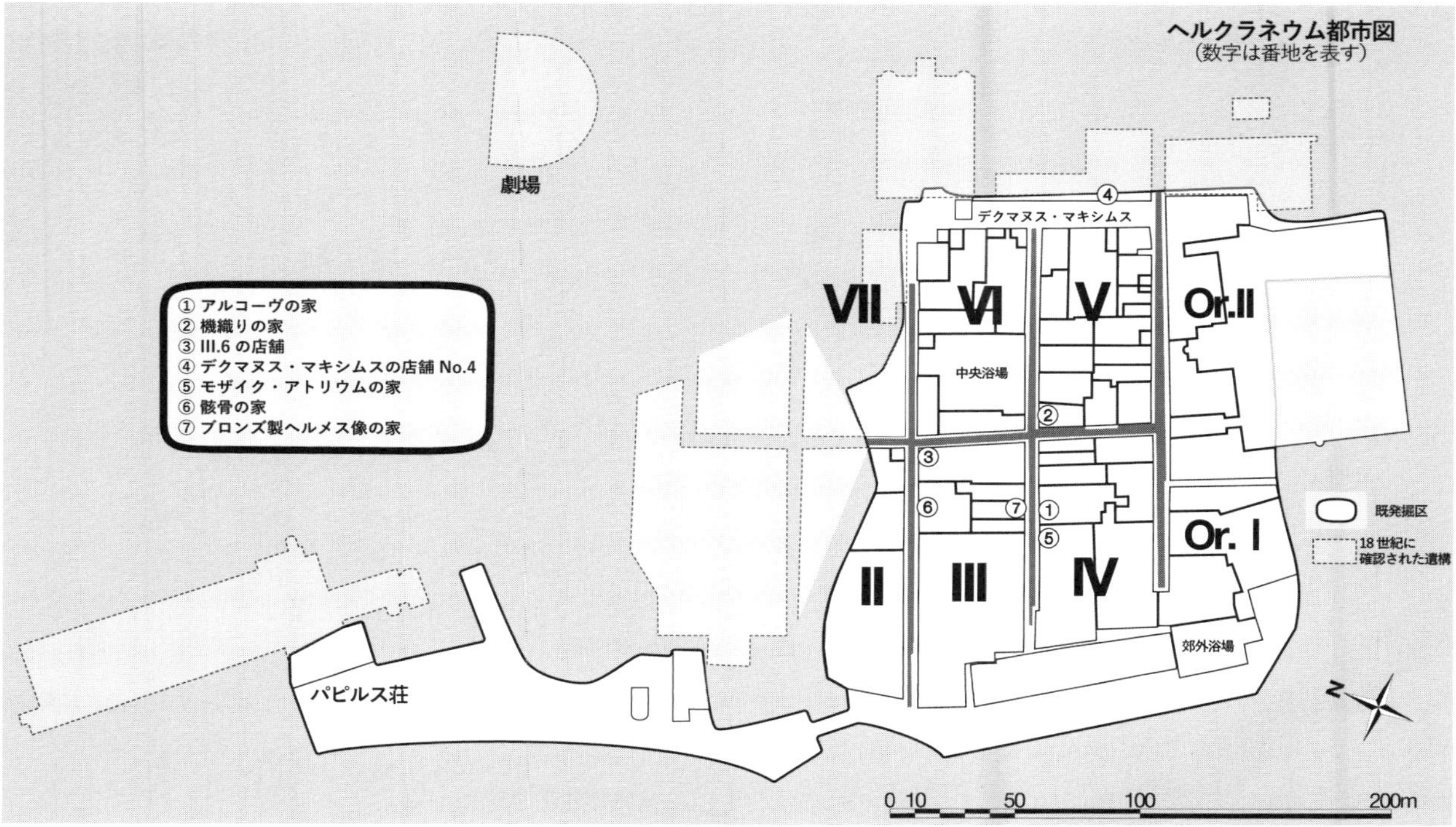
ヘルクラネウム都市図
(数字は番地を表す)
劇場
① アルコーヴの家
② 機織りの家
③ III.6 の店舗
④ デクマヌス・マキシムスの店舗 No.4
⑤ モザイク・アトリウムの家
⑥ 骸骨の家
⑦ ブロンズ製ヘルメス像の家
デクマヌス・マキシムス
VII
VI
V
Or.II
中央浴場
II
III
IV
Or. I
郊外浴場
パピルス荘
既発掘区
18 世紀に
確認された遺構
N
0 10 50 100 200m

地図 6　ヘルクラネウム都市図

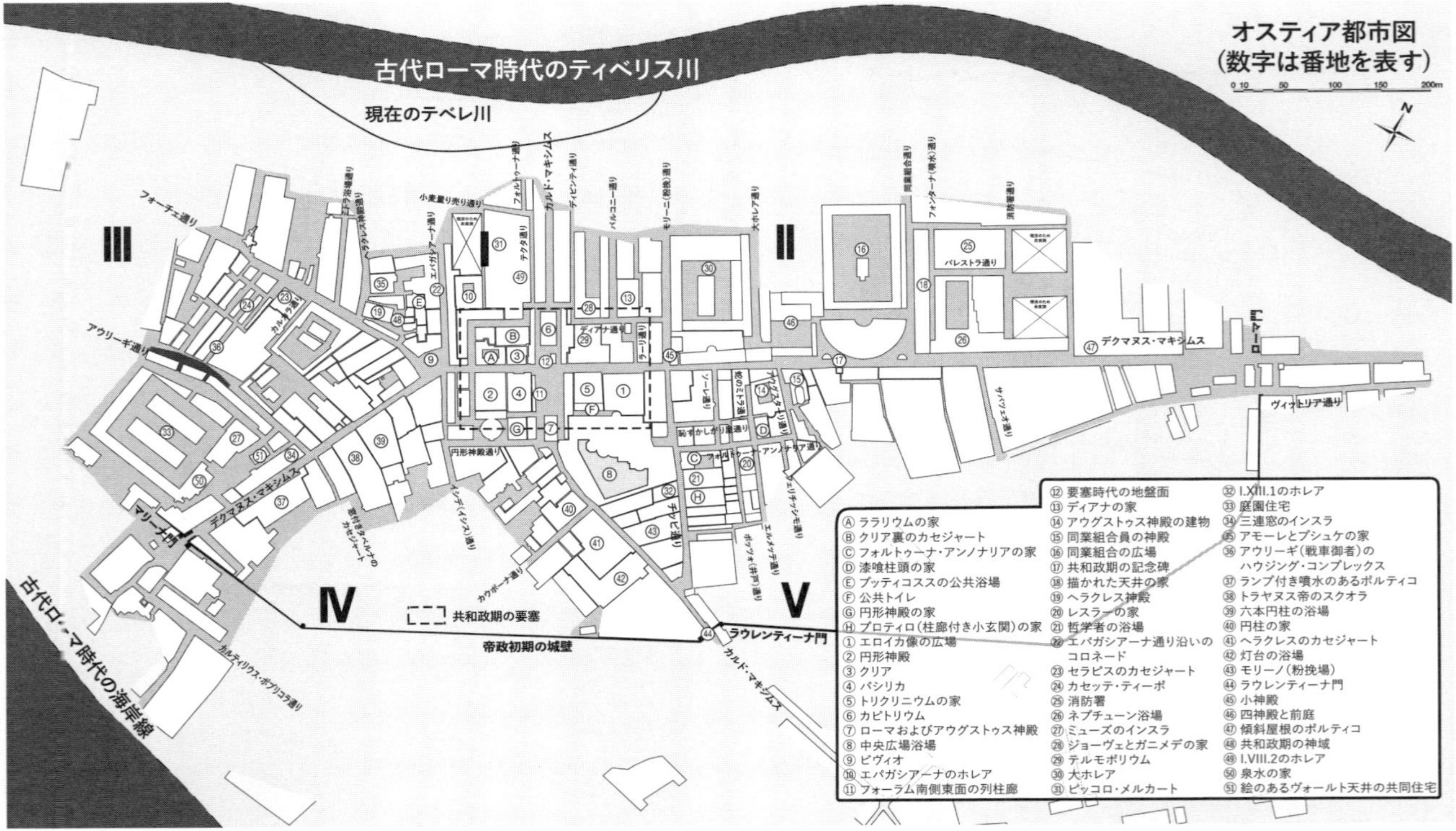

地図７　オスティア都市図

はじめに

背景　歴史上、もっとも平和な時代

「人類の歴史の中でもっとも平和な時代はいつか？」という問いがあるとすれば、それに答えるのはとても難しく、時代だけでなく、もちろん場所も限定して考えなければならない。例えば、できるだけ広い地域で、できるだけ長い年月に平和であったという前提を設ければ、パクス・ロマーナと呼ばれる平和を実現した古代ローマは間違いなく候補の一つだろう。このパクス・ロマーナという言葉を使って、いわゆる五賢帝時代と呼ばれる時期を「人類史上もっとも幸福」と表したのは、エドワード・ギボンであるが、これはあくまでも国家間の戦争がないという意味であり、人々が平和に暮らしたという証拠は示されていない。戦争がないことが一八世紀に生きたギボン風の平和だとすれば、たしかに古代ローマ時代の一時期にそれが実現していたのかもしれない。(1) しかし、五賢帝時代であっても、決して現代風の「平和」、つまり人々が幸福に暮らした時代とはいえない。ギボンをはじめとする歴史家たちは、「平和」を「戦争がないこと」と定義することで、長く続いた「平和」の先例を古代に見つけ出したのである。本書では、パクス・ロマーナは「平和＝戦争のない時代」ではなく、「平和＝危機管理に成功した時代」と考える。古代ローマの歴史家、ウェッレイウス・パテルクルスは、アウグストゥス帝が帝国の隅々までもたらした平和によって、人々は追いはぎ、山賊の恐怖から解放されたと書き記しているが（Vell. Pat. 2.126.3）、だからといって無防備で郊外を歩いてよいのではなく、様々な制度によって、あるいは皇帝の威光によって、犯罪の抑止が可能になったと考えるべきであろう。まさに強盗、泥棒などの犯罪、あるいは水害や火災に対してもリスクマネジメントが効いていた時代なのである。本書では、犯罪、火災、水害、疫病など、現代にも通ずる危機に直面した古代ローマ人が、それらにどのように対処したのか、そして文明の象徴でもあった都市・建築をどのように守ったのかについて、ローマ、ポンペイ、ヘルクラネウム、オスティアという遺跡を舞台に解説をしていく。編者は、建築学が専門であり、約三〇年にわたってこれらの遺跡で実測調査を重ねてきた。文献や遺物から歴史を組み立てる歴史家、考古学者とは異なり、都市、建築、とくに実際に残っている遺跡から、危機管理を読み解いていくのが編者のアプローチである。正直に記せば、文献や遺物が導き出す結論と都市・建築が導く考察が矛盾することも十分にありうる。しかし、本書ではその矛盾を恐れずに解説したい。むしろ、そうした矛盾を楽しむことも遺跡を巡る動機の一つであり、また新しい洞察を産み出す契機ともなるように思えるからである。

リスクとクライシス、そして安全と安心

さて、本文に入る前に、本書であつかう危機管理とは何か？　まず、そこから考えてみたい。危機管理は、危機（の）管理であり、危機の種類に対して管理の方法も当然に変えなければならない。そこでまず古代ローマにおける「危機」にはどんなものがあったのか、あるいは本書であつかう危機とは具体的に何なのかを説明しておく。危機とよく似た言葉に「危険」がある。危険は一般的に「危ないこ

と」を意味し、いいかえると「損害が発生しそうなこと」である。危険に似た言葉に「脅威」がある。脅威とは危険の「要因」を具体的に指す言葉で、本書であれば、犯罪、災害、疫病など危険をもたらす原因そのものを意味する。危機とは、脅威が発生し危険が高じた状態で、とくに社会や機械など複雑なシステムにおいて、突発的、あるいは原因不明の機能不全に陥りつつある状況である（完全には機能停止していない）。英語では「クライシス」にあてはまる。さらに英語で「リスク」という言葉もよく使われるが、それは危険の「度合い」、つまり「危険度」を意味する。本書では、このような意味で用語を使っていく。

最近、安全・安心という言葉をよく耳にするが、安全と安心は意味がまったく異なる。安全にはコストがともなうだけでなく、実現するには制度や技術も必要である。安心とは、逆説的に説明すれば「不安がないこと」である。不安の代表が戦争であるとすれば、パクス・ロマーナが実現したのは安心であった。しかし、安心していても決して安全ではない可能性もあるし、また逆もありうるだろう。そして、安全を逆説的に説明すれば「リスクがないこと」、つまり危険度がゼロの状態であり（脅威そのものをなくすことはできない）、安全はリスクの反対語である。同じ文脈で、あえて安心の反対語を求めれば危険が近いかもしれない。つまり脅威を予測し、リスクをうまく管理し、安全を実現して、結果として安心をもたらすことが重要であり、安全のともなわない安心はもっとも危険な状態といえる。

古代における「見える脅威」と「見えない脅威」

まずは古代に存在した脅威から見ていくべきかもしれないが、いきなり二〇〇〇年近い昔に存在した脅威を考えることはとりあえず避け、あえて現代社会に置き換えて脅威の種類を考えてみるとよいだろう。

現在の我々をとりまく脅威には二種類ある。「見える脅威」と「見えない脅威」である。いいかえれば「イメージできる脅威」と「イメージできない脅威」といえるかもしれない。例えば前者としては、事故や火災など人災を含めた災害がある。現在では情報技術の発展によって、脅威の見える化は大きく進み、その惨状は映像、動画となって我々の意識に一方的に注入されている状態といえるが、古代にはそのような情報技術は存在しないので、身近で実際に起こった状況を通して人々は脅威をイメージ化する。そうすると、やはり古代ローマでは、毎日のように起こっていた火災、そして交通事故が彼らにとって身近な脅威であるといえ、それらは対応を誤れば「死」さえもたらした。本書では交通事故はあつかわないが、オスティアで子供が牛車の事故に巻き込まれ亡くなった例やローマのカピトリヌスの丘で群衆に踏み潰され家族を失った例もあり[2]、路上の事故死は身近な脅威の一つである。古代ローマにおける埋葬の研究によれば、市内では少なくとも一日八〇名（年間三万人）の死者が発生しており（遺棄されたり、行き倒れた人々は含まれない[3]）、人口一〇〇万人の古代ローマを一四倍の人口一四〇〇万人の現在の東京都と比較してみても、東京都で年間死亡者は約一二万人、平均して一日約三三〇人であることを考えると、そこには現代よりもはるかに強力な「死」に対する視覚化されたリアリティがある。身近な「死」は、飢饉によってもたらされた。現代の豊かな日本では想像することも難しいが、前二〇〇年から後二〇〇年の間に少なくとも六〇回の食糧不足が文献に記録されているという[4]。場合によっては暴動に発展することもあったが、それでも約二〇万人の平民に対する無料の食料配給があった古代ローマでは（もちろん、相続の対象であった配給資格のない奴隷や非市民はその倍以上いたけれども）、他の地域よりは栄養状態はよかったと考えられている。さらに、「死」まで至らなくとも、犯罪という脅威は、文献上も大量の記録があり、驚くことに警察という治安維持のための組織が存在しない古代ローマでは市民は自己防衛に走るしかなく、とくに大通りを除いて街灯もない夜間では路上を歩く危険度（リスク）は相当に高かった。現在とは比べものにならないほど「見える脅威」と背中合わせの日常生活であった。

一方、「見えない脅威」には何があるだろうか。現代においては、地球規模まで広げると、エネルギー問題、環境破壊、地球温暖化があり、国家規模では財政不安や債務危機などがあてはまる。つまり、身の回りではなく生活の外側に迫っている脅威である。古代ローマ人にとっては、「パクス・ロマーナ」の時代に国境で起こっていた「戦争」あるいは「内乱」があてはまるだろう。あるいは、地方で起こっていた財政危機、内乱なども古代ローマの人々（とくに庶民）にとって実感はなかったかもしれない（もちろん古代ローマでも、前一世紀にルキウス・セルギウス・カティリナによるクーデター未遂はあったが）。ただし、この「見えない脅威」は生活の身近な場所にも潜んでいた。それは、環境汚染とくに大気汚染と疫病である。本書では大気汚染については本格的には触れないが、疫病を媒介する濃密な接触を内包した都市の日常生活、とくに入浴の実態を明らかにしたい。また考察するほどの史料もないが、ある研究によれば、ローマ近郊で発見された八歳くらいの子供のミイラからは、肺に沈着した大量の炭粉が見つかっており、胸膜炎で亡くなったと推定されている[5]。ランプのオイル、あるいは暖房、調理（家畜の糞を乾燥させたものが燃料として使われた）、浴場のボイラーなど、大気だけでなく内気も高濃度の炭粉で汚染されていた。ヘルクラネウムでは、胸膜炎が死因と考えられる遺体が一六二名に上っている[6]。病気や事故など健康を失うリスクは「死」には至らなくとも、失業の危険を招くため、古代ローマの時代にも庶民の重要な関心事であった。また、無計画な借金など、あえて「見ない脅威」もここに入れてよいかもしれない。ただし、古代ローマに限らず近代以前の世界では、「見えない脅威」への主な対処法、つまり危機管理は「神に祈る」ことであった。

リスクマネジメントとクライシスマネジメント　記録に残るのは後者？

こうした脅威がもたらす危険度、つまりリスクの「管理」に目を転じてみると、やはりこれにも二種類ある。リスクへの事前対処（リスクマネジメント）と事後処理（クライシスマネジメント）である。ともに脅威への対処で、リスクマネジメントが予防であるのに対し、クライシスマネジメントは事後処理、つまり後始末のことである。すでに記したように、クライシス（危機）はかなり深刻な状況に陥っていることをさすので、リスクマネジメントに失敗した状態である。

たしかに、「見えない脅威」の場合は、そもそも見えないのでリスクマネジメントが難しい。疫病などは事後処理だけの対応であったし、大気汚染は事後も含めて脅威として認識されていなかった。では、まったくリスクマネジメントが行われていなかったのかというと、決してそうではない。建築や都市をくわしく観察すると、クライシスマネジメントだけでなく、リスクマネジメントも意識して、計画、建設されたと思われる建物は多くある。本書の題名はわかりやすく「危機管理」としているが、実際にはそのうちのリスクマネジメントが主題となる。歴史学が典拠する文献史料や考古学があつかう各種の証拠のみを見ていると、記録に残るのはほとんどが後始末のお話、つまり「クライシスマネジメント（事後処理）」なので、古代ローマ人は事後処理に専念していたかのように見えてしまう。また、盗難や火災などの人災についても、あるいは事故の場合でも、事後の訴訟、つまり責任の所在をはっきりさせる（だけではなく、社会的名誉、あるいはプライドを守る場合も多いが）ことに古代ローマ人の関心が集中していたように見える。しかし本書では、予防（防犯、防災、防疫）の観点から考察を試みていく。

四つのリスク　危険度と脅威レベル

「リスク」を算定し、それをコントロールするという発想は、これから取り上げるように古代ローマ都市にも存在した。ウィトルウィウスの『建築書』にも登場する損害査定人は、まさにリスク・マネージャーの先例といえる（Vitr. *De arch.* 2.8.8）。彼らは、損害が発生する前の「準備」、つまり「どれほど脅威を予見しえたのか」についても検討を加える。つまり、身の回りにある脅威とは何か?を普段からしっかり査定しておくこと、つまりリスク（危険度）を認識し、それに対応して準備しておくことは、今も昔もリスクマネジメントの基本なのである。

では、リスクについて、もう少し掘り下げておきたい。リスクの算定には、脅威の強さ（レベル）と予測可能性を組み合わせる必要がある。脅威レベルが低ければ、予測できなくてもリスクは小さい。仮に予測が完全に可能であれば、事前に対処できるので脅威レベルと関係なくリスクはかなり軽減される。例えばティベリス川が起こす洪水については季節性があるため、かなりの確率で予測可能であり、事前に準備をしておけばリスクをかなり低くすることができる。脅威レベルの想定さえ間違えなければ、リスクにすらならないかもしれない。

本書では、まずは「見える脅威」から考察していく。その中でも生死にまではかかわらず脅威レベルが低く、予測可能性は低いけれどもリスクとしては小さいと判断できる犯罪、とくに盗難（第一のリスク）

に対するマネジメントからはじめて、次に大火ともなれば多くの死者や経済的なクライシスを引き起こす「脅威レベルはやや高め」で、予測も難しくリスクとしては大きい、とくに古代ローマにおいては日常化していた火災（第二のリスク）について考察する。それに対して、広範囲が被害を被るという点で「脅威レベルは高い」が、予測が可能なためリスクの軽減に成功した洪水（第三のリスク）についても考察する。そして「見えない脅威」で種類によっては「脅威レベルも高く」、「予測も不可能」であるリスクのもっとも高い疫病（第四のリスク）を別格として最後にあつかう。

ポンペイ、ヘルクラネウム、そしてオスティア　古代ローマの三大遺跡

本書では、こうしたリスクとその対応、とくにリスクマネジメントを実際の古代ローマの遺跡、ポンペイ、ヘルクラネウム、そしてオスティアに見ていく（地図1〜7）。

死者を象った石膏像で有名なポンペイは知らない人はいないだろう（口絵1、地図5）。ポンペイはその悲劇的な最期によって世界でもっとも有名な古代ローマ遺跡となったが、この街を火山灰の下に埋めたウェスウィウス火山の噴火は後七九年であり、後六二年にこの街を襲った大地震（おそらく火山性）による被害からの復興の途上にあった。その翌年、ローマのコロッセウムが竣工する。さらに後一二八年完成のパンテオンに代表される古代ローマ建築の絶頂期よりは五〇年ほど前である。編者は、一九九一年、はじめて学術的な調査を行って以来、三〇年近くポンペイに通ってきた。

ヘルクラネウムはポンペイと同時に、火砕流によって一瞬に生命を奪われたあと、火山灰ではなく、一〇メートルを超える深い泥流の下に沈んだ海岸に広がる街である。ポンペイほど有名とはいえないが、

図0-1　ヘルクラネウム遺跡（上）と犠牲者の骨格（下）

炭化した木材が良好な状態で保存されているなど、ポンペイとは違った様相をもっており（地図6、図0-1）、編者は二〇一五年の調査開始以来、その独特の魅力に取り憑かれている。

オスティアはティベリス川（現テベレ川）河口の要塞から発展した古代ローマの外港で（口絵2、地図7）、後三世紀ころに最盛期を迎える。二〇世紀に入って、空港建設のための大規模な発掘がはじまる前は、ほとんど湿原の中に埋もれた状態であった（現在のローマのフィウミチーノ空港のすぐ南側に位置する）。古代ローマの遺跡は部分的、限定的であるが、オスティアには古代ローマ帝国が亡んだ後も、中世、ルネサノス、近代の街が折り重なるように存在しており、首都の様子をもっとも色濃く反映した遺跡として、とても重要な情報を与えてくれる。日本ではほとんど無名であるが、大規模な発掘の不可能な首都ローマに代わって、後三世紀の古代ローマ都市・建築を伝えるイタリアで最大の古代ローマ遺跡である。

ヨーロッパあるいはアフリカ、中東に広く残された古代ローマの遺跡の中でも第一級であり、古代ローマの三大遺跡ともいえるポンペイ、ヘルクラネウム、オスティアにリスクマネジメントを読み取っていこうというのが本書の趣旨である。

ただ、三大遺跡、あるいは二〇〇〇年近い前のリスクマネジメントというと、現代の人々は一気にリアリティを失ってしまうかもしれない。しかし、実際に遺跡を訪れてみると、むしろ逆に二〇〇〇年という時間を超えて、一つ一つの遺構が我々にリアルに迫ってきて、それが魅力であることがわかる。古代ローマ人の生活がリアルによみがえってくるのである。その力がこれらの遺跡にはある。そのリアルさが古代ローマの人々が取り組んだリスクマネジメントを呼び起こしてくれるといえる。

「歴史に学ぶ」は言い古された言葉であるが、歴史学や考古学の究極の目的は、過去から学び、それを未来へと活かすことだといえる。国家としての古代ローマ、とりわけ一〇〇万の人口を抱えた都市ローマ、地方都市であるけれどもとても豊かであったポンペイ、ヘルクラネウムは、現在の都市文明との共通点も多く、かつて人類が「リアル」に脅威と戦ってきた「先例」の宝庫ともいえる。文献史料と異なり実際の遺跡はモノを通じて我々に語りかけてくる。文献が書き手によるバイアスはかかっているけれども普遍的な事実を伝えようとしているのに対し、モノはとても正直である。本書はレーザースキャニングや写真測量などの最新の計測技術を使って得られた実測データを参照しており、史料とは違うモノが伝える歴史を新しく示すため、できるだけ多くの図版、写真を掲載した。

なお、この三大遺跡では、遺構に番地を付しており（もちろん古代とは関係ない）、遺構の場所が住所のようにわかる仕組みになっている。本書に登場した遺構には番地を付しておいたので、地図と突き合わせれば場所を特定できる。また、遺構には複数の名前（発見された人名、出土品や発掘した人の名前、あるいは誰かを記念した名前）が付いていることもあれば、名前がない場合もある。編者あるいは筆者の判断で一つの名前を選んだり、あるいはビルディング・タイプ（建物の機能や形態を現す言葉）と番地だけで表記した。(7)

本書で取り上げる古代ローマ人が残した事例には、もちろん成功例だけでなく失敗例もあるが、彼らの「知恵」と「工夫」は、現代の我々にとっても示唆的である。本書を通じて、この三都市の新しい魅力も発見していただければと思う。

（1） E・ギボン（中野好夫訳）『ローマ帝国衰亡史』第一巻、筑摩書房、一九九七年、三一一－一六四頁。
（2） 交通事故の例としては、C. v. Tilburg, *Traffic and Congestion in the Roman Empire*, Abingdon, 2007. を参照。オスティアの例は *CIL* 14.1808 cf. p. 482 = *CLE* 1059、カピトリヌスの丘の例は *CIL* 6.29436 cf. pp. 3536, 3919 = *CLE* 1159 = *ILS* 8524.
（3） V. M. Hope, E. Marshall, eds., *Death and Disease in the Ancient City*, Abingdon, 2000.
（4） P. Garnsey, *Famine and Food Supply in the Graeco-Roman World*, Cambridge, 1988.
（5） L. Capasso, "Indoor pollution and respiratory diseases in Ancient Rome", *The Lancet* 356(9243), 2000, p. 1774.
（6） L. Capasso, "Herculaneum victims of the volcanic eruptions of Vesuvius in 79 AD", *The Lancet* 356(9238), 2000, pp. 1344–

1346.

（7）なお、ポンペイ、ヘルクラネウム、オスティアにおける番地は、街路に面する出入口（発掘後ではなく、古代に塞がれたものが含まれる場合もある）に対応しており、複数の出入口をもつ遺構は複数の番地をもつことになる。したがって、同じ家でも括弧内の番地表記が異なる場合もある。

第一のリスク　盗難

第一のリスクは「脅威レベルが低く」、予測可能性も低く、リスクとしては小さい盗難である。

ポンペイの都市住宅

ポンペイのタウンスケープ　豊かな地方都市

ここではリスクマネジメントの考察の前に、古代ローマの都市住宅の種類と室構成について簡単に説明しておく。後七九年にウェスウィウス火山の噴火によって埋没したポンペイは、当時の古代ローマの地方都市の住宅をほぼ完全に保存している（厳密には地階部分のみ、上階部は火砕流によってほとんど破壊された）。ポンペイの住宅の主流はアトリウム型と呼ばれる形式であった（図1-1上）。アトリウム（atrium）とは、玄関ホールともいえる玄関から細い廊下を介してつながる大きな広間で、天井にコンプルウィウム（compluvium）と呼ばれる露天の開口があり、昼間は自然光が差し込んで薄暗い住宅の内部を照らす。

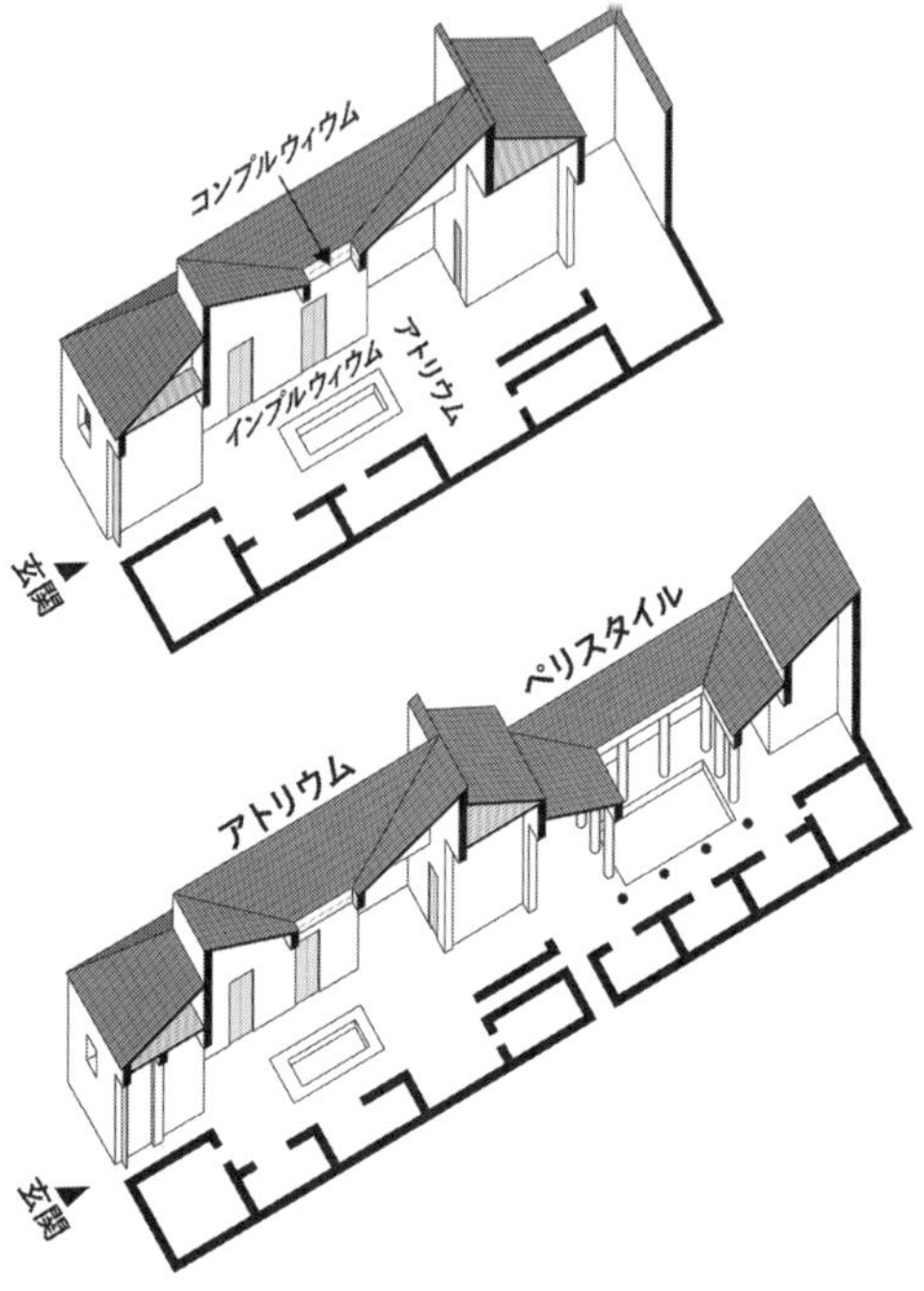

図 1-1　アトリウム型住宅（上）と
ポンペイのドムス型住宅（下）

また、直下にインプルウィウム（impluvium）という雨受けの水盤があり、雨水を集水して地下のタンクに貯蔵することもできる。多くの解説書ではこのアトリウム型の住宅のさらに奥まった場所に、ペリスタイル（ラテン語はペリステュリウム：peristylium であるが、英語読みが一般的に普及しているため、ペリスタイルを使う）と呼ばれる中庭を含めたドムス型（ドムス：domus は、独立住宅に近い意味）と呼ばれる大邸宅を古代ローマの典型として説明している（図1-1下）。おそらく後一世紀の建築家ウィトルウィウスが、住宅についてアトリウムと呼ばれる玄関ホールを取り囲む区画とペリスタイルを取り囲む区画に分けて説明していることの影響が大きいが、実際はポンペイではドムス型は少数派である。アトリウムやペリスタイルなどのホール空間を複数もつ住宅は、広い敷地が必要で数も限られており、ポンペイにおいては間違いなく超高級住宅であり、数からいえば、あくまでもアトリウムのみをもつ住宅がポンペイの主流であった。このように、実際のポンペイの都市住宅の基本構造は、ホールの周りを居室がとりまく構成を一つの単位とした組み合わせであり、アトリウム型であれば一単位、ドムス型であれば複数の単位で構成された。このような構成をもつのは、ポンペイの都市住宅がコンプルウィウムや中庭を通じて自然光を取り込む必要があったからである。もちろんランプや松明などの人工光は存在したが、古代ローマ時代全般を通じて、主たる光源は「自然光」であったことは間違いない。

暗い住宅　アトリウムの開放性

この基本構造の特徴に、窓が少ないことがある。中央広間や中庭から光を取り入れるとしても、面するのは扉だけで、居室にはほとんど窓がない。おそらく日中は扉を開け放たなければ、室内は薄暗かったに違いない。少し専門的な解説を加えると、扉から入る自然光によって照らされるのは、出入口付近だけであり、天井と扉の高さにもよるが、五、六メートルの奥行きがあると、部屋の奥は真っ暗であったと思われる。単に薄暗いというだけでなく、明るさの変化が大きいことがポンペイ住宅の特徴でもある。窓があっても、小さな明かり取りの場合がほとんどであり、それは街路に面する玄関脇の部屋でも同じである（口絵４）。やや大きい窓でも、天井近くの非常に高い位置にあるのが一般的である。住宅の敷地によっては、居室が街路に接する場合があり、窓を街路に面して開けようとすれば可能であったにもかかわらず、ほとんどないか、小さな明かり取りの穴が空いているだけである。つまり、窓を「開けられなかった」のではなく、意図的に窓を「開けなかった」のである。その理由については、単にポンペイの人々が暗い居室を好んだ可能性も否定しないが、「防犯」以外には考えにくい。他に、夏の日除けや冬の保温性もある

図 1-2　ヘルクラネウム，「アルコーヴの家（IV.4）」19 室の街路側の窓

だろうが、ヘルクラネウムに残る鉄格子をはめた小さな窓を見ると（図 1-2）、やはり窓は侵入者を防ぐために小さく造られているように見える。

こうした外に閉じた住宅は、エトルリアにさかのぼる古代ローマの伝統と解釈され、中心に位置するアトリウムは家長を中心とした大家族制度を象徴する空間ともいわれる。[1] ポンペイにおいて、こうしたアトリウム型の住宅が多数発見されたことは、それまでの文献上の解釈が正しかったことの証拠として、アトリウム＝伝統的空間という見方は研究者に圧倒的に受け入れられた。古代ローマ風の大家族の中には庇護民（クリエンテス：clientes）も含まれ、彼らはローマ市民権をもつ庶民であり、富裕層の庇護のもと生活し、選挙の際には集票マシーンとして機能した。スポルトゥラ（sportula：施与）としての朝食にありつくため、毎朝、玄関前に庇護民が押し寄せるというのはよく紹介される風景であり、[2] 朝食だけでなくケーナ（cena：夕食）を求めて、庇護民がやってくることも多かった。[3]

ウィトルウィウスは、古代ローマのドムスでは、玄関や

図 1-3　ポンペイ，収蔵庫に保管されている金庫

アトリウムはローマ市民であれば誰でも入ることができた場所と説明している（Vitr. *De arch.* 6.5.1）。もちろん「誰でも」が意味するのは家長が庇護する庶民、つまり庇護民のことであるが、彼らに対しては玄関は「開放」が基本であった。もちろん扉が開いていたという意味ではなく門番がいて招き入れたのであるが、それでも庇護民であれば誰でも入れたのであろうか（もちろん夜間は閉まっている）？　そうなると、訪問者の中に含まれるかもしれない侵入者に対してアトリウムの周りの部屋はほとんど無防備ともいえるため、このウィトルウィウスの説明はにわかには信じがたい。さらに、玄関が出入り自由だとは思えない理由に「金庫」がある。ポンペイでは床に固定する金属製の金庫が出土しているが（図1-3）、それは多くの場合アトリウムにある。たしかに持ち去ることは不可能だが、出入り自由に近い玄関扉の向こうに無防備に金庫を置いておくのは現在の防犯から考えれば想像もできない。可能性として考えられるのは「人」による監視である。奴隷や使用人に常時監視させておくことによって盗難は防止できる。

図 1-4　ポンペイ，「ケイイの家（I.6.15）」の 13 室の敷居（沓摺）

あるいは、ウィトルウィウスの説明を信じて想像をたくましくすれば、自らの財力を誇示するにはあえて危険な場所に置いて、奴隷に監視させておく、というのも古代ローマ人の経済力、あるいは包容力のアピールであったのかもしれない。ただ、このあとのトピック1の解説にあるように、ポンペイ住宅の玄関は驚くほど厳重であり、夜間の治安の悪さはローマほどではないにしても、決して安心できる状況ではなかった。

ポンペイ住宅の敷居と鍵

鍵をかける　防犯装置としての敷居

もしも玄関が常時開放だとすると、アトリウムやペリスタイルに面する部屋の防犯はどうなっていたのであろうか。それは鍵の存在がその実態を教えてくれる。じつはポンペイでは鍵の痕跡を簡単に見つけることができる。写真はポンペイの典型的な敷居（沓摺）[4]である（図1-4、床に扉が擦った弧状の痕跡がある）。隅に軸受け穴があり両開きあるいは片開きの扉が立て込まれていた。ほとんどの敷居には段差があり、扉は内開きになっている。ここに日本語ではサルと呼ぶ縦棒を落とし込むための穴があり、内側から錠をかけられるようになっている。ポンペイにはすでに現在のような錠前も存在していたが決して一般的とはいえず、サルやカンヌキ（閂）が主流であった。玄関にはこれらに加えて支え棒を使う場合もあった（図1-5）。ただし、カンヌキについては、敷居からは判別ができないため、敷居にサル用の穴がないからといって鍵がないとは限らないので注意が必要である。くわしくはプラウドフットの解説に譲るが、ここではサル穴によって確認できる「施錠可能」という条件だけで解説を進めていく。

図 1-5　ポンペイ，「ギリシア青年の家（I.7.10）」の玄関扉内側に残る支え棒の石膏型取り

さて敷居の段差は主にすきま風を防ぐためであるが、敷居と扉のすきまを防いでおくと防犯上も有利なので（扉を外して侵入することができなくなる）、一般的には外部と内部を分ける敷居だけに段差を設ける。ポンペイの玄関の敷居（図1-6）を見ると、かなり大きい段差が造られていることに気付く。ところが、ポンペイでは住宅の外と内を分けるための敷居を住宅内部の居室とホール、あるいは廊下とを分ける

図 1-6　ポンペイ，「ウェッティの家（VI.15.1）」の玄関敷居（沓摺）

境界にも使っている。例外はタブリヌム（tabulinum あるいは tablinum：主人のための部屋）とトリクリニウム（triclinium：食堂）で、多くは中庭に面して配置され、扉も敷居もない場合もあり、扉があっても「トリプトレモスの家（VII.7.5）」の奥の中庭に面するタブリヌム（図1-7）のように、段差がなく、内外開きの場合がほとんどである。つまり、すきま風を防ぐ必要がない、また錠をかけるなど防犯の必要も少ない部屋には段差を付けないのである。古代ローマの食習慣を考えると、食堂も扉を開放して、中庭の景色を楽しみながら食事を楽しんだはずで、少し意外かもしれないが、使わないとき、つまり扉を閉めているときは誰も使っていないので、そもそもすきま風を心配する必要もなく、運び出せる高価な装飾品や家具は食事や会合が終わったら片付けておいたほうが防犯には有効である。

このように、ポンペイにおいては闇雲に段差を付けているのではなく、要不要の判断の上で段差を付けていることになる。つまり、段差は必要であったわけで、部屋の機能について貴重な情報を与えてくれるのが「敷居」なのである。簡単にいえば、部屋の中に大事なものがあるから鍵をかけるわけであり、

図 1-7　ポンペイ,「トリプトレモスの家 (VII.7.5)」
奥の中庭に面するタブリヌム

鍵のある部屋は、倉庫や寝室、あるいは奴隷部屋（外から施錠する）など生活に関わる居室の可能性が高いのである（鍵のない部屋は、常時開放が原則であり、「接客用」の空間と考えられる、金庫と同じで高級な家具は見せびらかすためであった）。

ポンペイの敷居の実際

以下、具体的に「敷居」を見ていく。現時点では、精密な実測図が作成されている報告が少なく、全貌はつかみにくいが、いくつかの報告書と筆者の実測結果から実例を紹介する。[5]

まずは、「段差のない敷居」である。ポンペイの西端、マリーナ門と中央広場の間、アポロ神殿に隣接する「トリプトレモスの家」（図1-8）の北辺に並ぶ接客用のエクセドラ（exedra：u室、大きな間口をもっている部屋という意味）と呼ばれる室群では、美しいモザイク型の敷居が見られる（口絵3）。エクセドラ西側の部屋にも、東側の控室 r 室同様、美しいモザイクが敷きつめられて

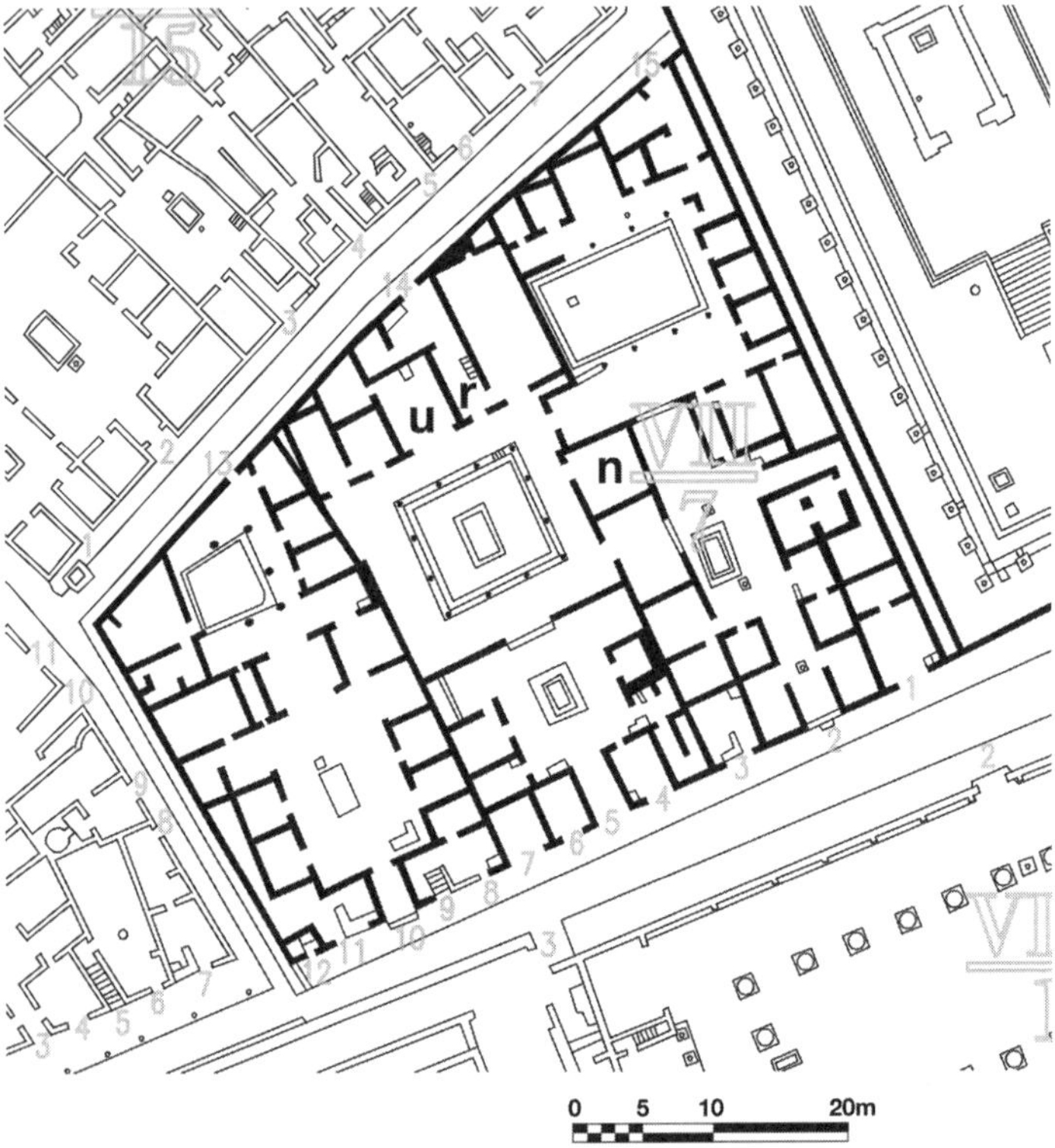

図 1-8　ポンペイ,「トリプトレモスの家」

図 1-9　ポンペイ，「トリプトレモスの家」n 室

いる。また柱廊をはさんで南側のオエクス（oecus：n室（図1-9）、主室やサロン（広間））には大理石の敷居がはめ込まれているが、段差、錠穴はない。段差もないことから、寝室としての機能は考えにくく、常時開け放つような部屋でもなく、商談や執務を行う部屋だと考えられる。

次に、「段差付きの敷居」（段差を「戸当たり」ともいう）が、「アラ・マッシマ（大祭壇）の家（VI.16.15）」というアトリウム型の住宅で（図1-10）[6]、小型だがアトリウム背面の開口部の対称性にこだわった格式の高い住宅にある。ここではポンペイでスタンダードな段差付き敷居を四例観察でき（図1-10下AからD）、これらが生活用の個室と考えられる。このうち施錠できるのは、I室とN室でこれが主人の寝室、個室であったと判断できる。N室は敷居の痕跡から付柱があったことがうかがえ、こちらのほうが格式が高かったかもしれない。

もう一軒、「ウェッティの家（VI.15.1）」の敷居を観察してみよう（図1-11）。これは一九九〇年代に筆者が実測したもので、その時点で保存されていた敷居は七例であっ

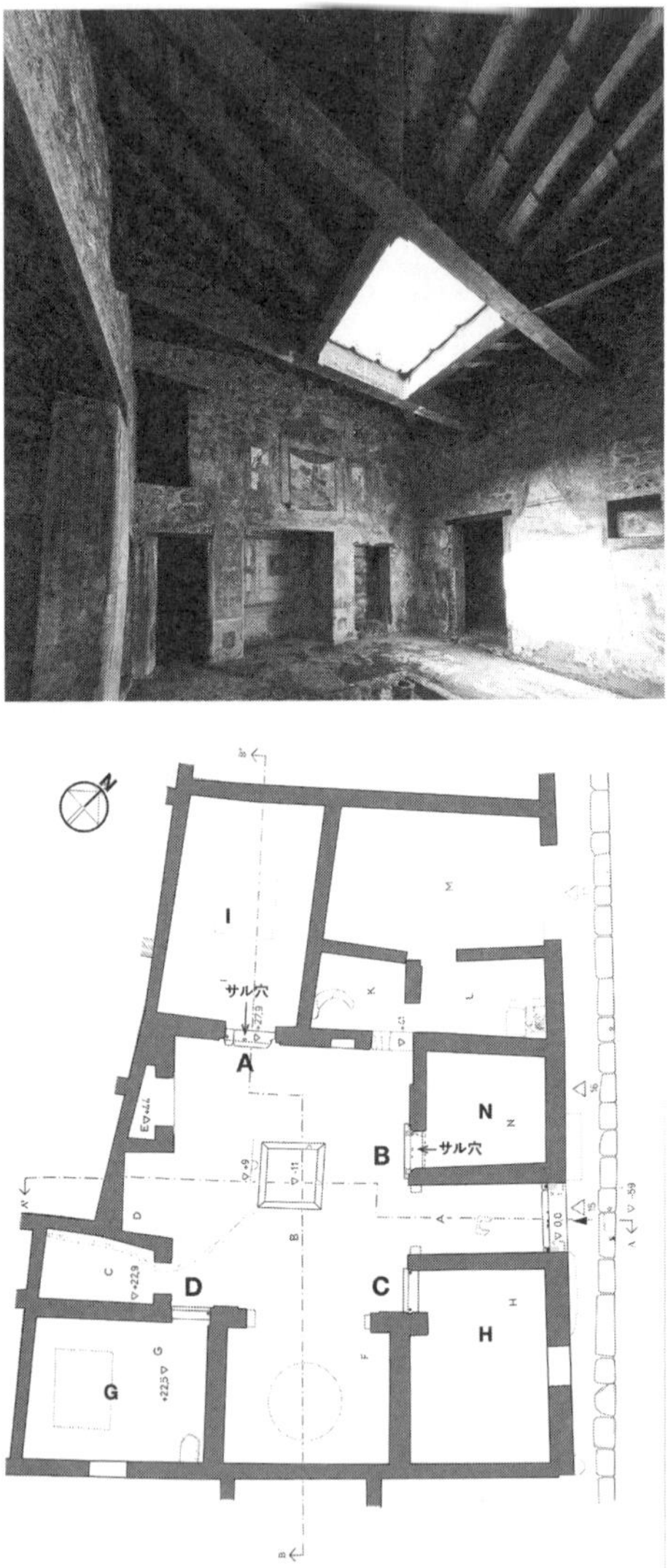

図 1-10　ポンペイ,「アラ・マッシマ（大祭壇）の家
(VI.16.15)」（上）と平面（下）

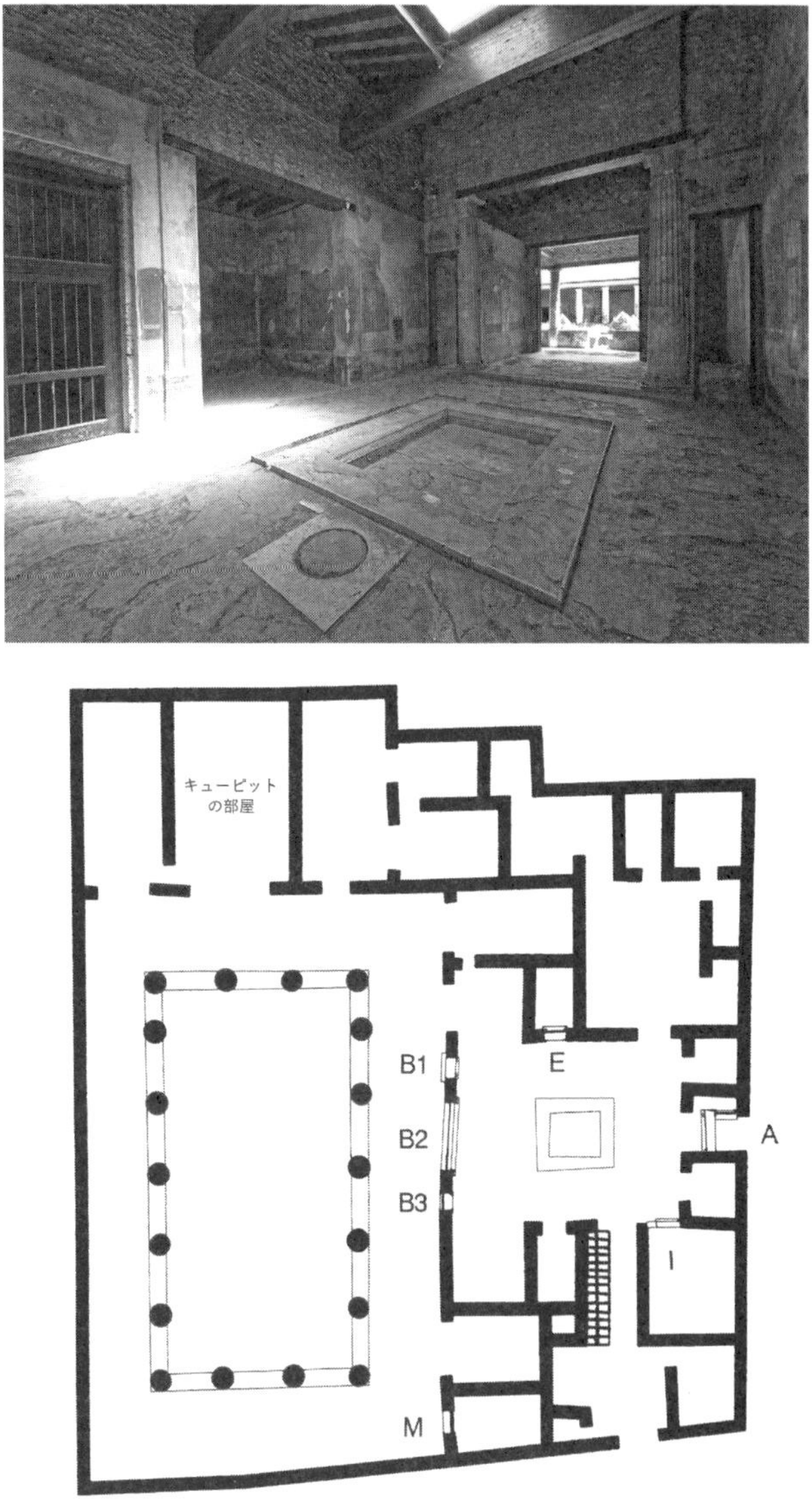

図 1-11　ポンペイ,「ウェッティの家（VI.15.1）」（上）と平面（下）

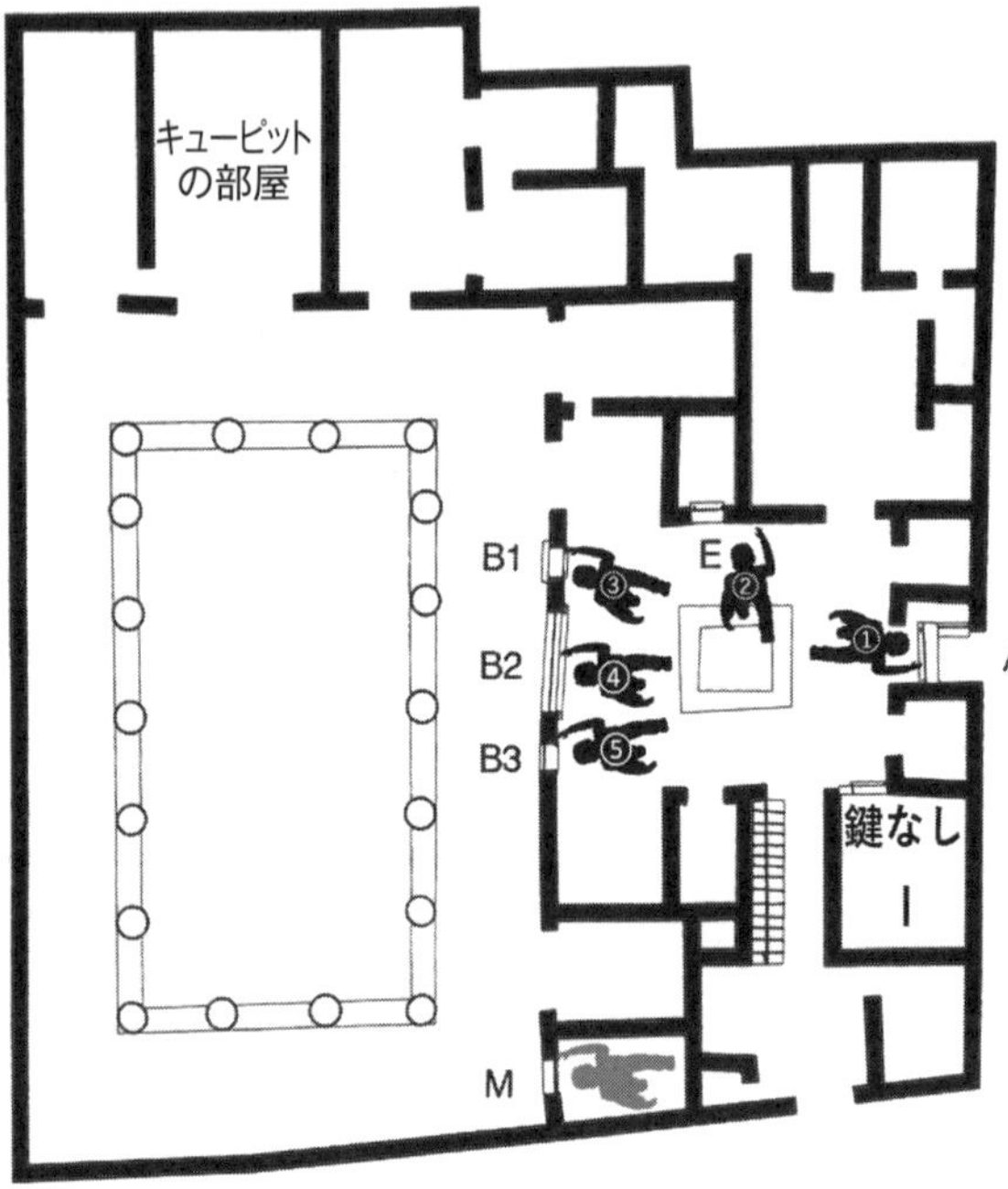

図 1-12　ポンペイ,「ウェッティの家」の施錠手順

た。玄関のL字型の敷居には二方向に扉があり、ともに施錠できる。この家の敷居の特徴はトリクリニウムといわれるI室を除いてすべて施錠可能という点である。他に数軒の敷居を調べたが、施錠可能な敷居の割合は非常に高いことが確認できた。もちろんカンヌキで施錠すれば敷居には痕跡が残らないため、さらにその割合は高くなる可能性もある。すべて内開きで、アトリウムとペリスタイルを画する扉はすべてアトリウム側から施錠するようになっている。ペリスタイルを巡る部屋では「キューピットの部屋」がモザイク敷居をもつ。M室が内開きの施錠可能な部屋である。

　サルを使う施錠の場合、内側（段差の低い方）から鍵をかける（サルを落とす）ことが一般的であり[7]、その有無から、戸締まりの段取りも想定することができる。ペリスタイルを管理する家人あるいは奴隷はM室を使うが（図1-12、M室の人物）、家主はペリスタイルをアトリウム側から施錠し（防犯を考えると半外部（中庭）であるペリスタイルをアトリウム側から施錠するのは合理的）、最後にどこかの個室（寝室、上階の可能性もある）に入って内側から施錠するという段取りが想定できる（図1-12、①から⑤の順）。

施錠の有無によって、家人の生活が推定できる例をもう一つ紹介する（ここも筆者が一九九〇年代に実測した）。「VII.12.3の家」の奥の部分である（図1-13）。G、Hの敷居とO1、Qの敷居はともに内開きで内側から施錠可能になっている。つまり、これらの背後の区画は、お互いに勝手に出入りできない構造になっており、別々の独立した集団が居住していたと考えられる。

「ウェッティの家」を含めて、サルはすべて内側（段差の低い側）にあるが、「バルコーネ・ペンシーレの家（VII.12.28）」のh室は、外側の段差が低く、外から施錠できるようになっている貴重な例である（図1-14）。ここは間口が広く、中庭にも面しており、食堂などの接客空間として利用可能であるが、外から鍵をかけるような部屋は、現代のような錠前があれば倉庫になるが、ここではサル穴が確認されるため、外から簡単に解錠することができ（サルを持ち上げればよい）、倉庫としては考えにくく、内側から開けられないようにする必要があった部屋かもしれない（子供部屋や奴隷部屋が考えられる）。

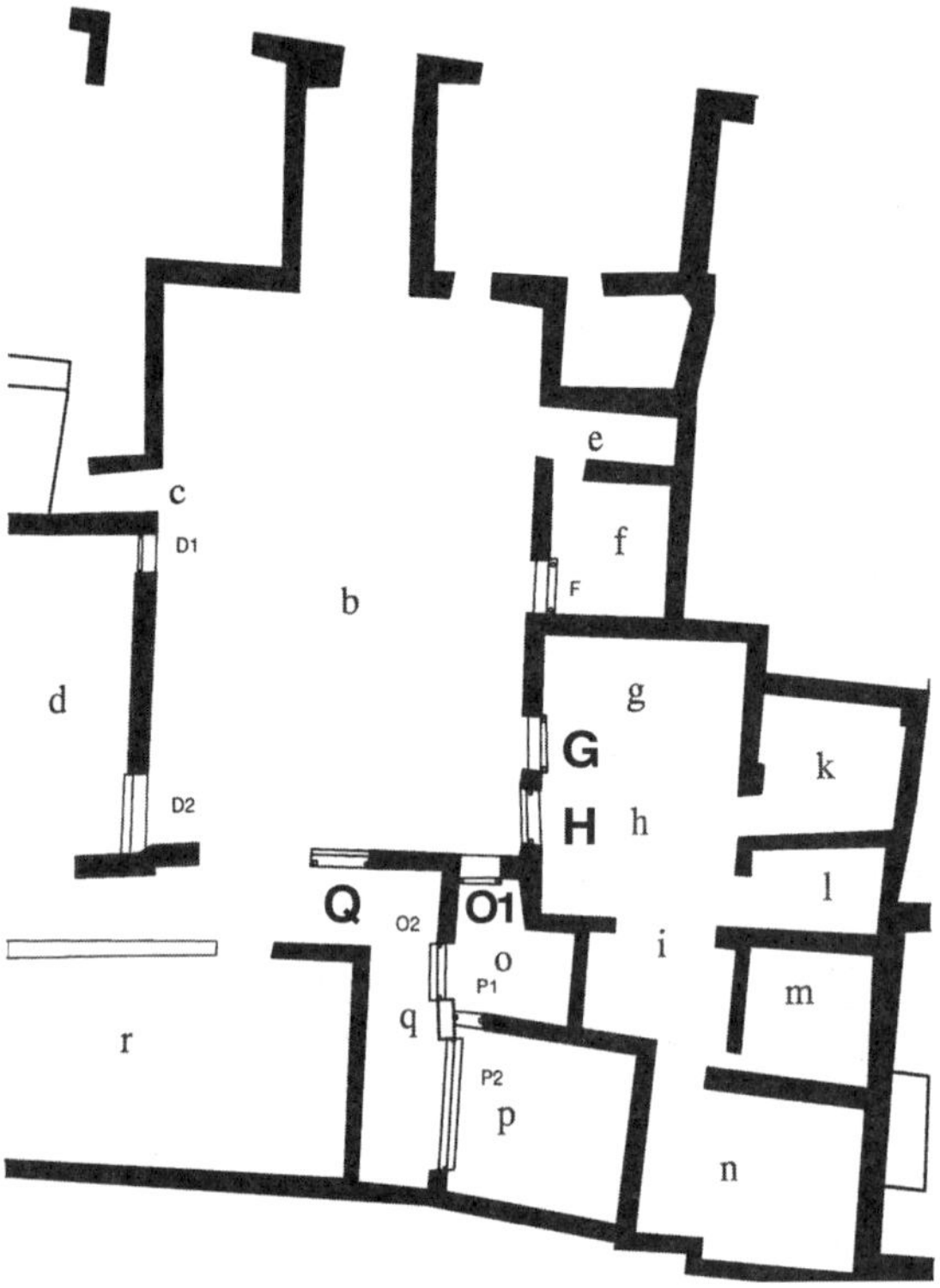

図 1-13　ポンペイ，「VII.12.3 の家」

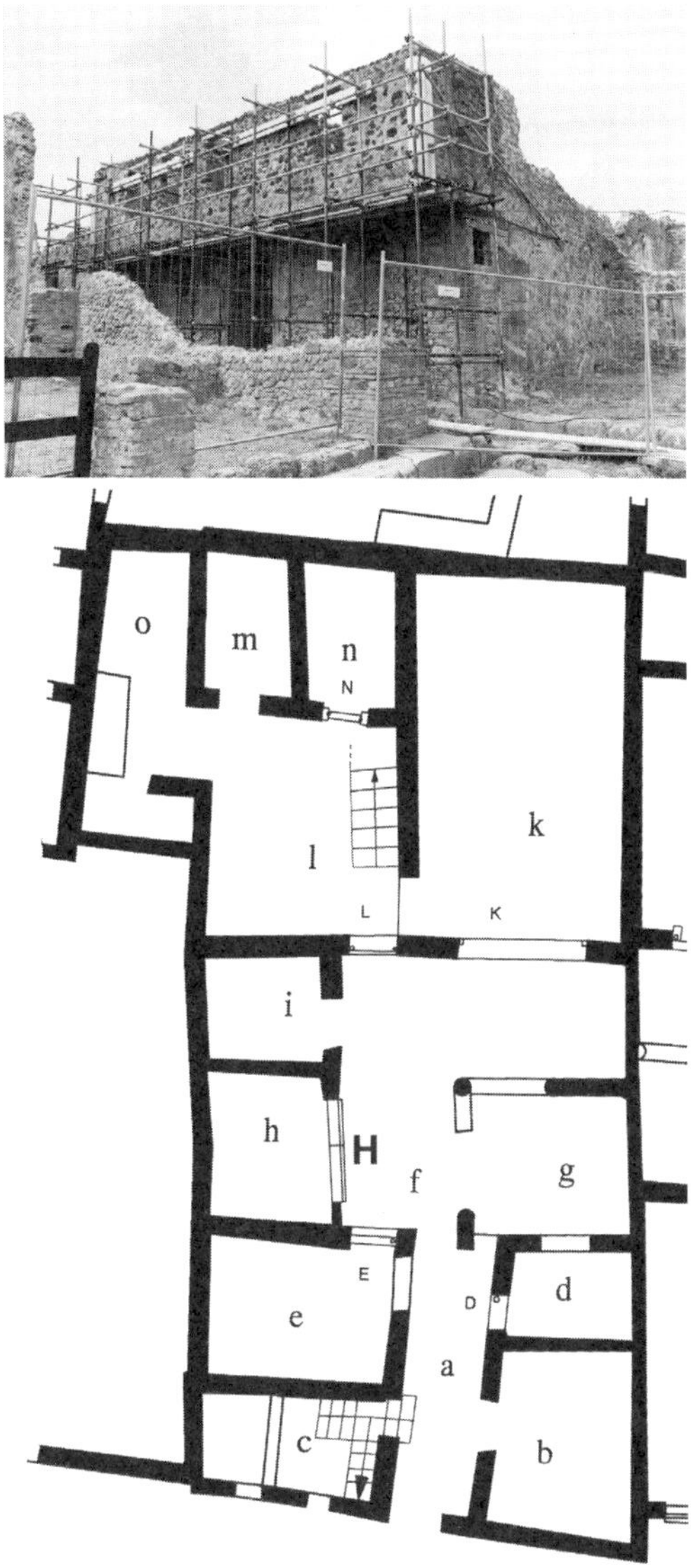

図 **1-14**　ポンペイ，「バルコーネ・ペンシーレの家（**VII.12.28**）」

ポンペイ住宅の動線計画

扉は重要な側に開く　内開きと外開き

このように、ポンペイの敷居の多くには段差が付いており、扉の内開き、外開きがわかる。現代のイタリアの家では敷居はほとんど見られないが、対照的にポンペイではほとんどの部屋に敷居がある。すでに記したように、敷居があっても段差がないのは、食堂や食堂の付属室など一部に限られ、段差には扉の下から入るすきま風を防ぐ機能がある。アトリウムをもつ住宅では、アトリウムはコンプルウィウムのおかげで外気が自由に入るため、とくに冬には各部屋ですきま風を防ぐ必要があった。さて、扉の内開き／外開きは防犯についても重要な情報を与えてくれる。扉には一般的に「重要な側に開く、あるいは主導権をもっている側に開く」という原則がある。例えば、ホテルの扉は必ず内開きである。これは来訪者ではなく宿泊者が主導権を握ることを前提にしている[8]。例えば、扉の開閉に主導権をもつ内側の人間が扉を外側に開けると、廊下を通行する人に扉がぶつかってしまう可能性がある（図1-15）。日本の住宅では玄関やトイレの扉は「例外的に」外開きであることが多いが、これは本来、内開きであるべき扉が部屋の広さの都合（玄関やトイレを内開きにすると広い面積が必要、とくに玄関では靴を脱ぐので、靴が邪魔になってしまう）で、外開きとしているだけである。イタリアでは現代も古代ローマ時代も玄関扉は内開きが一般的である（トイレは浴室と一体だが、浴室はもちろん内開き）。つまり内開きが基本である。しかも内開きは防犯にも優れており、外開きでは、外側から蝶番や軸を外して侵入することが可能であるが、内開きでは扉枠で蝶番や軸を隠すことができる。内開きの欠点は、災害時に扉に人が殺到すると開かなくなることである。例外は倉庫であり、扉は外開きとされる。これは荷物を部屋いっぱいに入れるためには、扉が外に開いたほうが都合がよいからであり、内開きにしておくと、荷崩れして扉が開かなくなることもありえるためである。しかし、オスティアの倉庫群を見ると、大ホレアやエパガシアーナのホレアの場合もすべて内開きとなっており、使い勝手よりも防犯を優先していることがわかる。(9)

厳重に守られた個室　ポンペイの防犯意識

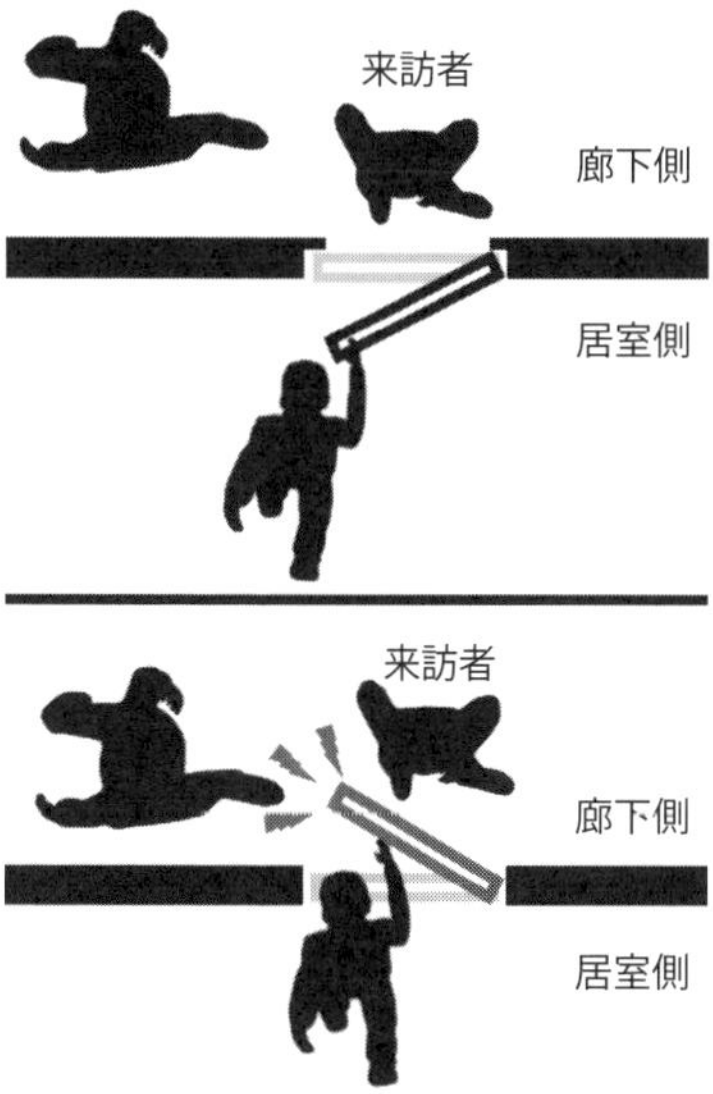

図 1-15　扉の内開きと外開き

ポンペイの敷居を通じて、生活空間の使われ方を推定したが、じつはポンペイで一般的な段差付き敷居は玄関を除き、オスティアにはほとんどなく、ヘルクラネウムにさえ見当たらない。ヘルクラネウムでは玄関には段差と錠穴の痕跡をもつ敷居が一般的に使われるものの、内部ではアトリウムや中庭に面する部屋に敷居がないことが多く、まれにあっても段差がない。オスティアやヘルクラネウムでは、開口の大きさに関わらず、モザイク敷居が一般的であり、段差がないという点では現代のイタリアに近い。同時代のヘルクラネウムにもないということは、時代的な要因でなく、ポンペイには特別な事情が想定される。そこで防犯の観点から、さらに考察を進めていく。

敷居の観察からまずわかるのは、ヘルクラネウムでは段差が必要ない、つまり、すきま風を防ぐ必要がないという点である。すでに触れたように、現代のイタリアの住宅では気密性が増しており、各個室に敷居はない。敷居の段差は内側の部屋を密封する仕掛けであり、ポンペイでは住宅内部でも外と内を隔てるための敷居を使っていたことになる。ポンペイがヘルクラネウムより特段に寒かったという記録はなく、ポンペイだけが冬の寒さを防ぐために気密性の高い敷居を用いたというのは説得力に欠ける。やはりもう一つの防犯上の理由に行き着く。段差がないと、扉の下にすきまができ、そこからサルを切り取ったり外してしまうことができる。また扉を外側に引っ張れるので、扉の間に少しすきまが空き、そこから鍵を破ることも容易にできる。つまり、ポンペイでは、多くの部屋には玄関扉に近い強固な施錠装置があったことになり、ヘルクラネウムと比較すると過剰なまでの厳重さを感じる。

そもそもアトリウムには露天のコンプルウィウムという穴が空いており、盗賊はここから容易に侵入することができる。ポンペイのアトリウムのコンプルウィウム、またヘルクラネウムの中庭の開口部にも、金網（鉄格子）を張って外部からの侵入を防いだ例があるが、決して一般的ではなく（プラウドフットのように木製の格子を想定することも可能）、そこまでできない場合、アトリウムに面する扉に施錠しておくのは防犯上たいへん有効なのは間違いなく、とすればポンペイでは二重、三重の防犯システムがあり、ヘルクラネウムに比して格段に厳重といえる。単に、ポンペイは治安が悪かったのだと判断することは容易であるが、これを意識の違いと見ることもできるだろう。つまり、ポンペイ人にとって、アトリウムやペリスタイルは外として認識されていたという見方である。一方、ヘルクラネウムではアトリウムや中庭

図 1-16　ヘルクラネウム，「機織りの家（V.4）」の縦格子付きの街路側窓

は内であって、個室と連続した内の空間と認識されていたのかもしれない。あるいは、ポンペイの場合、住宅の内、つまり家人に信頼がなかった可能性もあるが、これは想像に過ぎない。ポンペイには裏通りのような人気のない街路もたくさんあり、防犯上は決して安全な街とはいえない。玄関や裏口を施錠しても、アトリウムやペリスタイルからの屋根づたいの侵入は容易である。こうした計画的、組織的な犯罪は別としても、ヘルクラネウムとポンペイは住宅内部の防犯対策において、あまりにも違いすぎるような気がする。ヘルクラネウムの鉄格子の窓や縦格子の窓（図1-16）を見ていると、街路と住宅内部を隔てる壁のセキュリティには共通の特徴が見られるものの、住宅内部にまで二重、三重の施錠を施すのはポンペイだけの特徴といえる。ポンペイは玄関や街路面だけでなく、アトリウムやペリスタイルからの盗賊の侵入をも想定していたかのように内部の部屋も厳重に施錠されている。ヘルクラネウムが玄関や街路側だけを施錠し内部はほとんどセキュリティフリーなのとは大違いであり、やはりポンペイは思いのほか、街全体の治安が悪かったとしか考えられない。

店舗付き住宅とニュースタイル住宅の登場

ポンペイにおける店舗　人が守る

これまで住宅の扉の施錠についてくわしく解説してきたが、じつは防犯性という点では、店舗の扉がもっとも厳重なセキュリティをもっている。それは、後一世紀のポンペイ、ヘルクラネウム、そして後三世紀のオスティアを含めて共通していて、ほとんど変化しなかったことからも、その安全性をうかがい知ることができる（図1-17）。店舗の広い間口いっぱいに溝を掘り込んで、数枚の板戸を立て込み、最後に扉を閉めてサルを落とすという仕組みである。こうすれば扉を閉じてサルを落とした瞬間に扉がロックされ板戸は固定される（くわしくはトピック1の解説を参照）。また、間口全体に内側からカンヌキを通せば（確認は難しいが）セキュリティとしては万全である。溝に建具がはまっているので、すきまもなく、蝶番もないため、扉を破らない限りは侵入できない。とすると街路側に店舗を並べることは、防犯に対してたいへん有効である。セキュリティの高い扉が街路側に並び、しかも店番が常駐しており（住み込んでいる可能性が高い）、窓を小さくした伝統的な閉鎖的な正面壁と同様、あるいはそれ以上のセキュリティかもしれない。さらに街路側に並ぶ店舗が昼間だけでなく夜間も営業していれば、内側の住居の安全も結果として保証される。ポンペイでは、前一世紀の後半から、目抜き通りを中心に、街路側居室の店舗化が進んだが、これは古代ローマの植民都市化によって政治が安定し、経済的にも発展したからであるが、結果として店舗の需要が高まり、伝統的な住宅の街路側居室が、アトリウム向きではなく、街路に向かって

図 1-17　ヘルクラネウム,「III.6 の店舗」に残る店舗用敷居（上）とオスティア,「六本円柱の浴場（IV.V.10-11）」前の店舗の敷居（下）

開くことになり、その奥の住宅の防犯性は高まったといえる（図1-18）。ポンペイでは、街路側の店舗は内側の住居と出入口でつながっていることも多く、家主と信頼できる店子、あるいは大家族の一員という関係でセキュリティが守られたのかもしれない。それでも、後一世紀後半の詩人、ユウェナリスは、家を閉め、店にも鎖をまわし、一分の隙なく戸締まりしても、街が静まりかえったあとで、盗人が狙っているとつぶやく（Juv. 3.304）。決して安心できるような治安ではなかった。

ポンペイのニュースタイル住宅　防犯を犠牲にした開放性

それでも前一世紀末になると、ポンペイやヘルクラネウムに新しい住宅形式が登場する。これまで説明してきた窓の小さい閉鎖的

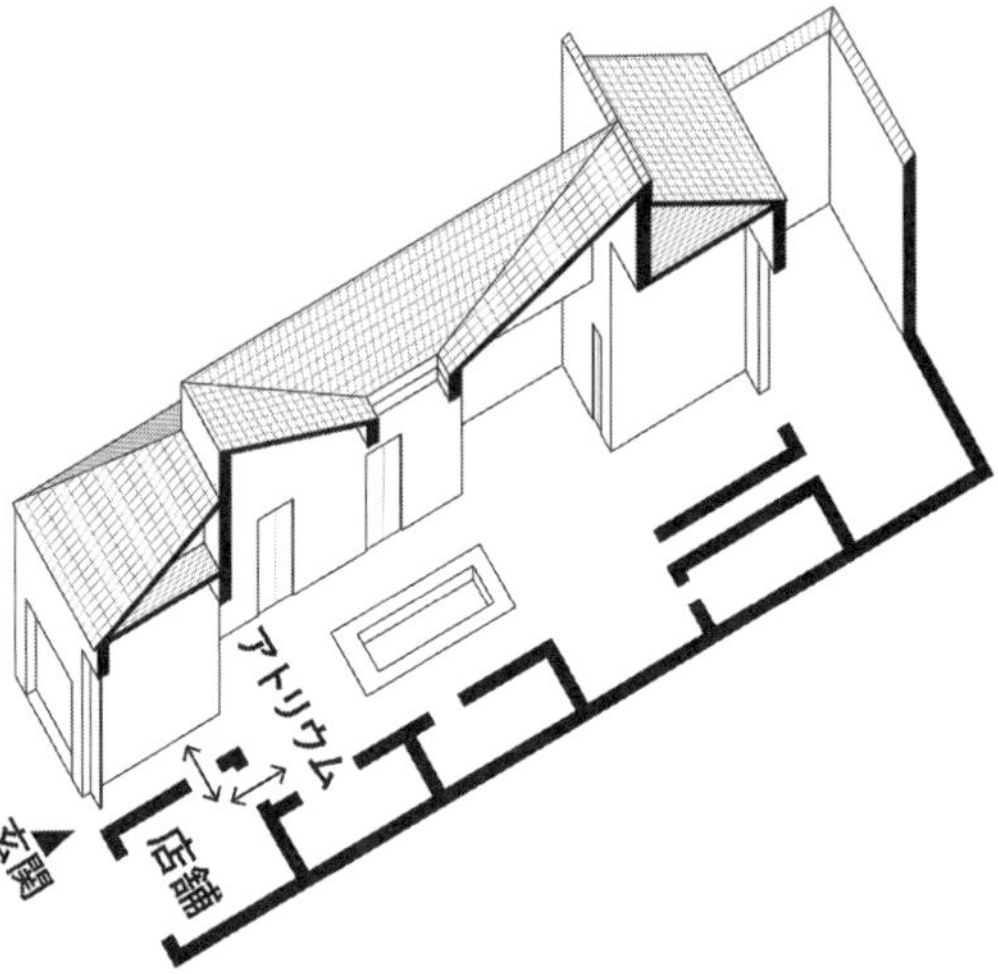

図1-18　ポンペイ，街路側が店舗に改変されたアトリウム型住宅

な壁面を地階に残し、上階に窓の大きなバルコニーを設け、開放的な空間をのせる住宅である（図1-14、1-19）。こうした形式は、中小規模の住宅に多く、内側にアトリウムではなく、列柱をもつ中庭（四周を列柱廊に囲まれたペリスタイルよりはるかに小ぶりである）、あるいは裏庭をもつ。こうした上階の部屋に敷居があったのか、あるいは施錠装置があったのかについては、まったく資料がなく、筆者が実際に観察したいくつかの例では、段差やサル穴は見つけられなかった。ヘルクラネウムに残る炭化した窓の鎧戸を見ると（口絵5、これは上階の窓ではない）、こうした上階の窓にも鎧戸が建て込まれ、カンヌキなどで施錠していたと想定される。また、窓を大きくすることで、採光や通風が確保され、伝統的な薄暗い閉鎖的な部屋ではなく、明るく開放的な部屋が生まれた。もしかすると、窓にはガラスがはめ込まれ、冬の寒さを防ぎながら、明るさを確保することも可能になったかもしれない（トピック2を参照）。これらの住宅は、明るく開放的

図 **1-19**　ポンペイ，街路面にバルコニーをもつ中・小住宅，「**II.9.5** の家」（上，復元），「**VII.15.5**」（下，地階はテルモポリウム）

な部屋、もしかするとガラスをはめ込んだ大きな窓をもっているが、単なる形式上の変化ではなく、古代ローマの都市生活にニュースタイルを持ち込んだ可能性もある。防犯の点からいえば、伝統的な住宅が、生活の快適性（明るさや開放性）を犠牲にして「安全」を選択しているのに対し、ニュースタイルの住宅は、安全をやや犠牲にしつつ、快適性を確保した住宅といえる。後一世紀に入り、街の治安維持を兼ねた消防隊（ポンペイに存在したかは未確認）が創設され、ポンペイの街にも少し治安の改善が見られたのかもしれない。

安全か快適か　まだらな都市景観

ギリシア時代の哲学者クセノフォンは、ソクラテスの言葉を借りて、理想の住宅を以下のように述べた。

「あらゆる季節を通じて常に心地よい避難の場所であり、そして自分の財産をもっとも安全にしまっておくことのできる家が、おそらくもっとも心地よいとともにもっとも美しい住居であろう。[10]」（*Xen. Mem.* 8）

今も昔も、住宅に求められるのは「安全」であり、庶民にとって「快適」は二の次であった。後一世紀に登場する新しい世代は、うまく「安全」と「快適」のバランスをとることで古代ローマに新しい住宅形式を産み出そうとしていたが、ポンペイとヘルクラネウムは後七九年に火山灰の下に埋もれてしまう。現はっきりいえることは、防犯について、古代ローマでは、個人の責任において安全、治安が守られた。現在のイタリアでもその傾向を感じることがあるが、警察権力が存在しない古代ローマでは「自己防衛」という色彩が強く、クライシスマネジメントについても「自己責任」が大原則である。これは社会全体あるいは都市の共同体として、リスクマネジメントを徹底して事前に危険を避ける仕組みをもたらす。それは、防犯や防災の技術は存在し、その提供も可能であるが、それを軽視、あるいは無視して損害を被った場合には、完全に「自己責任」という構造をもつ。それは訴訟をベースとした社会とも合致する特徴のように思える。その結果、過剰に防衛する伝統的な住宅と、快適性を意識しつつ防犯とバランスをとった新しい都市住宅がまだら状に並ぶ都市景観ができあがったのではないだろうか。

次に、考古学的な資料から古代ローマ、とくにポンペイとヘルクラネウムで見つかった鍵の実際について、エヴァン・プラウドフットから稿を得た（トピック1）。加えて、本章でも少し触れた窓ガラスについて、藤井に、最新の研究成果をもとに解説をお願いした（トピック2）。以上、鍵と窓ガラスについてトピックとして紹介する。

（1）A. Boëthius, revised by R. Ling, T. Tom Rasmussen, *Etruscan and Early Roman Architecture*, New Haven, 1978, pp. 183–190.

（2）アルベルト・アンジェラ（関口英子訳）『古代ローマ人の二四時間　よみがえる帝都ローマの民衆生活』河出書房新社、二〇一〇年、二五–三三頁および六八–七〇頁は古代ローマの古来の住宅を巧みに描写している。

（3）パトリック・ファース（目羅公和訳）『古代ローマの食卓』東洋書林、二〇〇七年、五二–五四頁。

（4）日本では敷居は障子や襖などの引き戸に使うことが多く、形状としては「沓摺（クツズリ）」が近いが、あまり一般的な言葉ではないので「敷居」を使う。

（5）以下、「トリプトレモスの家」については、二〇一二、一三年に現地で調査を行った結果に基づく。他の敷居の実測結果は、Y. Hori, "Thresholds in Pompeii", in *Opuscula Pompeiana* II, 1992, pp. 73–91.

（6） K. Stemmer, *Häuser in Pompeji 6 Casa dell' Ara massima (VI 16, 15–17)*, München, 1993. 「アラ・マッシマ（大祭壇）の家」に関する図は本書を参考に筆者が作図した。

（7） もちろん外側からサルを落とすことは不可能ではない。ただ、解錠を考えると、かなり大げさな装置が必要になる。筆者はその出土例を知らない。プラウドフットが説明するように、カンヌキを外から施錠する装置は出土している。

（8） 日本人の感覚だと来訪者のほうが重要だと思われるかもしれないが、あくまでも扉をどちらが開け閉めするのかという主導権である。

（9） ただし、扉の内側に壁をコの字型に配して、扉のすぐ内側に荷を置けないよう工夫している。つまり荷崩れによる扉のロックを巧みに防ぐ工夫である。

（10） クセノフォーン（佐々木理訳）『ソークラテースの思い出』岩波書店、一九七四年、一五〇頁。

トピック1　古代ローマの扉と鍵

エヴァン・プラウドフット

鍵を復元する　考古学的な証拠から

古代ローマの遺跡を観察すると、開口部にともなう石製の敷居（沓摺）、ときにはそれにともなう金具まで残っていることがある。木や布製品は土に埋もれるとすぐに腐敗してしまうが、ポンペイやヘルクラネウムでは、埋没時の環境によっては、二、三の条件が重なると、有機物であっても良好な状態を保つことがある。

稀なケースでは、石化した木製の部品が含まれることもあるが、ほとんどの場合、木製品は炭化して見つかる。これは、バクテリアによる分解作用や噴火時の混乱で発生した小規模な火事によることもある。腐敗してしまった木材であっても、火山灰や固化した火山泥にプリントされて形を残す場合もある。火山灰やパーミスと呼ばれる軽石に埋もれると、木製品はゆっくりと腐敗しはじめるが、固化した灰は十分に密で肌理が細かいため、腐敗して失われた木製品の空洞の周りに、ちょうど型枠のようにプリントを残

図T1-1　ポンペイ，「秘儀荘」16室に残る三枚折戸の石膏型取り（左），
オプロンティス，「ポッパエア荘」に残る四枚折戸の石膏型取り（右）

す。あるいは、不幸にも、中空部分が崩壊してしまい、残された型枠の一部分、あるいは全部が失われてしまうこともある。

ごく稀な例であるが、中空となった部分がそのまま発見されることがある。その場合、考古学者たちは金属製のワイヤーで中空部分を補強してから焼石膏（ジェッソと呼ばれる）を注入し、すでに失われてしまった遺物のレプリカとして取り出す（図T1-1）。実際には、扉や窓など木枠製品の型をとる作業はもっと複雑であるが、ここでは、このような簡単な説明にとどめておく。ただ、どうしても記しておかなければならないのは、最終的に取り出された石膏製の型が、たとえもとの製品の片面だけであっても、それは成功だという点である。さらには、現在、我々が目にする石膏型が、実際には、型枠の型枠から型をとって作ったもの、つまりオリジナルの木製品（ポジ）を象った中空（ネガ）に火山灰が詰まり（ポジ）、その火山灰の塊から型（ネガ）をとって作った石膏型（ポジ）もある。いわば、ポジのネガのポジのネガのポジである。

であれば、金属製の付属品であれば残りやすいかといえばそうではない。ポンペイにおいては、鉄製の部品もほとんど残されていない。実は鉄そのものは簡単に腐食しやすく、ほとんどの製品が見つからないのである。残念ながら、ポンペイやヘルクラネウムの発掘史のほとんどで、鉄製品はほとんど価値がない、あるいは意味のないものとして、躊躇なく捨てられてきた。より保存度の高い銅を含有する付属品ですら同じような状況で、収集されることなく、あるいは収集されても系統的にカタログ化されることはなかったのである。多くは、あとで捨てられてしまったり、現代の修復のためにくず金属として使われてしまった。コレクションもほとんどなく、記録作業すらまともになされていない状況で、ポンペイとヘルクラネウムにおける扉や窓の金具については、遺物もなく迷走する「空白状態」だったのである。

ポンペイやヘルクラネウムにおける遺物記録の問題の最後に、多くの壁体や出入口が、あまりにも過度に復元されてしまっているという点がある。この点は、ときには高さ、幅、あるいは建材や技術がオリジナルのままなのかという判断を難しくしている。壁体の漆喰の多くは現在の材料で穴埋めされてしまい、材木が挿されていた穴や木枠の痕跡を覆い隠している。また、オリジナルの漆喰そのものも、霜、塩害、そして放置されている植物の繁茂によって破壊され続けているのである。ポンペイやヘルクラネウムでは、これらの要因が重なって、扉、窓やその他の防犯の仕組みをわかりにくくしてしまっている。

扉の規格　基本的なシャッター戸の形式

古代ローマ時代の建築家ウィトルウィウスは、正門に三つの形式を区別している（Vitr. *De arch.* 4）。彼は、これらの三つの部類（ゲネラ：genera）にオーダーの名前を付けて呼んでいる（図T1-2）。すなわち、「ドリス式」、「イオニア式」そして「アティック式」である。どのオーダーかは独特のプロポーショ

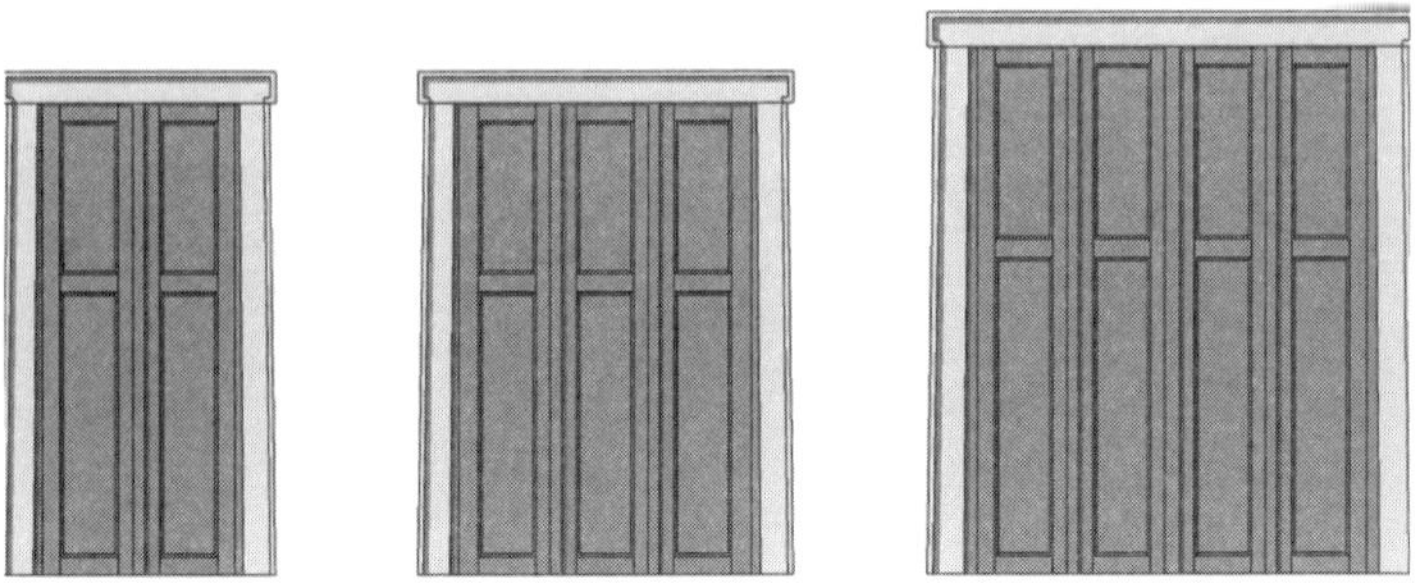

図T1-2　ウィトルウィウスが示した「ドリス式折戸」

ンによって決まるが、その周りの仕上げによっても区別できる。すなわち戸（窓）枠である。

これらの開口部のプロポーションに見られる古代の「規格」を、厳密な建築基準と見なすのは、議論の余地はあるもののほぼ「間違い」である。さらにウィトルウィウスが記したプロポーションのルールが当時の規準を反映したものだと見なすことも同様である。けれども、ポンペイやヘルクラネウムに見られるドリス式やイオニア式の開口部の多くが、ウィトルウィウスの示したプロポーションのルールに忠実なのも事実である。

基本的には古代ローマ時代の扉は一枚か二枚の開き戸（英語でバルブ：valve）であった。それらは、英語ではリーフ（leaf 複数形は leaves：折り戸）あるいはシャッター（shutter：鎧戸）と呼ばれるものである。これらの開き戸（あるいは鎧戸）は普通は開口の「まぐさ」と「敷居」に木製の軸と金属製の軸受けによって取り付けられる。

ほとんどに共通するのは、古代ローマの扉が二枚の開き戸で構成され、それぞれが軸の周りを回転するという点である。これらの扉は「バイバルブ（bi-valve）」と呼ぶことができ（三枚の場合はトライバルブ（tri-valve）、四枚はクアドリバルブ（quadri-valve））、ウィトル

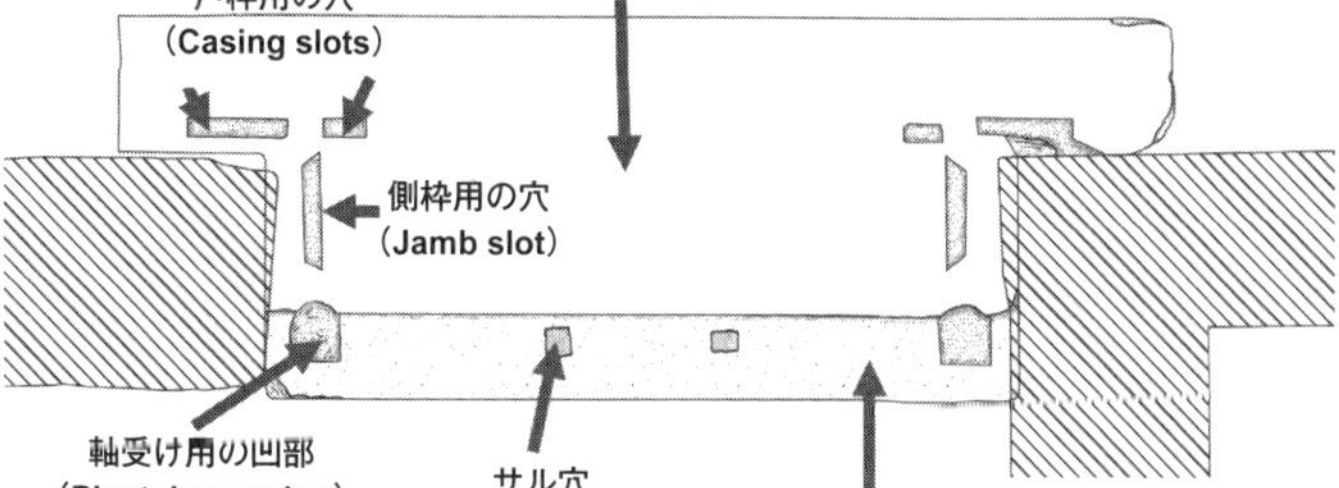

図T1-3　段差付き敷居（沓摺）の各部名称

ウィウスによれば、それらの開口部は、イオニア式の場合、幅と高さの比が1：2.5（あるいは2：5）で、ドリス式やアティック式の場合は1：2.18（あるいは11：24）であるという。また二枚よりも扉の数が多い場合には、それに対応して幅広く高いプロポーションの開口となる。図T1-2のように、三、四枚、あるいはそれを超えて五枚、六枚の扉もある。うまくこのプロポーションのルールを適用すれば、開口部の寸法や比例に応じて、どんな扉がはめ込まれていたのか、あるいは何枚の扉が建て込まれていたのかを想定することができる。

石製敷居　生き残った証拠

じつは具体的にどのような扉がはめ込まれていたのかを知るためには、石製の間口石を見ることが大事となる。つまり敷居（沓摺）のことである（図T1-3）。ポンペイとヘルクラネウムのすべての間口のうち、おおよそ五分の一は木製の敷居であったが、残りは石製だったため、ほぼ完全な形で残っている。それらは古代ローマの扉が具体的にどのように施工されていたのかを伝える貴重な鍵となる。

すでに古代ローマのころには、敷居にはたくさんの種類があった。床と平坦、あるいは低くなる場合もあるが、基本的には敷居は床より高くなっているのが共通した特徴である。側枠として対になる角石（あるいは薄板）が開口の竪溝にはめ込まれる。床と平坦になっている場合には、側枠も敷居と床と同じ高さに据えられるが、もし側枠が床や敷居より高い位置から起ち上がっているときは、もともとは敷居の上に木製の敷居がもう一枚載せられていた、あるいは踏板（沓摺）があった可能性がある。

最後に、もっとも一般的な戸当たり（段差）付き敷居（英語では、margin-and-rebate sill あるいは margin-and-rabbet sill という、「縁と溝」付き敷居の意）には、二つの共通する特徴がある。それは、段差、つまり扉板を閉めたときに止める戸当たりがあり、一段下がった面（rebate または rabbet：溝）に扉板がぴったり収まること。そして、縁と溝でできる段差部分の幅が、側枠の抱（reveal：抱《だき》、見込み、開口部の左右の壁の側面のこと）の奥行きと比例することである。高い段が広ければ抱は深くなり、狭ければ抱も浅くなる。戸当たり付き敷居は、一枚扉、二枚扉、あるいは複数の折戸にも使われた。

古代ローマの敷居でさらに特徴的なのは、扉の軸受けの位置に四角い、あるいは丸い凹みがあることである（pivot depression（図T1-4）これらによって、扉がどのようにはめ込まれていたのかわかる）。また、サル（drop-bolt（図T1-5）または「落としサル」、敷居などの穴に挿し込んで戸締まりとする小片）を受ける穴の配置や数によって、何枚の扉が付いていたのか、あるいは扉と扉枠、また扉板どうしが、どのように並んでいたのかがわかる。二つのサル受け穴が近くに並んでいるときは、二枚の扉板、三つ穴があれば三枚の折戸（あるいは、三枚戸）、というようになる。もし、三つあるいはそれ以上のサル受け穴があるときには、二つが対になって近接している場合があり、それは折戸がまさに折れる位置、つまり蝶

ヘルクラネウム
「郊外浴場」に残る完形の木製扉

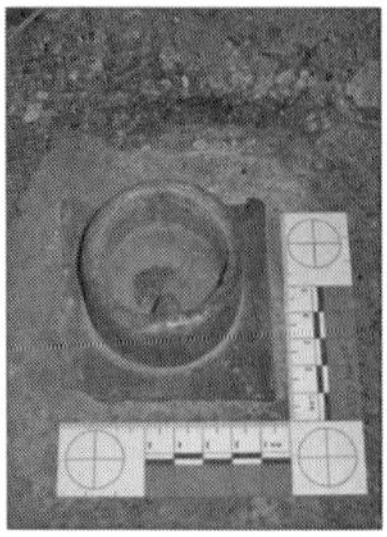

図T1-4　扉の軸受け

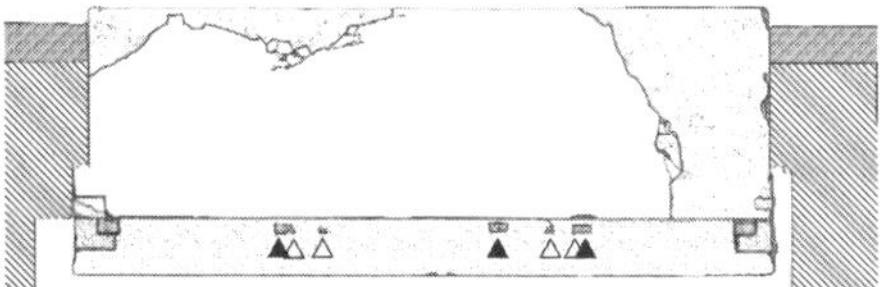

ポンペイ，「ファウヌスの家（VI.12.2）」の敷居（沓摺）
二つの異なる時期のサル穴が残っている
三枚扉（▲）と四枚扉（△）

図T1-5　扉のサル

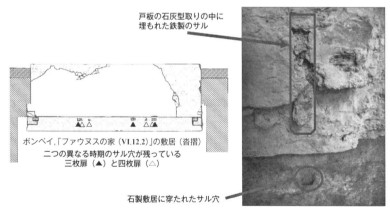

番が付いてる出会い框（戸板の縦枠）の位置を示していることになる。そこにサル受け穴を設ければ、それぞれの折戸を固定することができるからである。

扉の鍵、金属製付属品、およびその他の防犯装置

おそらく、サルによる施錠が古代ローマではもっとも一般的で、扉をしっかり固定することができた。しかし、それだけではなく、他にも扉を固定する単純な方法がある。

扉を固定するサルは、基本的には外部からの力任せの侵入者に対抗するものであるが、外からの風、あるいは空気圧の変化に対しても扉で入口を密封しなければならない。いずれにせよ、サルやサル受け穴、あるいは掛け金などが、扉を開けようとする様々な圧力に対して壊れたり、傷んだりしないようにすることが大切となる。

図T1-6はカンヌキ、掛け金、また支え棒の穴の例である。これらはすべて内部を仕切る扉ではなく外部と接する扉で見つかる。ここでは、内部を仕切る扉については説明しない。それは正確に復元できる鍵自体がほとんど見つからないことが大きな理由であるが、カンヌキや支え棒が内部の仕切り扉には見つからないことだけははっきりいえる。たぶん、外部と接する扉は夜間の施錠を前提にしているが、昼間でも施錠する可能性があること、また、カンヌキや支え棒は内側からしか解錠できないなどの理由が考えられる。

カンヌキ

ポンペイ，「ケレスの家（I.9.13–14）」
玄関扉内側の石膏型取り

ポンペイ，「二階建ての家（I.11.9，裏口はI.11.15）」
裏口扉内側の石膏型取り

掛け金（カケガネ）と錠前

ポンペイ，「二階建ての家」
裏口扉の木製カンヌキと
鉄製の掛け金および箱鍵の部分詳細

ポンペイ，「二階建ての家」
裏口扉の鉄製掛け金の部分詳細

支え棒と支え棒留め

ポンペイ，「コルネリウス・ルフスの家（VIII.4.15）」，玄関

ポンペイ，「コルネリウス・ルフスの家」
木製支え棒の元口を受けるための穴をもつ留石

図T1-6　古代ローマの施錠方法

古代ローマの店舗用厚板鎧戸

ポンペイ，「IX.7.10 の店舗」
店舗用厚板鎧戸の石膏ネガ型取り

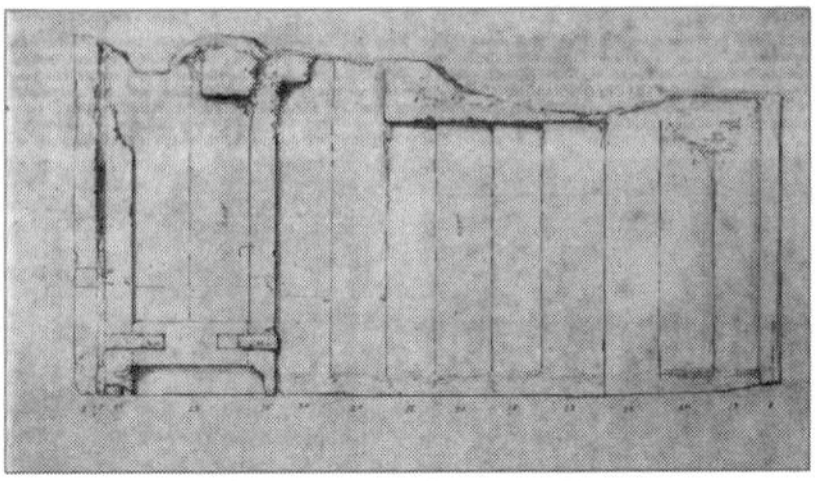

ポンペイ，A. ボヌッチによる
街区 VII.6 の店舗用厚板鎧戸のスケッチ

ポンペイ，アボンダンツァ通り沿いの「IX.7.5–7 の店舗」
店舗用厚板鎧戸の石膏型取りの一部に含まれていた施錠具，日本の鉄製カンヌキが
それぞれの鎧戸に取り付けられた輪状の固定金具に通されている。

ポンペイ，「ステファヌスのフロニカ（I.6.7）」
かつて戸口に展示されていた鎧戸に施錠するための鉄製カンヌキ

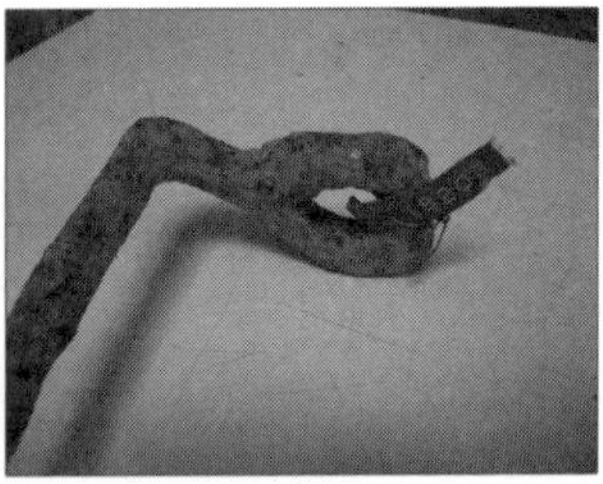

鉄製カンヌキの端部にある輪
おそらく延伸のための別のカンヌキが
通されていた。

中，下左写真は，ナポリ，ポンペイ遺跡監督局（SANP：Soprintendenza Archeologica di Napoli e Pompei）のアーカイブより。現在は，ポンペイ遺跡公園（Parco Archeologico di Pompei）に再編されている。

図T1-7　店舗の施錠方法

ヘルクラネウム，「骸骨の家（III.3）」裏庭の露天を塞ぐ金属製の格子
防犯に加えて，ぶどう棚として機能した可能性もある。

図T1-8　コンプルウィウムの金属格子

店舗の鍵

店舗の扉を簡単に説明しておく（図T1-7）。間口の広い店舗については、軸受けで取り付けられた折戸では、カンヌキや支え棒がないと、破壊行為や侵入者に対して弱い部分があるため、溝に落とし込んだ鎧戸とカンヌキの組み合わせが効果的である。図T1-7中は、ポンペイで見つかった鎧戸で、鉄の輪に通された鉄製の二本のカンヌキが見つかっている。また、かつてポンペイの「ステファヌスのフロニカ（I.6.7）」では、入口に鉄製のカンヌキが展示されていた（図T1-7下）。また、カンヌキの端が曲がっていて、その先が輪になっていることもある。それは二本のカンヌキを連結させる工夫だと思われる。

邸宅を守る

最後に、扉や窓を戸締まりしても、他にプライバシーや安全を守らなければならない部分があることについて指摘しておく。それは古代ローマを飾っていた様々な開口である。扉や窓の他に、多くの侵入可能な開口がある。それらの代表はコンプルウィウム

塀を乗り越えて庭園に侵入する不審者を防ぐために並べられている

図T1–9　ポンペイ，塀の上に並べられた割れた壺（街区 I.20）

や中庭である（図T1–8）。コンプルウィウムや中庭の上部開口に鉄格子をはめた例が少なくとも三つあり、おそらく、多くの家では木製の格子を使っていたと思われる。前二世紀の喜劇『ほら吹き軍人』で、作者のプラウトゥスがアトリウムに侵入するのにコンプルウィウムから飛び込めば可能であることを示唆した場面がある。また、大プリニウスの『博物誌』の第一九巻、オウィディウスの『転身譜』の第一〇巻に、コンプルウィウムの彩色された日除け、あるいは天幕が日陰を作り出していたような記述もある。これらの布をどのようにつったのかは不明であるが、後一世紀半ばの壁画では、コンプルウィウムに天幕を描くことが定式化しているのは間違いない。こうした装置が日除けだけでなく、侵入者を防ぐ役割を果たしたことは容易に想像できる。

また、ポンペイには、塀の上に割れたアンフォラを並べた例もある（図T1–9）。これも塀を越える侵入者を防ぐ役割がありそうである。こうした例はポンペイでは決して一般的ではないので、この地区の治安に何か問題があったのかもしれない。

このように、ポンペイやヘルクラネウムでは、乏しいながらも、多く残された石製の敷居によって、かなりくわしく施錠あるいは防犯の仕組みを知ることができる。外部につながる扉だけだが、内部を仕切る敷居にもサルの痕跡が残されており、よりくわしく観察すれば、近い将来、ポンペイやヘルクラネウムの住宅全体の施錠、さらには防犯システムを解明することができるかもしれない。

（堀　賀貴　訳）

トピック2　古代ローマの窓と窓ガラス

藤井慈子

窓と防犯

窓ガラスは、今や我々の生活に欠かせないものである。窓ガラスを通して入る光は室内を快適で明るい空間にし、窓ガラスを通して見える外の景色は室内にいながら開放感を与えてくれる。一方で窓ガラスは室外の雨や風、厳しい夏の暑さや冬の寒さを防ぎ、室内の適切な温度や湿度を保つ役割も果たす。さらに害虫または小動物の侵入も防ぎ、室内の安全な環境を守る。窓ガラスが開閉式の場合は、換気によって室内の空気を清浄化することができる。しかしながら、建物の外と内とをつなぎながら遮断する、相反する機能をあわせもつ窓ガラスは、上記のような快適さをもたらす場所だけではなく、外部からの目や侵入者が入る危険な場所でもある。我が国の現代の一戸建ての空き巣で見ると、施錠された頑丈な扉よりも、窓ガラスを壊して室内に侵入するケースが半分以上を占めるという[1]。このため、現代では建物の「防犯」といえば、戸締まりとあわせて窓の警戒が重要となる。

それでは、古代ローマ時代の窓の防犯意識はどうであったのだろうか。二〇〇〇年前にさかのぼるローマ時代の建物でも、地面に接した一階部分に位置する門戸の位置や開閉システムについては、その基礎構造が発掘調査によって再確認できることが多い。一方で、光を効果的に室内に取り込むため、むしろ高所に配置されることが多かった街路側の窓は、大半の遺跡では、痕跡すら残っていない。このため、後七九年のウェスウィウス山噴火により、街全体がタイムカプセルのように当時の姿をとどめるポンペイやヘルクラネウムなどのウェスウィウス山周辺諸都市は、古代ローマの窓および窓ガラス研究にとって重要かつ貴重な遺跡となる。[2]もっとも防犯の観点からいえば、これらの都市では、ギリシアの伝統を受け継ぐ平屋式の低層独立住居が主で、その光源は基本的に家の外側ではなく内側にあったため、窓に対する防犯意識は扉に比べて低かったことが想像される。すなわち、吹き抜けのアトリウム（玄関広間）とペリスタイル（柱廊式中庭）の二箇所から入る光を、その周囲の部屋へと取り込む構造であった。[3]そこで、街路に面した外壁一階部分には、一般的に窓は開けられず、アトリウムやペリスタイルから日の光が届かない場合、二階がある場合、あるいは台所のようにかまどがある場合などに限って、明かり取りや換気のために高所に切れ目程度の開口部が設けられた。

その一方で、ヘルクラネウムの「アルコーヴの家（IV.4）」や「ブロンズ製ヘルメス像の家（III.16）」のように、道行く人が少し背伸びすれば届きそうな高さに、方形の窓が開けられ、鉄製や青銅製の格子がはめられた家も見られる。それらの格子は錆びて膨れ上がっているが、直接漆喰に設置されたように見える。「アルコーヴの家（IV.4）」のトリクリニウム（食堂）の二つの格子窓には、格子がはまった街路側に対し、室内側には炭化した木枠が残っており（図1-2参照）、発掘者アメディオ・マイウーリによれば、窓の下、火山泥の中に大きな板ガラスの断片が落ちていたという[4]。このため、外側は格子、内側は板ガラスというセットが、一階の街路に面した窓では防犯とプライバシーを意識して使用されたと思われる。プライバシー保護の可能性は、当時の板ガラスが無色透明よりも自然発色の淡青緑を帯びた半透明が多く発見されていることから類推できる[5]。すなわち、外からの光を取り入れながら、道行く人々からのぞき見されることを防いだと考えられる。また、同トリクリニウムはフレスコ画で彩られていることから、板ガラスは、室内装飾や窓下の二人用寝椅子を雨や風から守る効果もあっただろう。

現在ニューヨークのメトロポリタン美術館に移送・展示されている、ボスコレアーレのP・ファンニウス・シュニストル荘の一階の角部屋M、クビクルム（寝室）でも、有名な第二様式のフレスコ画の陰に隠れてはいるが、部屋の奥の壁に、壁画よりも後に開けられた縦長の窓がある。その窓には、同様な鉄製の格子がはめられている。そこで、部屋の入口からの、もともとのペリスタイル採光に加え、家の外壁に新しく開けられた街路採光との両方で室内が照らされるようになったことがわかる。そして、それにもかかわらず、窓近くのフレスコ画の保存状態がきわめてよいことから、「アルコーヴの家」と同じく雨風を防ぐ内側の板ガラスとセットになった格子窓であった可能性が高い。なお、このような外側の格子部分の構造は、一定の間隔で丸孔が開けられた幅二センチほどの平帯の横軸、その横軸の丸孔に円筒形の細棒を通した縦軸を組み合わせたもので、これがさらに幅四センチほどの木枠にはめられて窓の開口部に設置されたと見なされている[6]。

ポンペイのアボンダンツァ通りに面する家々――「パクイウス・プロクルス（またはクスピウス・パンサ）の家（I.7.1）」、「ファビウス・アマンディウスの家（I.7.3）」、「アウグスターレスの家（II.2.4）」――で

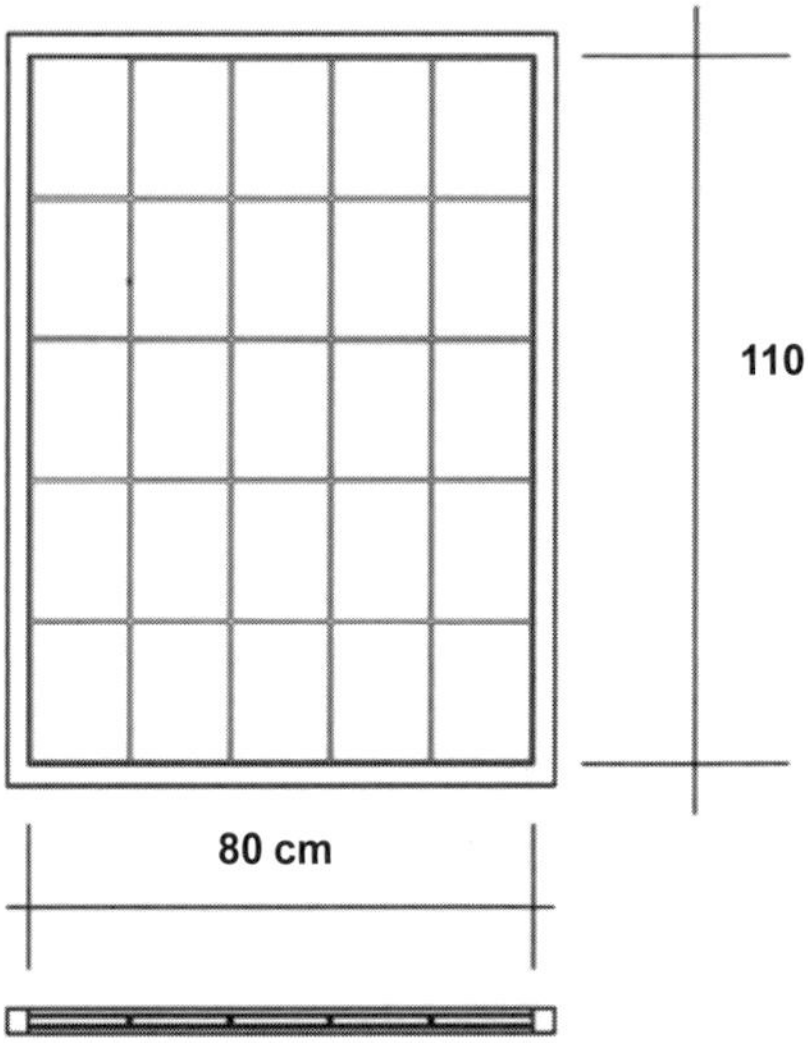

図T2-1　「パクイウス・プロクルス（またはクスピウス・パンサ）の家（**I.7.1**）」，アトリウムの西側の格子窓復元想像図
（典拠：V. Ingravallo, M. S. Pisapia, 2015, fig.10）

は、二階以上の高所に、鉱物製透明板がはめ込まれた格子窓が使用されていた。ヴィットリオ・スピナッツォラによって発掘された「パクイウス・プロクルスの家（I.7.1）」のアトリウムでは、西壁の六メートル近い高さに in situ（本来の場所）にはまった状態で、青銅製の格子窓の残骸が発見された(7)。その付近からは、その格子にそれぞれはめられていたと思われる、一枚二二センチ×一六センチ、厚さが〇・一五センチの「滑石」板が、ほぼ完全な状態の八枚、そして三〇近い断片（少なくとも一五～二〇枚分に相当）で見つかった。「滑石」板には、格子に固定する際に使用したと思われる漆喰の痕跡も残っていた。そこで、この窓は、二五枚の滑石板が格子部分に漆喰で固定される形ではめられていた縦一・一〇メートル×横〇・八〇メートルの青銅製の格子窓だったと想定されている（図T2-1）。同じサイズの鉱物製の半透明な板一式は、隣接する「ファビウス・アマンディウスの家（I.7.3）」の玄関先でも発見されており、発掘者マイウーリは上階の窓にはめられていたものと想定している。現在は消失しているが、「アウグスターレスの家（II.2.4）」の入口上部には、スピナッツォラが発掘した一九五三年段階では、格子窓が残っていたことを示

すスケッチが残されている（図T2−2）。そこで、街路側の高所に開けられた窓には、鉱物製透明板を各格子にはめ込んだ合体型の格子窓が使用されていた状況がわかる。重石真緒の採光研究によれば、ポンペイのように低層独立住宅であっても、アトリウムの方がペリスタイルよりも暗い傾向があるという(8)。そこで、これらの街路に向かって設けられた玄関先上部の窓は、吹き抜けの内部の採光に加え、アトリウムをより明るくするために補足的に加えられた外部の明かり取りの窓と考えられる。

図T2−2　「アウグスターレスの家（II.2.4）」の入口スケッチ
（典拠：V. Spinazzola 1953, pp. 134—135, fig. 157, Tav. VIII）

帝政後期ではあるが、オスティア出土といわれるモザイク舗床には、格子窓が入口や一階部分に設置された海沿いの建物が描かれている。画面の下には海辺で魚釣りをする人物が、画面中央には祭壇の前で神々へ奉納する男女二人が、そして画面の上部には、男女二人を囲むように、海辺の建物が三箇所に描かれている。格子部分は黒いテッセラ、空間部分は青いテッセラで格子窓が描かれており(9)、窓の外側には鉄製の格子、内側には板ガラスがセットとなった格子窓を彷彿とさせる。

このオスティアは、窓研究にとって重要な遺跡でもある。都ローマの港であったオスティアは、後二世紀に人口が五万人にも達する最盛期を迎えた後、テベレ川の砂の堆積によって後五世紀末にかけて徐々に廃れて放棄されたため、ポンペイやヘルクラネウム以降のローマ建築の発展と、それにともなう窓の変化を見ることができる。また、ポンペイやヘルクラネウムの低層独立住宅とは対照的な、人口の多い都会ならではの高層集合住宅の窓の発展をも見ることができる。もっとも、オスティア遺跡では、窓の開口部の配置やサイズはわかっても[10]、その開口部は基礎構造だけが残っているため、防犯意識の検討につながる窓の木戸や木枠の構造、そこにはまっていた透明板まで確認できるものは、皆無に近い。長年にわたり、オスティア遺跡でレーザースキャン調査を遂行し、遺跡を熟知・踏破した堀賀貴教授にたずねたところ、きわめて少ない痕跡の一つ、大ホレアの南西の開口部に残る、モルタル製の窓台に案内された。普通に遺跡を歩いているだけでは見落としてしまうが、少し高所から確認すると、モルタルには段差がつけられ、木枠の「受け」となっている部分や、外開きの木戸がはまっていただろうほぞ穴を見ることができた（図T2-3）。

オスティアの窓ガラスについては、ローマ・ガラス史の大家デヴィット・ホワイトハウスが、以下の二つの浴場について述べてはいる。すなわち、ユピテルの浴場に木製シャッターをかけられる石のコンソールがあること、ネプチューン浴場のカルダリウム（温浴室）北側廊下には、熱損失を防ぐために両側に格子窓ガラスがはめられ、暖かい空気の「クッション」を形成していたというものだ[11]。ただし、オスティアに「ユピテル」の名を冠する浴場はなく、後者のネプチューン浴場（II.IV.2）でその痕跡を探したが、何も確認できなかった。そこで、オスティア・アンティカ遺跡公園の前アンジェロ・ペッレグリーノ所長や、同公園の遺物管理担当のパオラ・ジェルモーニに質問したところ、何の記録もないとのことだった。ジェルモーニによれば、オスティアの各所で板ガラスの残骸のようなものはたしかに目にしたことがあ

図T2-3　オスティア・アンティカ遺跡公園，大ホレアの南西の開口部に残るモルタル製の窓台
（筆者撮影　©Parco Archeologico di Ostia Antica）

り、その上の壁体から落ちたと想像されたが、現在のように窓ガラスへの関心が高まる以前は、記録もされないまま、歳月と共に消え去ったという。同様な証言は、オスティアの調査に長年携わるジャネット・ディレーンからも得られた。二〇一七年には、オスティアにおけるガラス製造工房址やガラス遺物に関する最新報告が、ローマ・ガラス史家のルチアア・サグイによってなされた[12]。その機会にオスティアの窓／板ガラスについて質問したが、やはり答えは何の記録もないとのことであった。

古代ローマの文献史料で、窓と防犯に関わる記述は少ないが、マックス・コンゼミウスは、著書『古代ローマのプライベート・セキュリティ』の中で、後一世紀の博物学者大プリニウスが、菜園に関わる項目の中で述べた次の言葉を引用している[13]：「都会の平民たちは、彼らの窓に菜園の模型を作って、毎日眼に田園風景の眺めを与えていたものだが、後になって無数の残虐な強盗が現れるにいたって、鎧戸であらゆる眺めを遮断せざるをえなくなった」(Plin. *NH.* 19.19.59)という箇所である。大プリニウスは、特に都市を指定していないが、ここでいう都会とは、ローマやオスティアなどの高層集合住宅が立ち並ぶ都市を一般に示していると想像される。現代と同じく、緑が少なく、美しい景観も少ない都会の高層集合住宅で、光の当たる窓辺にウィンドウボックスのようなものを置き、ガーデニングを楽しんでいた人々の姿が思い浮かぶ記述である。そして、このような人々の慎ましい幸せさえ、治安の悪さが奪い、無味乾燥な閉め切った窓になった様子が伝わってくる。

ローマやオスティアのように、高層集合住宅が発達した遺跡の木戸については、先に述べた堀教授によるモルタル製の窓台からその痕跡を見るほかない。しかし、ヘルクラネウムのデクマヌス・マキシムスの店舗No.4の上部の炭化した木戸(口絵5)や、ボスコレアーレの別荘で石膏型取りされた木戸[14]など、大プリニウスと同時代の木戸は確認されている。いずれも外開きで、ボスコレアーレの事例では、中からカンヌキを一本通して戸締まりしていた痕跡が残っている。そこで、いったんカンヌキを閉めたら外から押しても開けられない仕組みになっていたことがわかる。

また、ピーター・キエンツルは「内向的生活——ローマ時代の建築におけるセキュリティの痕跡[15]」の中で、ローマ時代の窓は現代とは異なり、光と換気の二つがその主な機能であり、街路に面した窓の多くは人が入れないほど小さく、現代のように防犯の必要がなかったと述べている。その窓が、大きくなったことには、ローマ帝政期に入って登場した窓ガラスが関与していると見なす。さらに、当時の板ガラスの大きさから見て、それらが華奢なつくりの木枠にはまっていたため、それだけでは簡単に壊されてしまい、防犯の役に少しでもたつとすれば、窓ガラスが割れる音くらいなので、防犯のためにはその外側に木戸が付いていたと推量する。

透明板の登場

鉱物製とガラス製の透明板

それでは、次にキエンツルが古代ローマの窓の変化に関わると指摘した、窓ガラス――透明板――の登場について、考古遺物と文献史料の両方から見ていく。

ポンペイやヘルクラネウムでは、窓にはまっていたと思われる様々な材質の透明板が報告されている。鉱物製では透明石膏、雲母、滑石製の板が出土し、一〇〇以上の断片がナポリ国立考古学博物館に所蔵されているという。[16] その多くは、色は白色がかった無色透明、サイズは一五～二〇センチ前後、厚みは〇・一五センチ前後が平均であるが、出土状況までたどれるものはわずかで、所蔵番号すらふられていない。

また、板ガラス製では、自然発色の淡青緑がかったものが多く、厚みも二倍以上あり（〇・三～〇・五センチ）、大きさも鉱物製と同様な二五センチ四方程度から長さが一メートル近くあるものまでと幅広い。さらに、近年の窓ガラス研究の進展により、ガラス製の板には、鉱物製と同様な方形平板に加えて、鉱物製にはない、半球円縁の立体的な二種類があったことが判明した。[17] ルーブル博物館には、カンパーニア地方出土と伝えられる高さ七センチ、直径二五センチ前後の三点が所蔵されている（図T2-4）。[18] 当初は何かの容器の未完成品か水盤のようなものと見なされていたが、同様な半球円縁型の板が、近年の発掘によりスペイン、ポルトガル、イタリア、フランス、イギリス、スイスなどのローマ時代の遺跡で、主に浴場

図T2-4　ローマ時代初期の半球円縁の板ガラス
伝イタリア，カンパーニア地方出土，
後1世紀，ルーブル美術館 inv.no.CP9267
（典拠：Arveiller-Dulong, Nenna 2000, no. 276）

址から発見され、その出土状況から窓ガラスへの見直しが図られた。なお、帝政後期の事例ではあるが、フランス南部のザンビエ島近くで発見された後三～四世紀の難破船から、方形平板タイプと共に、高さ一五センチ、直径五〇センチ前後の半球円縁タイプが七つ入子式に重なった状態で発見されている。鉱物製とガラス製の窓ガラスに見るこのような違いは、板ガラスが単なる鉱物製の模倣にとどまらず、鉱物製との違いを出すことでその商品性を高めようとしたあらわれと捉えることもできる。

　このように考古学的に後一世紀後半から確認される窓にはめる透明板については、文献史料でもその最古の言及は後一世紀にさかのぼる。まず最初に登場するのは鉱物製のもので、後四一年ころに執筆された哲学者フィロンの『ガイウスへの使節』（Philo, *Leg.* 364–365）にあらわれる。[19] その舞台は、フィロンを含むアレクサンドリアからの使節団の面会に、ガイウス帝（＝カリグラ帝、在位後三七～四一年）が応じる、ローマのエスクィリヌス丘の二つの御苑、ホルティ・ラミアニとホルティ・マエケナスである[20]（地図4㉛、㉜）：

「（皇帝は）私たちの発言を遮り、大きな屋敷の中へと大急ぎで駆け込んでしまったのです。そして、その中を歩き回りながら、その周りの窓すべてを、光は通すが風や太陽からの暑熱は遮る透明の石に近い白い石で修復するように命じました[21]」。この「透明な石に近い（*ὑάλῳ λευκῇ*）白い石（*διαφανέσι λίθοις*）」は、ラテン語のラピス・スペクラリス（Lapis Specularis）に相当すると考えられる。大プリニウスが、透過性

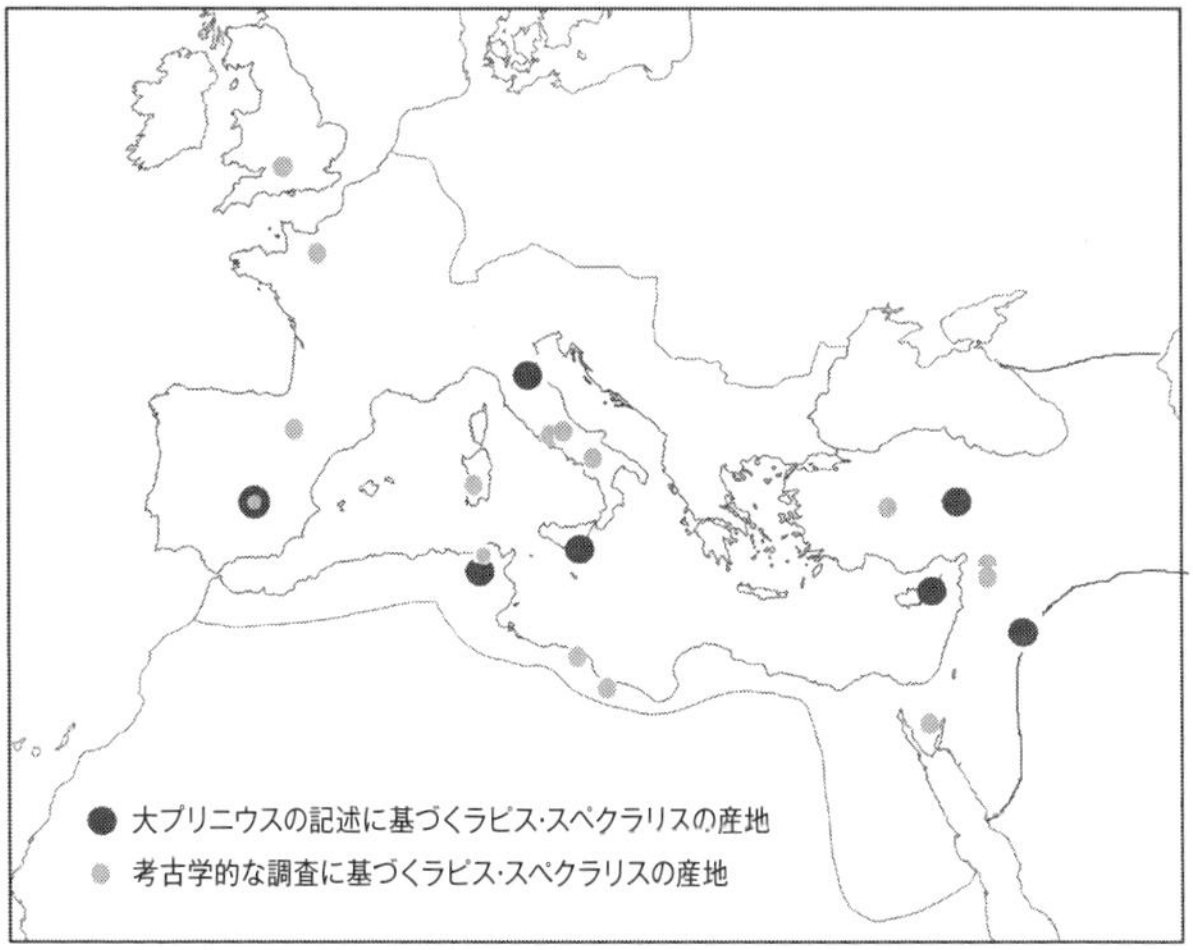

図T2–5　ラピス・スペクラリスの産地分布図

の高い様々な鉱物の中でも、望み通りに薄い薄片にはぎ取ることができること、スペインのセゴブリガ産が特に透明度が高く良質であることなどを詳細に述べた鉱物である（Plin. *NH*. 36.160–161）。ラピス・スペクラリスが現代のどの鉱物にあたるか特定することは難しいが、ポンペイやヘルクラネウムからの出土品に透明石膏、雲母、滑石などが見られることから、ラピス・スペクラリスとはこれらの総称であった可能性が高い。近年の考古学調査では、セゴブリガの遺跡と鉱山が特定され、乳白色の洞窟のような透明石膏の鉱山内部や、ローマ時代の採掘の痕跡が発表されたほか、切り出した透明石膏の塊に楔を打ち込んで薄くはがし、鋸で形を整えることで、何枚も同じサイズの透明度の高い板が製造できるなどの再現研究もされている[22]。また帝国各地に広がっていた産地についても、研究が進んでいる（図T2–5）[23]。

　板ガラスについては、ラピス・スペクラリスの石を示すラピス（Lapis）を除いたスペクラリス（Specularis）という名称が、哲学者セネカが後六〇年ころ執筆した

『道徳書簡集』(Sen. *Ep.* 90.25)に見られる。そこで鉱物製とは区別されて、ガラス製にはこの名称が用いられたと考えられる。そしてこの名称は、セネカが、記憶にも新しい最近の発明「透明な板を通して明るい光が入るガラス製の板」として、浴場の暖房システムと共にあげている。

別荘の窓への透明板の導入

先に見たカリグラ帝のローマの御苑では、光は通すが風と熱を防ぐために鉱物製の透明板が導入された。このホルティ・ラミアニについては、近年も一部が再発掘され、茶と白が織りなす縞模様を美しく組み合わせたアラバスター製のオプス・セクティレ(opus sectile:大理石や貴石の薄板を切り抜き組み合わせることで、単純な幾何学模様から複雑な絵画表現まで壁面や床面に施すローマ時代の技法)の床、様々な色の大理石によるオプス・セクティレの壁面、宝石の実がなる金の枝が巻きついたような柱(金メッキされた青銅製の板に貴石が入った装飾)など、絢爛豪華な室内を演出したカリグラ帝の趣向が裏付けられている。[24] しかしながら、鉱物製透明板についての報告はいまだなされていない。ローマ近くの別荘の出土品では、後二世紀に下るが、Q・ウォコニウス・ポッリオヌス荘のトリクリニウムから庭に続く狭い通路で、厚みの異なる鉱物製窓板が釘付きの長い金属片と共に大量に発見されている。[25]

後一世紀末~二世紀初頭に書かれた小プリニウスの『書簡集』(Plin. *Ep.* 2.17)には、彼が所有するローマ南のティレニア海に面したラウレントゥムの別荘で、板ガラスがどのように使用されたかが示されている。それらは、友人ガイウスを別荘に誘うために書かれているため、我々の目にも浮かびやすい説明となっている。例えば、「控え目ながらも品位を欠かないアトリウム」に続いて「小さくも明るい中庭を形成するＤ字型のペリスタイル」があり、「柱廊はガラス窓（specularibus）と、かなり長く軒先の張り出した屋根によって守られている」ため、「天候が荒れると、ここは立派な避難所」になると記されている。そこで、柱廊の（柱と柱の間にはめられた）ガラス窓が、長い軒先と共に風雨から身を守る役割を果たしたことがわかる。

ポンペイの秘儀荘、「チェトラで弾き語るアポロの家（I.4.5）」、「ギリシア青年の家（I.7.12）」、「ユリウス・ポリビウスの家（IX.13.3）」、ヘルクラネウムの「モザイク・アトリウムの家（IV.2）」のペリスタイルでは、小プリニウスが述べているような、柱と柱の間の空間を、全面でなくとも一定の高さまで板ガラスで塞いでいた可能性が説かれている。特に代表的なものとして取り上げられるのは、「モザイク・アトリウムの家（IV.2）」である。広い中庭の北面は、柱廊式というよりも壁に縦長の方形の大きな窓が四つ開けられており、そのすべてに炭化した木枠の痕跡が残っている。これらの木枠に透明板をはめ込む段差はなく、板ガラスの断片が窓の下で発見された報告もないのだが、おそらく東面の軒先で発見された木製の格子枠が、発掘者のマイウーリによって格子窓ガラスと述べられているため、北面の木枠にも同様に板ガラスがはめられていたと想像されたのだろう。今世紀に入ってヘルクラネウムに残る窓ガラスの痕跡をまとめたグイドバルディらの研究でも、この東面の格子窓ガラスについては、六八・五センチ×八九・五センチの板ガラスが格子の間にはめられていた復元想像図が掲載されている（図Ｔ２−６）[26]。そこで筆者も堀教授から疑問を提示されるまでは、頭から「格子窓ガラス」だと思い込んで見ていたが、格子ガラスの根拠とされるマイウーリの報告は「格子窓ガラス」の一言だけで、板ガラス片や鉱物切片が散乱していたなど、詳細は述べられていない。北面の炭化した木製の頑丈な窓枠とは異なり、華奢な格子に板ガラスをは

図T2-6 「モザイク・アトリウムの家（IV.2）」の
東面の格子窓ガラス想像復元図
（典拠：Giudobaldi, Camardo, Esposito, Notomista, 2015 p. 141, fig. 5）

めるような段差はつけられているものの、さらなる実地調査や再現実験などで再検討する必要がある。

小プリニウスの別荘の記述に戻ると、もう二つ、板ガラスに関する興味深い記述にあたる。すなわち、「南西の季節風」が吹く時期には、「岸壁で砕け散った波の飛沫がかかる」ほど「海岸に突き出した立派なトリクリニウム」があり、トリクリニウムが、「両開き戸か、または戸と同じ大きさのガラス戸で囲まれている」ため、「左右と正面から、海があたかも三つあるように眺められる」、というものである。この箇所は、従来の高所に小さく明かり取りまたは換気用に開けられていた窓が、板ガラスの出現によって、現代に通ずる低所で広々とした「景観」を楽しむ窓へと変化・拡大していることが見て取れる。

ヘルクラネウムのパピルス荘では、小プリニウスのトリクリニウムのような、海に面した「別荘下層部（Basis Villae）」と命名された一部が、近年グイドバルディらによって再発掘された[27]。そして堀教授によって二〇一七年、その一帯がレーザースキャンされた。海岸に面して並ぶ小部屋には、それぞれ縦長の方形窓とその上に小型の円形窓がセットで開けられているが、室内まで発掘された第一室の状況は、後六二年の地震後の修復中であったことを物語っている。グイドバルディらの報告によれば、おそらくもともとは二部屋であったものが一部屋に統合された第一室には、二メートル四方の大きな方形窓（他の小部屋の二倍近くか）と円形窓がセットで海に面して開けられている。外側の円の直径は約五〇センチと、通常の円形窓と変わりがないが、室内側はより多くの光を取り込むべく直径約八二センチに隅切りされていることが、堀研究室の小川拓郎の計測により明らかとなった。この外側の円の周りに淡い緑色がかったガラスの断片が残っている。室内側には円形窓の明かりを調節するような木製の引き戸があった痕跡も報告されている。なお、方形窓については、木枠やガラスの痕跡など報告されておらず、ガラスがはまっていたか特定することはできない。

浴場への板ガラスの導入

先に、小プリニウスの海の見える食堂で、窓が低所に広く開けられ、景観を楽しむ機能が加わったことを見た。このような変化は、少し前のセネカの『道徳書簡集』（Sen. *Ep.* 86.8）でも見られる。すなわち、共和政代のスキピオの浴室は、細い切り込み程度の窓から光が差し込む程度だったのに対し、帝政初期は「きわめて大きな窓の数々から一日中陽の光を享受できるよう十分に整備されていなければ」、「身体を洗うと同時に日焼けしなければ」、あるいは「浴槽から田園や海を望めなければ」、「油虫の浴場だと呼ばれます」と記されている。この記述から、浴場内を一日中照らすために、従来の天窓や高窓から低所に広い側窓がセットで設けられるようになった様子、さらにその側窓を通して浴槽から外の景色を眺めるという、景観に対する意識が生まれたことがわかる。

ポンペイの四つの公共浴場（中央広場浴場、スタビア浴場、中央浴場、郊外浴場）とヘルクラネウムの二つの公共浴場（中央浴場、郊外浴場）のうち、セネカが述べたような浴場の窓の出現――複数の広い側窓――が実際に見て取れるのは、ポンペイの中央浴場とヘルクラネウムの郊外浴場の二つのみである。もっとも後六二年の地震後に着工されたポンペイの中央浴場（IX.4.5 および IX.4.18）は噴火時にまだ「建設中」であった。そこで、パレストラに面した冷浴室、微温浴室、温浴室に、それぞれ大きな方形の開口部が三つずつ設けられた壁体が残っているだけである。そして少なくとも最後の二つには、室内の温度を保つためにも窓ガラスがはめられる予定だったと想定されている。[28] これに対し、ヘルクラネウムの郊外浴場（南東角）では、噴火時には修復中であって使用されていなかったものの、海に面した南面に、それも視線上の高さに大きな窓がいくつも開けられ、さらにそこに板ガラスがはまっていた証拠が残っている（口絵7）。すなわち微温浴室（E）、その右の温浴室（C）、その左の温浴プール室（T）の窓である（図T2-7）。この三室の中で、マイウーリは、E室の窓について一番詳細に報告している。すなわち、「南壁のニッチには、光が十分に入る大きな窓（長さ二・〇五メートル×高さ一・〇五メートル）が穿たれ」、その「開口部には頑丈な木枠」が残っており、「もう一つの円形の窓が、方形（〇・五四メートル×〇・六九メートル）のくぼみに穿たれ」、「その床面から収拾された多数のガラスの破片は、方形窓と円形窓に板ガラスがはまっていたことを物語っている」と記している。[29] なお、マイウーリが記録した窓の数値は、二〇一八年に堀研究室によってレーザースキャンされた計測値とほぼ同じで、注意深く計測・記載された

図T2-7　ヘルクラネウムの郊外浴場，南の海に面した部屋
（向かって右から待合D・温浴室C・微温浴室E・温水プール室T）
（小川拓郎作成）

ことがわかる。ただし、これらの窓の下で発見された多数のガラス片については、残念ながら現在は消息不明である。口縁や底部、把手などが実測されて保管される容器断片に対し、粉々になった板ガラス片は、一括して倉庫に保管されたら幸運な方で、しばしば記録価値のないものとして放棄される運命をたどった。

一方で、マイウーリが広々とした明るい窓とだけ述べたC室の方が、近年のガラス史では注目を集めている。C室の窓は、先のE室と同様に、海に張り出したニッチに横長の大きな方形窓（一・二六メートル×一・六五メートル）とその上の直径約〇・六メートルの小型円形窓のセットである（図T2-7）。噴火当時、方形窓の手前には直径約一・四メートルもの大理石製の水盤が置いてあった。そこに、小型円形窓の壁体を半分崩しながら（発掘後に修復）、そして方形窓の開口部を壊しながら噴火物がなだれ込んだ。その際、この水盤の中にまずは砕け散ったガラスが落ち、その上を噴火物が覆いながら温浴室の浴槽前までなぎ倒した。このため、水盤から噴火物をはがした際に、中からサンドイッチされた板ガラスの破片が発見されたのである。バーツは方形窓には二重の格子状の窓枠がはめられていたと想定し(30)、グイドバルディらは、この見解に基づき、五八センチ×五八センチの板ガラスが格子型の窓枠に計九枚はめられたことを設定した復元想像図も発表している。[31] 一方で、グイドバルディらは、室内側から見た方形窓の右下に、淡青緑がかったガラス片が今なお（漆喰？・火山泥？・の中に）残っている写真も公開している。そこで、このガラス片が噴火物ではなく漆喰の中にはまっているならば、木枠は木戸のためのものであった可能性もあり、最長一メートルの長さの板ガラスが製造されていた当時、縦長のはめ殺し式の板ガラスと組み合わされていた可能性も出てくる。これも今後の課題である。

温水プールのあるT室では、張り出したニッチの先に横長の方形窓が三つ、海に面した南西に並んで開けられているのに加え、南東にも張り出したニッチの先に方形の大きな窓が開けられている。まさにセネカの述べた、多くの、幅広の窓から、一日中光が差し込み、浴槽につかりながら景観も眺められる、という新しい浴場のすべての要素を満たした部屋である。これらの窓に窓ガラスがはまっていたという報告はないが、他の二室同様、頑丈な木枠の一部が方形窓の開口部に残っているほか、温水プール付きの温浴室であることを鑑みると、温めた室温を逃さないように、窓ガラスがはまっていたと考えるのが、自然だろう。なお、南西の三つ並んだ方形窓のうち、中央の上に開けられた小窓は、まだ完全に発掘されたわけではない。将来の調査によって、窓ガラスにかかるさらなる情報が得られるかもしれない（このヘルクラネウムの郊外浴場については、第四のリスク、疫病も参照のこと）。

ポンペイの「中央広場浴場（VII.5.24）」、「スタビア浴場（VII.1.8）」、ヘルクラネウムの「中央浴場（VI.1）」では、このような大型の側窓は見られないものの、従来の明かり取り程度の、円筒ヴォールトの高所に開けられた方形もしくは円形の小型の窓に板ガラスがはめられていたことが報告されている。まず、ポンペイの中央広場浴場では、男性用の脱衣所、微温浴室、円筒ヴォールトの頂点付近に約二五センチ四方の方形窓が開けられ、効果的に光が入るようにその下に隅切りがされ、さらにそこに漆喰装飾が施されている。現在ではガラスの痕跡は残されていないが、一八二七年のボヌッチの記述では、脱衣所の窓は一枚の板ガラスでふさがれ、一八二九年のマッツォイスの記述では、微温浴室の窓には十字の青銅製の窓枠に〇・五センチの厚さのガラスが挿入され、回して止める金具付きだったとある[32]。一方スタビア浴場では、今もなお、男性用脱衣所への入口上部、円筒ヴォールトの頂点付近に開けられた直径六〇センチ前後の円形窓の縁部分に、直接漆喰に固定されていた淡青緑のガラス断片が残っている（さらに奥に進んだ脱衣所に設けられた高所の二つの円形窓は発掘後の修復）。ポンペイの公共浴場で窓ガラスがはめられていた円筒ヴォールトには、いずれも豪華な彩色付きの漆喰装飾が施されており、板ガラスが、これらの漆喰装飾を雨風から守りつつ、光を取り入れる役目を果たしていたと考える。

一方で、ヘルクラネウムの中央浴場は、女性用男性用を問わずシンプルで、装飾といえるものは白黒のモザイク舗床に、白一色の円筒ヴォールト天井のリブ装飾である（むしろ天井から冷たい水滴が落ちることを防ぐ機能美）。ヴォールト頂部に円形窓が設けられているのは女性用の脱衣所と微温浴室とされるが、現在でもはっきりと淡青緑のガラス片が漆喰にはまっていることが確認できるのは、脱衣所である（図T2-8）。男性用では、脱衣所と微温浴室の円筒ヴォールトの頂部ではなく側面に直径六〇センチ程の円形の空間が開いており、微温浴室の開口部の縁部分にのみ、板ガラスをはめた溝と淡青緑のガラス断片が残っている。同じような円形の窓と溝は男性用の温浴室のニッチ上部にも見られ、筆者はガラスのごく小さな断片を確認することができた。このような円形窓にはめられていたガラスは、半球円縁タイプだったとフォアらは推定している[33]。

図T2-8　中央浴場，女性用脱衣所の円形窓とガラス断片
（典拠：Dell’Acqua 2004, p. 117, fig. 6）

しかしながら、ヴォールトの頂部ではなく側面の円形開口部は、小川拓郎によって外部の光が入らない、ヴォールトとヴォールトの間の閉鎖（暗い）空間に通じる開口部であることがわかった。したがって、それらの開口部は人々が入る浴室内を照らすものではなく、むしろ浴室を管理する側が、メンテナンスや修復の導線を照らして確保するために設置した可能性がでてきた。このような指摘は、建築的視点によってはじめて浮上する。このため、窓ガラスをめぐる様々な見直しがされている現在、建築的な視点から見た窓ガラス研究の再検討が必要である。

公共浴場ではなく私的浴室について見ると、ポンペイのディオメデ荘からは、一七七二年のフィオレッリによる発掘で、温浴室から約二五センチ四方の鉱物製の透明板が木製の窓枠と共に出土した[34]。同荘の温浴室では、張り出したニッチの中央部に方形の窓が一つだけ開いているため、ここに木枠と鉱物製の板がはめられていたと特定できる。

窓ガラスの技法、製造地、流通、価格

最初期の窓ガラス技法：「pouring and stretching」技法

一部の窓ガラス研究では、この最初期の板ガラスが「吹き技法」によって製造され、そのため価格も安価で人々の生活に普及したと説明されている。しかしながら、ポンペイやヘルクラネウム出土の最古の板ガラスは、①表面がつやつやして波打ち、②裏面がザラザラで平らで、③表面の四方の角に丸みと周囲の縁に器具痕が残り、④中心よりも周囲に厚みがある（厚みが均一でない）、など裏表の状態が異なり、またその四辺もカットして整えられた痕跡がない。もしも吹き技法の円筒法によって製造されたものであれば、両面ともつやつやとし、厚みも均一となる。円筒法がいつ開発されたか定かでないが、後一世紀半ば以降と思われる。

ローマ・ガラスの技法的研究を長年にわたり続けてきたマーク・テイラーとデヴィッド・ヒルは、この最初期の板ガラスの特徴を踏まえて、再現実験を行った[35]。その結果、最初期のガラス製の方形平板の板は、時間も手間もかかるヘレニズム時代からの熱と重力を利用した伝統的技法を駆使して製造された「流し込み＋引き延ばし（pouring and stretching）」技法で製造されたことが判明した（図T2-9）：まず、溶けたガラスの塊を離型材の上にとぐろを巻くように流し、レンガなどで押しつぶす。そしてピザでも作るかのように、器具を用いて円形になるよう周囲にガラスを伸ばしていく。ガラスが冷えて動かなくなったら温め直し、器具で引っ張ったり、押しつぶしながら、方形に近づける作業を繰り返す。このため、加工が容易な鉱物製の板に比べ、一つ一つ手作りで仕上げる手間と時間のかかる「一点もの」であったことがわか

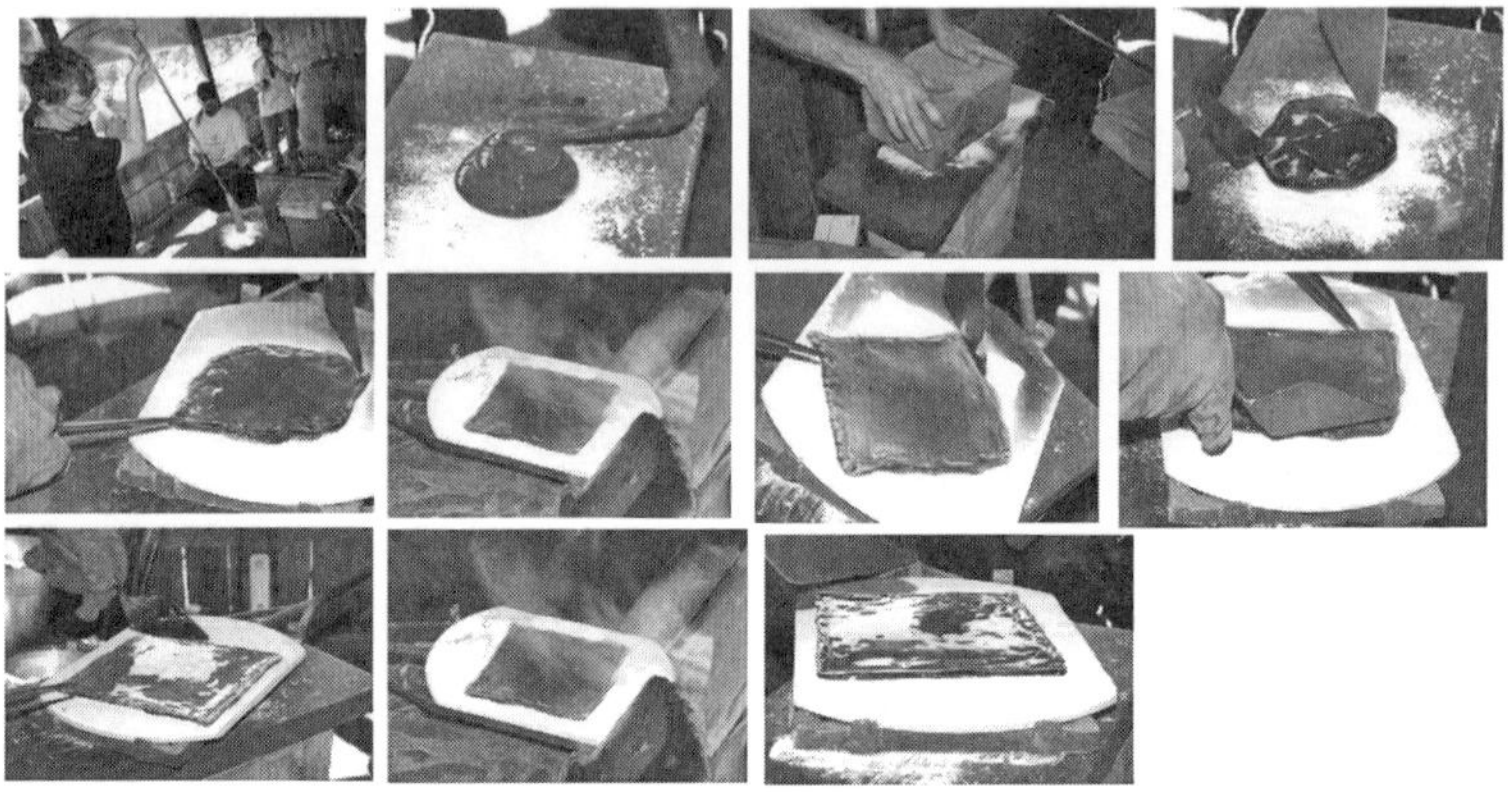

図T2-9　マーク・テイラーとデヴィッド・ヒルによる方形平板窓ガラスの復元
（典拠：Hill, Taylor, Wiesenberg, 2016, ©Manuela Arz）

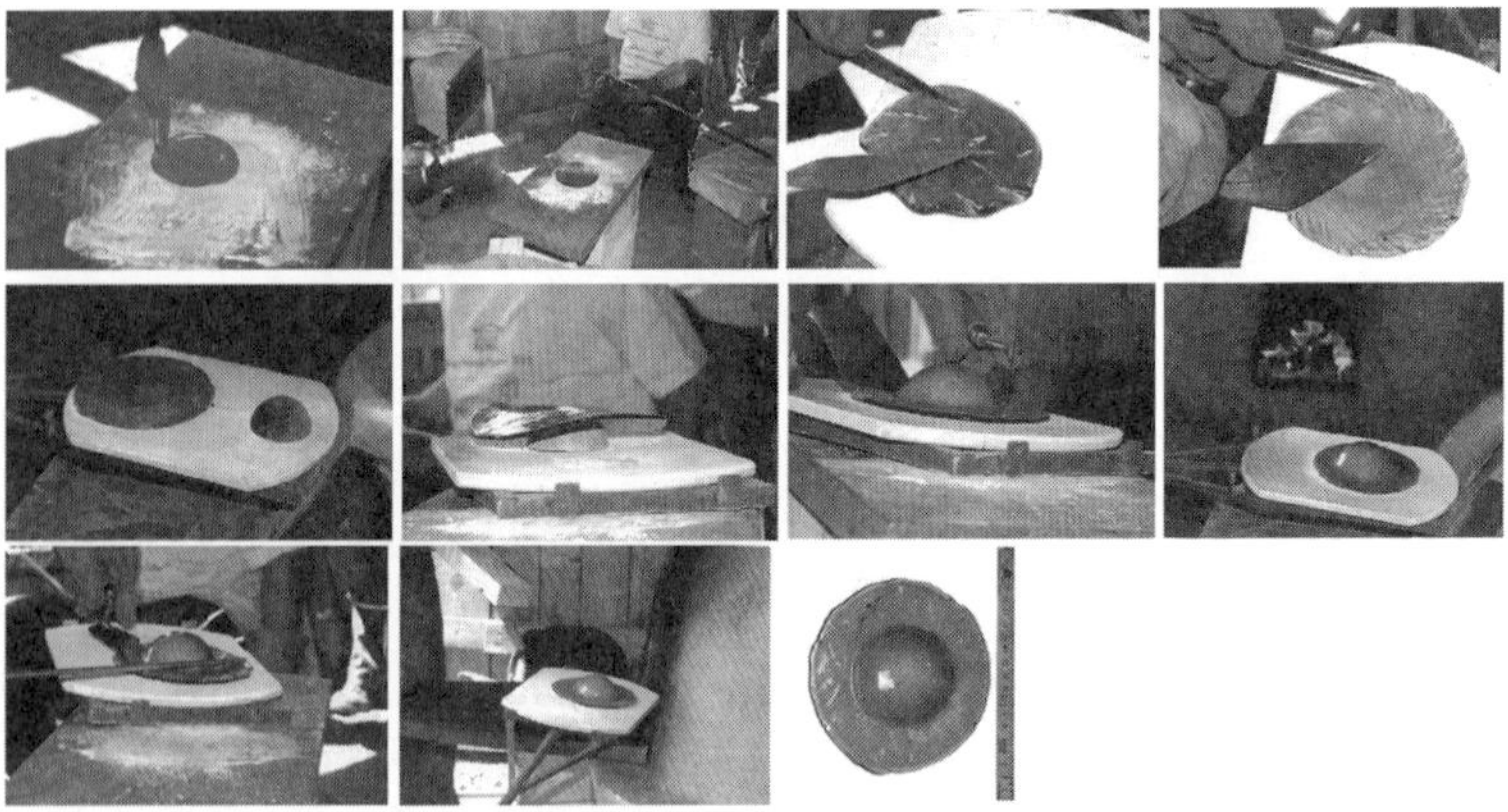

図T2-10　マーク・テイラー，デヴィッド・ヒル，フランク・ワイゼンベルク
による半球円縁窓ガラスの復元
（典拠：Hill, Taylor, Wiesenberg, 2016, ©Manuela Arz）

る。大きさは、鉱物製のものと同程度の二五センチ四方から五〇センチ四方まであり、中には縦の長さが一メートル近いものまである。

近年になって窓ガラスであることが判明した半球円縁の板ガラスもまた、方形平板と同様な技法で製造されたことが、先のテイラーとヒルと共同研究したフランク・ワイゼンベルクらによって再現実験された（図T2-10）。すなわち、平らな円盤型のガラス板を製造する過程までは同じだが、そこからは、さらに半球状の碗をひっくり返したような型も使用して、ヘレニズム時代の熱垂下（slumping）技法も駆使する。この半球状の型は、数種類の粘土と植物を混ぜ合わせて作ったもので、円盤型の板ガラスと一緒に窯の中に入れて温め、取り出して型の上に円形の板ガラスを載せると、熱で柔らかくなったガラスが重力で下に垂れていく。その時を見計らって円盤のガラスが型に沿うように、器具で型の周囲を平らに整える。ガラスが冷えて固まったら窯に入れて温めてはその作業を繰り返し、完成する。

製造地と流通

これらの板ガラスの製造地については、次の可能性が考えられる。まずは、伝統的なガラス製造の中心地であるエジプトのアレクサンドリアやシリア～パレスティナなど東地中海沿岸地方。上述の再現実験で明らかにされたように、最初期の窓ガラスは吹き技法ではなく、エジプトとシリア～パレスティナがガラスの二大製造地とされるヘレニズム時代の伝統的技法で製造されたことからも、その可能性が高いと思われる。特にエジプトでは、鉱物製の透明板が産出されなかったため、ガラスでの開発が試みられたとも考えられる。これらの伝統的ガラス製造地から船でナポリ北西のプテオリ港へと板ガラスが出荷され、そこからウェスウィウス山周辺へ流入したのではないか。前述の通り、帝政後期ではあるが、難破船に積載されていた板ガラスも確認されている。

続いては、その港があったプテオリ自体である。工房跡などはまだ発見されていないが、アレクサンドリアやシリアからのガラス製品と共に職人も入り、工房があった可能性が説かれている。また帝政後期にはなるが、ガラス職人の存在を示す街区名が後四世紀の碑文資料で見られ、その場所も特定されている。現在でこそ、奇跡的な形で残るポンペイやヘルクラネウム遺跡の影に隠れているが、共和政末期から貴族たちがこぞって別荘を建て、温泉保養に訪れたのは、この地であった。上述の浴場暖房システムは、地元のセルギウス・オラタが前一世紀ころに開発したともいわれる。帝政を迎えてからも皇帝たちが頻繁に訪れ、宮殿を建てるなど、さらなる発展を遂げた。前述のカリグラ帝もローマとプテオリを往復していた様子が、フィロンによって記されている。その富も権力も集中した地で生み出された様々な発明の一つ——板ガラス——が、都ローマをはじめ、ウェスウィウス山周辺諸都市にも波及したのではないか。

なお、ポンペイやヘルクラネウムでのガラス工房址は、ガラス史からいうと、まだ確認されていない。ガラス史では、工房と特定するためには窯跡、ないしガラスを溶かしたるつぼや成型途中の遺物が発見されない限り工房址とは見なされず、プテオリのようなガラス職人の存在を示す碑文資料等もないからである。

板ガラスの価格

後三〇一年と時代は下るが、ディオクレティアヌスの最高価格勅令では、表T2-1のように、ガラス

表T2-1　後４世紀初頭（後301年）ディオクレティアヌスの最高価格勅令（XVI, 1-2 & 5）（トルコ，Aphrodisias出土の勅令コピーより）

XVI. ガラスについて

商品	（筆者注）	重さ（327.45g）	価格
アレクサンドリアのガラス	（無色透明な原料塊？→最高級）	1リブラ	24デナリウス
ユダヤの緑がかったガラス	（自然発色の原料塊？→二級品）	1リブラ	13デナリウス
アレクサンドリアの無色透明な杯や容器	→最高級	1リブラ	30デナリウス
ユダヤの杯や容器	（自然発色→二級品）	1リブラ	20デナリウス
最高級の窓ガラス（Specuralis Optimi）		1リブラ	8デナリウス
二級品の窓ガラス（Specuralis Secundi）		1リブラ	6デナリウス

参考：1リブラあたり8デナリウスは牛肉や羊肉に相当。

に関する価格表が提示され、ザンビエ島西の難破船で発見されたような、ガラスの原料塊、杯や容器、窓ガラスに関する価格が、それぞれ一級品と二級品が一リブラに対していくらと、量り売りで記されている。[36]窓ガラスの項目は最後の二行にあたり、最高級の窓ガラスは一リブラ八デナリウス、二級品の窓ガラスは六デナリウスである。ガラス製品ではこの二種類の差が、アレクサンドリア製かユダヤ製という形で示され、アレクサンドリア製は無色透明の、ユダヤ製[37]は自然発色の淡青緑がかったものを示すとガラス史では解釈されている。

これに対し、窓ガラスは産地別ではなく、一級・二級というランクで記されている。このランクの差が形状によるか、色によるものかは不明だが、参考までに同じ価格帯の事例を見ると、一リブラ八デナリウスは牛肉や羊肉の価格に相当する。なお、帝政後期にも、半球円縁タイプは熱垂下を用いた吹き技法ではない技法で製造されているため、こちらがより手間がかかる一級品であった可能性があるかもしれない。

防犯が必要な現代の窓ガラスを生んだ古代ローマ

以上限られた考古・文献資料からではあるが、冒頭で述べたような、現代の防犯が必要な窓が誕生したのは、古代ローマ帝政初期であったことがわかる。光は通しつつ開口部自体は防ぐ画期的な透明板の発明は、室内にいながらより明るく開放的で清潔な空間を求めた当時の人々のニーズに応え、一日中光をもたらすワイドな側窓を誕生させた。その萌芽は、ポンペイの中央浴場やヘルクラネウムの郊外浴場など一世紀後半の公共浴場に見ることができる。おそらく邸宅と異なり、人がいないときはむしろ盗むものがない公共浴場は、防犯よりも温めた温度と湿度を保ちつつ大きな開口部からの採光を得る必要性の方が高かったため、いち早く流行が取り入れられたのだろう。ただし、セネカや小プリニウスが述べている窓の「景観」機能については、疑問が残る。なぜなら、鉱物製にせよ、ガラス製にせよ透明板を開口部にはめない方がよく見渡せたはずだからだ。当時の透明板はプライバシー保護の意識もあってか、消色した無色透明な高級ガラスも製造できる技術はあったにもかかわらず、ぼんやりと外の光が見える程度の半透明なものが多いからだ。

（1）セコム・ホームセキュリティー・ホームページ（https://www.secom.co.jp/homesecurity/plan/akisu-taisaku/ 二〇二〇年九月現在）。出典：平成二九年中の住宅対象侵入窃盗の発生状況（警視庁生活安全総務課 手集計）。

（2）最近の研究については以下を参照：F. Dell'Acqua, "Le finestre invetriate nell'antichità romana", in a cura di M. Beretta,

Vitrum. Il vetro fra arte e scienza nel mondo romano, Firenze, 2004, pp. 109–119（特にpp. 110–111）; M. P. Guidobaldi, D. Camardo, A. Esposito, M. Notomista, "La presenza di vetri alle finestre di edifice pubblici e private nell'antica Ercolano", *Atti delle XVII Giornate Nazionale di Studio sul Vetro*, 2015, pp. 139–144; V. Ingravallo, M. S. Pisapia, "Trasparenze antiche dalle città Vesuviane: frammenti di *lapis specularis* da Pompei e da Ercolano", in a cura di C. Guarnieri, *Il vetro di pietra*, Faenza, 2015, pp. 161–168.

（3）北村晃一・堀賀貴「古代ローマ都市住宅における採光計画についての一考察　ローマ・オスティア遺跡にみる中庭式住宅の室内昼光照度」『日本建築学会研究報告』五七、二〇一八年、七三三–七三六頁。

（4）A. Maiuri, *Ercolano, i nuovi scavi (1927–1958) I*, Roma, 1958, pp. 388–393, fig. 326.

（5）ガラス原料の一つ、砂に含まれる鉄の不純物による発色。

（6）「バッコの家」に保管されている第一地区IX出土の格子の寸法を参照。Ingravallo, Pisapia, *op. cit.*, pp. 161–168（特にp. 162, fig. 1）参照。

（7）V. Spinazzola, *Pompei alla luce degli scavi nuovi di Via dell'Abbondanza*（*anni 1910–1923*）, Roma, 1953, pp. 70–71, fig. 76.

（8）重石真緒「古代ローマにおける採光計画についての一考察」（http://www.hues.kyushu-u.ac.jp/education/student/pdf/2013/2HE12057E.pdf）

（9）A. Velo-Gala, J. A. Garriguet Mata, "Roman Window Glass: An Approach to Its Study Through Iconography", *Lvcentvm* 36, 2017, pp. 159–176.

（10）中原拓海「古代ローマ時代のオスティアにおける都市住宅の開口部の寸法について」（http://www.hues.kyushu-u.ac.jp/education/student/pdf/2012/2HE10067P.pdf）

（11）D. Whitehouse, "Window glass between the first and the eighth centuries", in a cura di F. Dell'Acqua, R. Silva, *La vetrata in Occidente dal IV all'XI secolo. Atti delle giornate di studi, Lucca, Villa Bottini, 23-24-25 Settembre 1999. Il colore nel Medioevo. Arte Simbolo Tecnica. Collana di studi sul colore 3*, Lucca, 2001, pp. 31–43.

（12）B. Lepri, L. Saguì, "Vetri e indicatori di produzione vetraria a Ostia e a Porto", in *Studi ostiensi. Quarto seminario*, 2019, pp. 399–409.

(13) M. Conzémius, *Private Security in Ancient Rome*, Pétange, 2013, p. 7.

(14) P. Kienzle, "Introvertiertes Wohnen - Spuren des Sicherheitsdenkens in der römischen Architektur", in M. Reuter, R. Schiavone, hrsg., *Gefährliches Pflaster. Kriminalität im Römischen Reich*, Mainz, 2011, S. 3–17（特に S. 13, abb. 11 参照）.

(15) 注（14）参照。

(16) C. Guarnieri, S. Lugli, D. Gullì, V. Ingravallo, M. S. Pisapia, "Il Lapis specularis a Pompei ed Ercolano", *Rivista di Studi Pompeiani* XXVI–XXVII, 2015–2016, pp. 142–145.

(17) D. Foy, S. Fontaine, "Diversité et évolution des vitrages de l'Antiquité et du haut Moyen Âge. Un état de la question", *Gallia* 65, 2008, pp. 405–459.

(18) V. Arveiller-Dulong, M.-D. Nenna, *Les verres antiques du musée du Louvre: Tome 1, Contenants à parfum en verre moulé sur noyau et vaisselle moulée, VIIe siècle avant J.-C.-Ier siècle après J.-C.*, Paris, 2000, pp. 219–220, nos. 275–277.

(19) 古代ローマ建築の基本文献の一つ、前一世紀のウィトルウィウスの『建築書』には、窓にはめた透明板に関する言及は見られない。

(20) ホルティ（Horti）とは、豪華な御苑を意味し、ローマ城壁周辺には一七点在した（M. Cima, E. Talamo, *Gli horti di Roma antica*, Roma, 2008）。なお、ホルティ・ラミアニは執政官L・アエリウス・ラミアが所有していたが、彼の死後ティベリウス帝に譲渡され、カリグラ帝がそれを継承した。このホルティ・ラミアニとホルティ・マイアニを一人のプロクラトルが管理したことが知られているので、フィロンはホルティ・マイアニをマエケナスと混同した可能性が高いとされる。

(21) フィロン（秦剛平訳）『フラックスへの反論・ガイウスへの使節』京都大学学術出版会、二〇〇〇年、二一三頁。A. van den Hoek, J. J. Herrmann Jr., "Chasing the Emperor: Philo in the *Horti* of Rome", *The Studia Philonica Annual* 28, 2016, pp. 171–204（特に pp. 177, 186）

(22) B. Gómez, M. José, G. di Monti, J. Carlos, "La minería del lapis specularis y su relación con las ciudades romanas de Segóbriga, Ercávica y Valeria", in E. G. Cravioto, ed., *La ciudad romana de Valeria*（*Cuenca*）, Ciudad Real, 2009.

(23) C. Guarnieri, "Rinvenimenti di manufatti in *lapis specularis* in Italia e nelle province romane: distribuzione, utilizzi e

datazione", in a cura di C. Guarnieri, *Il vetro di pietra*, Faenza, 2015, pp. 169–177.

（24） M. Barbera, S. Barrano, G. de Cola, S. Festuccia, L. Giovannetti, O. Menghi, M. Pales, "La villa di Caligola: Un nuovo settore degli Horti Lamiani scoperto sotto la sede dell'ENPAM a Roma", in *The Journal of Fasti Online*, 2016, pp. 1–59（特に pp. 11–12, no. 58）.

（25） S. Aglietti, D. Rose, "La villa di Quinto Voconio Pollione. Le vicende ottocentesche", in S. Aglietti, D. Rose, eds., *Tra Alba Longa e Roma, Atti del Convegno di Studi Ciampino 15–16 aprile 2005*, Ciampino, 2008, pp. 79–108（特に p. 94, no. 34 参照）.

（26） Giudobaldi, Camardo, Esposito, Notomista, *op. cit.*, pp. 139–144.

（27） M. P. Guidobaldi, D. Esposito, "Le nuove ricerche archeologiche nella villa dei Papiri di Ercolano", *Cronache Ercolanesi* 39, 2009, pp. 333–372.

（28） J.P. Adam（trans. by A. Mathews）, *Roman Building: Materials and Techniques*, London/New York, 1994（paperback 1999）, p. 569, fig. 641.

（29） Maiuri, *op. cit.*, p.159.

（30） D. Baatz, "Fensterglastypen, Glasfenser und Architekture", in von A. Hoffmann, E. L. Schwandner, W. Hoepfner, G. Bands, hrsg., *Bautechnik der Antike. Internationales Kolloquium in Berlin vom 15–17. Februar 1990*, Mainz am Rhein, 1991, pp. 4–13.

（31） Giudobaldi, Camardo, Esposito, Notomista, *op. cit.*, p. 140, fig. 3.

（32） F. Mazois, *Les Ruines de Pompeii*, III, Paris, 1829, Tav. L, pp. 76–77.

（33） Foy, Fontaine, *op. cit.*, p. 424.

（34） G. Fiorelli, *Pompeianarum Antiquitatum Historia*, Napoli, 1860–1864, vol. I, pp. 263, 267.

（35） D. Hill, M. Taylor, F. Wiesenberg, *Experimentelle Archäologie: Studien zur römischen Glastechnik*, Band 1, Merzig, 2016.

（36） 一リブラとは、古代ローマ時代の重量の単位で三二七グラム程度。D. Whitehouse, "Glass in the Price Edict of Diocletian", *The Journal of Glass Studies* 46, 2004, pp. 189–191.

（37） ユダヤ属州は後一三五年で終わるため、この名称は後一世紀ころからの名残と解釈される。

第二のリスク　火災

第二のリスクである火災は「脅威レベルはやや高め」で、予測も難しくリスクとしては大きい。都市を焼き尽くすような「大火」であれば、脅威レベルは最高であるが、身の回りで起こる人災としての火事であれば、脅威レベルはやや下がるものの、ともに予測不可能なのでリスクの大きい災害である。古代ローマの十二表法（*XII Tab.*）に「隣り合う建物の間には二・五フィートのスペースを設けなければならない」という条項がある。

これは明らかに火事の延焼を避けるためで、現在の日本の民法にも似たものがある。しかし、ポンペイを見る限り、この法律が守られているとは到底思えない。古代ローマでは、後二世紀はじめの詩人ユウェナリスに夜に火事の報せに慌てて起きなくてもよい場所で暮らさねばならないといわせたように（Juv. 3.191-211）、毎日、毎晩どこかで火事があったといわれるが、ポンペイでもオスティアでも考古学的な火事の記録は多くない。具体的な火事の痕跡も残りにくいからである。通常、火事の被害はすぐに修復、改修された上で使われ続けるため、記録、痕跡に残るのは、例えば火事によってその建物が放棄されるなどの特別な事情があった場合に限られる。写真はオスティアの「ディアナの家（I.III.3-4）」に残る火事の痕跡である（口絵6）。おそらく後四～五世紀にこの住宅が放棄されたあと、火事が発生し、そのまま放棄されたものである。また、考古学的には、焼土層や火事の廃材などが層位を形成している例が発見されるが、過去の火事の痕跡を探すには、古代ローマの最後の層位を壊して下層を発掘しなければならない。実は、そうした下層発掘は数も多くなく、小さな火事であれば層も薄く、発掘時に焼土層が記録されなかった可能性もある。今後、発掘記録などをくわしく調べていく必要がある。

古代ローマの建築規制と文献に見る都市住宅

史料で確認できる限り（細かな建築規制は抜きにして）、公法による建築規制が少なくとも三回記録されている。

ストラボン

ストラボンによるアウグストゥス帝による規制に関する記録（Strab. 5.3.7）では、公共建築に隣接する建物の高さを二〇・七メートル以上にすることが禁止され、タキトゥスによる後六四年の大火のあとのネロ帝による規制の記述（Tac. *Ann.* 15.43）では、高さの制限（具体的数字は不明）に加えて、区画整理、街路の拡幅、火除地の設置、延焼の防止のための柱廊の付設など、かなり踏み込んだ規制が実際されたことがうかがえる。アウレリウス・ウィクトルによるトラヤヌス帝の高さ規制の記録（Aur. Vict. *Caes.* 8.13）では、一八メートルに制限が強化された。現代における建物の高さ制限は日照の確保のためであるが、古代ローマでは防火が主たる目的であった。それは、無理な高層化によって建物が崩壊すれば、必ず倒壊現場から火の手が上がるからである。

また、古代ローマの十二表法では、建物または邸宅のそばの穀物に意図的に放火した場合は火刑、また、ユリウス・パウルスの『断案録』(Paulus, *Sent.* 5.20.2, 5) によれば、都市内において略奪目的の放火は死刑であり、故意でなく過失による火災であっても島流し、鉱山送りとなった。このように、放火あるいは失火に対する刑罰は古代ローマも例外にもれず厳しかった。建築の高さを抑え込み、放火、失火に対して厳罰で臨むのは、火災に対するリスクマネジメントとしては常道であり、それは一旦火災が発生すれば、ほとんど無力であったことの裏返しである。

ウィトルウィウス

後一世紀ころの建築家、ウィトルウィウスの古代ローマ建築に関する記述はより詳細である。例えば、法律(おそらくアウグストゥス帝時代の規制)では、土地の境界に一と二分の一ペース(約四五センチ)以上の厚さの壁を建てることが禁止されていた(Vitr. *De arch.* 2.8.17)。一読するともっと厚い壁を造れば、火災の延焼を防げると思ってしまうが、むしろ壁の厚みを必要最小限にして、二重壁へと誘導し、境界壁が共有されるのを防ぐ規定である。実際は、ポンペイの境界壁はほとんど共有されており、厚みも四五センチ程度、ヘルクラネウムでは三階建ての遺構が残り厚い箇所では六〇センチに達する。これを見る限りは誘導には失敗しているといわざるをえない。しかし、ウィトルウィウスはアウグストゥス帝に献上する

図 2-1　ポンペイ，エルコラーノ門外のコロネード

つもりでこの『建築書』を執筆しており、失敗などとは書けるはずもなく、人口増に対応して建物は高層化され、それらは石の柱、焼成レンガ、小割石（つまり、不燃性の材料）の壁で造られたため、同じ節の結びで「空間を倍加して、ローマ市民は何の障害もなく立派な住居を取得しているのである」[1]（Vitr. *De arch.* 2.8.17）と記した。もちろん、アウグストゥス帝が古代ローマの不燃化を進めたことに間違いはなく、真偽は別としてスエトニウスが記録した有名な言葉、「レンガ製のローマに出会ったが、それを大理石製にして残した」（Suet. *Aug.* 29）や、別バージョンのディオン・カッシオスによる「日干しレンガで建てられたローマを目の当たりにしたが、石のように強固なローマを残さねばならぬ」（Cass. Dio, 61.30.3）も見てみると、スエトニウスがいうレンガとは日干しレンガのことであり、大理石は遺構を見る限り表面に貼られるだけなので、石のように硬い、つまり芯はコンクリートかもしれない建物に改築していくという意味のようである。前一世紀末の古代ローマの日干しレンガがどのようなものかはわからないが（ポンペイにも残っていない）、現代のコブのようなワラを練り込んだ粘土を乾燥さ

図 2-2　ポンペイ，中央広場のコロネード

せたものであれば、耐火性は十分であり、あくまでも高層化すると倒壊して火災の原因となるのを防ぐという意味での不燃化である。

ネロ

タキトゥスが記しているように（Tac. *Ann.* 15.43）、ネロは大火のあと、街路に面して　コロネード（列柱）付き廊下、すなわちポルティコの設置を推奨し、本格的な火災に対するリスクマネジメントを行った。その理由はやはり軒先での出火が多かったからだと思われる。ポンペイでは、街路に面したコロネードの例はエルコラーノ門外の一つを除いて存在しないが（図2-1）、中央広場やグラディエーターのパレストラなどの広場では、コロネードを巡らせたポルティコがあり、中央広場では二層になっている（図2-2）。こうしたコロネードは、オスティアでは一般的に見られ、頑丈な柱の下部が残っている（図2-3上）。歩道と解説される場合があるが、これらはある特定の建物の前面に限定され、街路に沿って連続していないため、街を移動するための歩道としては機能しない。おそらくこ

図 2-3　オスティア，エパガシアーナ通り沿いのコロネード（上）と上部の復元（下）

れらは防火対策、あるいは次章で解説する洪水対策として建設されている。スエトニウスが記すところではネロはコロネード付き廊下のみを推奨しただけでなく、コロネード付きの新型建物も考案したようである（Suet. *Nero* 38）。G・ハーマンセンが復元するようなスエトニウス伝の建物は、(2) オスティアで復元可能であり（図2-3下）、彼も指摘するようにコロネード上部がテラスとなるパターンと、上部も居室となっているパターンが考えられる。他に、階段の位置を見ることによっても、どちらのタイプか推定可能だが、ここでは深入りせず、両方あるとだけ指摘しておく。

古代ローマ建築の実際

ポンペイ住宅の延焼可能性と閉鎖的な正面

さて、ポンペイの家屋を見ると隣家との隔壁は共有され、その壁に梁穴が穿たれることも普通に行われる。次節で解説するように軒や屋根を支えるのは木梁であり、一軒で火事が発生すれば、瞬く間に火は燃え広がったはずである。また、第一のリスクで解説したニュースタイル住宅のバルコニーの壁には、オプス・クラティキウムと呼ばれる木枠構造の壁が多用され、ウィトルウィウスが「松明のように火事に準備されている」と評し、「考案されなければよかった」とまでいわせた危険な燃えやすい工法が使われた（Vitr. *De arch.* 2.8.19–20）。ウィトルウィウスにいわれるまでもなく、石やレンガよりも木はよく燃えるため、軒やバルコニーを伝って炎が隣家に燃え移ったり、ひどい場合には道路を越えて類焼する危険性もある。おそらく古代ローマの街角について詩人のユウェナリスが嘆くように（Juv. 3.232）、ポンペイの街角も綺麗に片付いてはおらず、ゴミや汚物が積み重なるちょっと想像したくない光景だったはずである。これらが火事の原因となることは容易に予測でき、街路側とくに軒下からの出火に注意しなければならない。しかも、ユウェナリスの描写を読むと、街の喧騒の一方で住宅内では、火をおこしたり、油壺をあつかったりと、火元と可燃物が混在する危険な状況であった。

第一のリスクの防犯で見てきたようにポンペイには正面の窓を小さくした閉鎖的な建物も多く見られた（口絵4）。窓が小さいのは防犯のためであるが、窓が小さければ内部で起こった火事の炎が窓から吹き出ることも抑えられ類焼も防げる。逆に街路側で起こったボヤが屋内に広がるのも抑えられる。いわゆる防火区画として正面壁が機能する。一方で、バルコニーをもつニュースタイルの住宅も登場し、開放的な上階バルコニーと閉鎖的な正面壁が並存することが、ポンペイやヘルクラネウムの街並みの特徴であった。もしかすると、この並存も火事に対する危機意識の差と見なすことができるかもしれない。つまり、火事を想定して耐火性の高い家とするか、快適性あるいは進取の気性を表現して新しいタイプの住宅を造るのかは、家主の判断だったのである。火事に対しても、出火元の「自己責任」が問われた。このバルコニーもオスティアの時代にはアーチを使って迫り出すことができるようになり（口絵8）、軒下での火事がバルコニーを伝って広がる可能性は格段に低くなっている。とはいえ、防犯と同様に、家主による「防犯、防災に対する意識の差」が大きい。つまりは、今も昔も、火事や盗難は「自分の家だけには起こらない」と考えている人が多いのである。

古代ローマの不燃材料

古代ローマの建築は、レンガや石、あるいはコンクリートで造られており、これらは燃えないので火災に対しては強いのではないかと思われるかもしれない。しかし、後二世紀ころのオスティアでも依然として木梁の床が一般的で、建設資材だけでなく、街中に食用や燃料用の油、木材があふれており、可燃物には事欠かない。詩人のホラティウスは、ローマではないが宿屋で火事が起こる様子を描写している（*Hor. S.* 5）。厨房で、ツグミの串焼きをあぶっていた火花が床に散って、たちまち火が燃え広がり、天井に届きそうなほど大きな火の手があがったのである。ここでは事なきを得たが、木製の床などはいとも簡単に燃えてしまう。それでも、日本の伝統的な家屋に比べれば、可燃物は少なく、防火性能はずいぶんと高いのは間違いない。なお、居室の壁に塗られたスタッコ（漆喰）は防火性能はあるが、耐火性能はない。つまり、「防火」すなわち燃えないので炎の延焼は防ぐものの、長時間（おそらく二、三時間）炎にさらされると水分を失い脆くなり「耐火」性能が損なわれる。ウィトルウィウスが石灰岩が火に弱いと記しているが（*Vitr. De arch.* 2.7.2）、それと同じ理由である。現代のコンクリートのセメントの部分も水分が失われると耐火性能は大きく失われる。ポンペイの乱石に使われる火山岩も耐火性は高くなく、数時間炎にさらされると割れやすくなる。日本では御影石が火山性の石材であり、同じような特徴を示す。ただ、耐火性のない材料ではあるが、類焼を防ぐには役立つ。火事は類焼を避けることが第一なのである。

よりくわしく解説すると、火成岩、火山岩は結晶成分が多いほど火に弱く、ポンペイやヘルクラネウムで用いられる材料でもっとも耐火性が高いのは結晶成分の少ない凝灰岩だと考えられる。ヘルクラネウムで一般的に用いられる黄色凝灰岩の壁体は、他の材料と比べて耐火性能は高いのである。しかし、いうまでもなく古代ローマで耐火性能がもっとも高い材料はレンガ（窯で焼いて造るので当たり前）である。膨大な熱量が発生する火災とはあまり関係がないが、熱伝導率も低め、つまり耐熱性も見込める高性能な材料である。オスティアには多くの凝灰岩による網目積みの壁体が、遅い時代まで残るが、当時はまだ高級な材料であったレンガを大量に使えない場合に耐火性の高い凝灰岩が選ばれた可能性はある。また、ポンペイではスポンジ状の石灰岩であるサルノ石や火山岩（軽石）がよく使われるが、この材料の中には空気（気泡）が含まれるため、熱伝導率が下がる、つまり断熱性が高いと予想される。夏の涼しさや冬の暖房には威力を発揮したかもしれないが、火事になり長時間炎にさらされると、どんどん劣化つまり脆く割れやすくなっていくため、耐火性には劣る。つまり防火は燃えない（不燃）という意味だが、耐火は熱によって脆くならないという意味で、双方を備えているのがレンガである。例えば、木材は防火性能はないが、表面だけが燃えても芯が残っていればある程度の耐火性能を発揮する。古代ローマでは、ほどんど建設材料としては使われなかったが、鉄は炎の熱で柔らかくなるので耐火性能はない。ウィトルウィウスは木材の耐火性についても説明しており、唐松が優れた素材であると記している（Vitr. *De arch.* 2.9.14–17）。

都市計画と防火

ポンペイの場合、建物間の隔壁であっても、厚みは他の一般的な壁と変わらず約四〇センチくらいで、とくに防火を考慮した形跡はなく、火災が起こると建物間の隔壁も崩壊する危険がある。建物間の壁はいわば類焼を防ぐための最後の防火区画（いわゆるファイアーウォール）であり、これが崩壊すれば、火事が大火に発展する可能性がある。しかも場合によっては、この隔壁に木材の梁を挿し込んで上階を造って

図 2-4　ポンペイ，木梁を挿し込んだ穴の痕跡，「I.4.18 の工房」（上）「VI.12.6 の店舗」（中），「V.1.8 の店舗」（下）

図 2-5　オスティア,「セラピスのカセジャート (III.X.3)」と「カセッテ・ティーポ（III.XII.1-2)」の間の隔壁

いる例もあり、耐火性はほとんど考慮されていないといってよい（図2-4）。十二表法の規定は、火事を類焼させないためであるが、都市スケールで考えると、せめてポンペイに見られるような隣家との壁の共有は避けるべきである。オスティアでは、隣家との隔壁が二重になっている場合も多く（図2-5）、不幸にして一方の側の壁が崩壊しても、もう一つの壁が持ちこたえれば防火区画（ファイヤーウォール）として機能し、大火には発展しない。

もう一つ、ポンペイが火災に弱いと思われる特徴に、街区（インスラ）が大きいという点がある。街区が大きければ、それだけ多くの家と境界を接することになり、火災の類焼も起きやすくなる。オスティアと比較してみよう（図2-6、および地図5~7参照）。オスティアはポンペイのように格子状のパターンの街路をもたないが、矩形の街区だけでも抽出してみると、おおよそオスティアで一番大きい街区（ただし複数の住宅が含まれるものに限る）は約八〇メートル×一二〇メートル程度であ

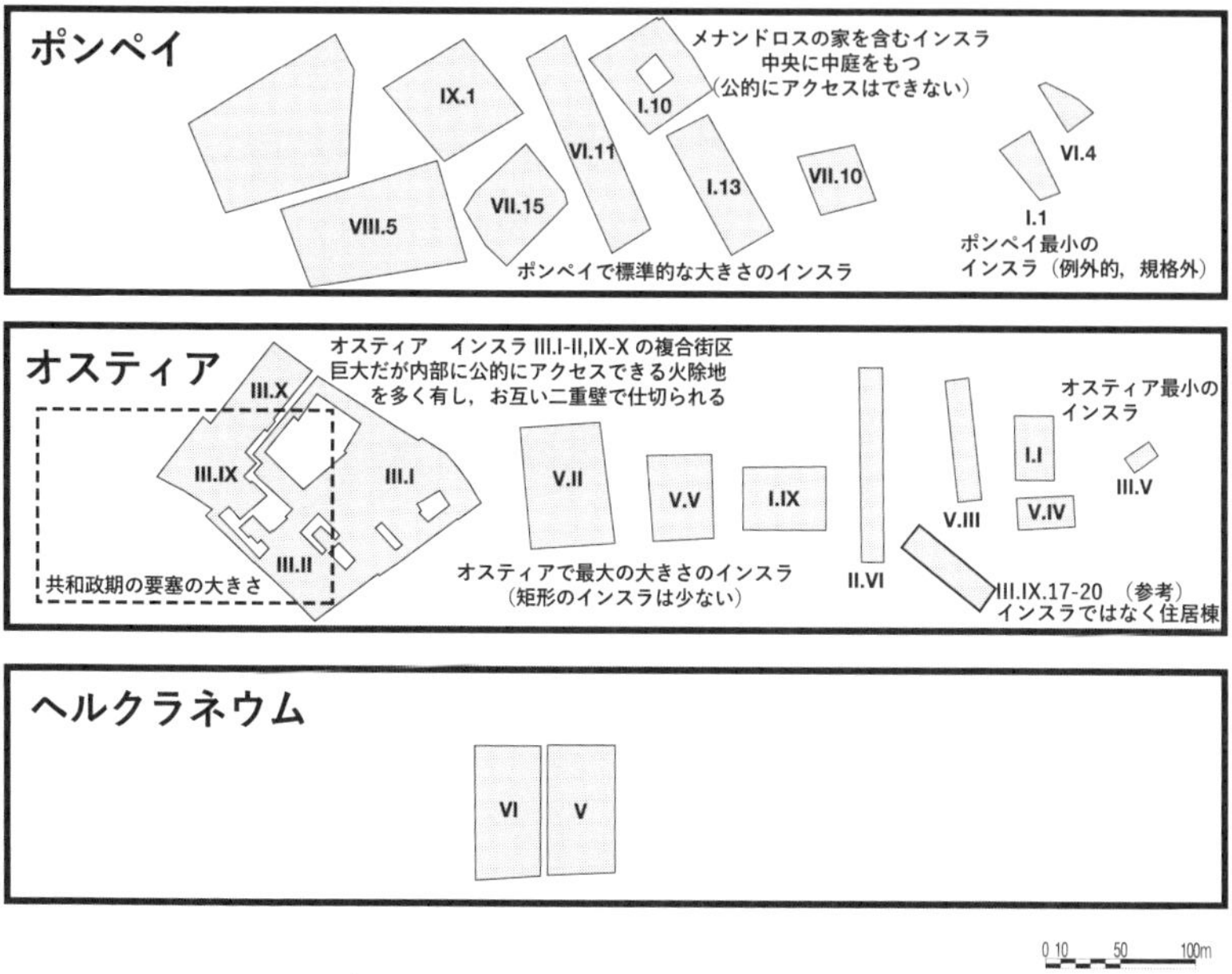

図 2-6　ポンペイ，オスティア，ヘルクラネウムの街区（インスラ）の大きさ比較

る。この中はさらにファイヤーウォールで区切られているが、これをポンペイと比べるとスタビア通り東側に並ぶ標準的な大きさの街区とほぼ同じである。もちろんポンペイにはファイヤーウォールはない。オスティアには、さらに小さい区画があり、「絵のあるヴォールト天井の共同住宅（III.V.1）」などは、小さな集合住宅であるが、四方を街路に面し独立した建物となっている（口絵12）。オスティアでは中規模の街区でもファイヤーウォールは見られるが、ポンペイではもっとも小さい街区の一つVII.13と同じくらいの大きさとなる。ちなみにオスティアを最初に形づくった要塞は破線の大きさで、ポンペイでは街区三つ分くらいになる。付け加えておくと、ポンペイ、ヘルクラネウムでは短冊のような形状の街区がほとんど全体を占め、オスティア

にも一部に見られるが、これは消火の観点から見ると有効な対策である。相対的に隣家の境界の長さが短くなり類焼の危険を減らせる。また、消火活動は面する街路から行うが、短冊形であれば火元が街区の中央でも、最短で短辺の半分の距離で火元に到達できる。しかし、正方形の街区では中央部で発災すると火元への到達が遅れることになる。対策としては、ポンペイの「メナンドロスの家（I.10.4）」のように、中央に中庭を配すると火元になる可能性が下がるため有効な方法である。ネロも空地（火除地）の設置を推奨しているが、これが街路沿いなのか街区内なのかはわからない（Tac. *Ann.* 15.43）。オスティアには、巨大な複合街区が存在するが、内部に公的にアクセスできる、つまり門や出入口が施錠されていない路地、空地（火除地）があり、街区内の火元へのアクセスはポンペイよりもはるかに容易である。

全体的にポンペイは火災には大変弱い街であったといえる。ただし、町中に設置された公共噴水から常時水が放流されていたので、水による消火活動は機動的に行えたかもしれない（実際には、放水ではなく類焼を防ぐ破却がおもな消火活動であった。もちろんオスティアにはポンプ車があったことも忘れてはならないが）。ポンペイは初期消火が何よりも大事であり、一旦燃え広がったら街区全域に被害がおよんだであろう。発掘時に検出された焼土層を調べるとよいが、情報は限られており、あくまでも想像に過ぎない。なお一七世紀に起こったロンドンの大火のあと、道路を拡幅し街区を格子状にする、つまり道路を直線にする対策が提案されている。道路の拡幅は類焼を防ぐためだが、まっすぐにするのは消火活動や避難行動を円滑にするためである。ポンペイに消防団がいたかどうかは、筆者は知らないが、消火活動をするにはポンペイの格子状の街路は狭いものの、オスティアよりは円滑だったかもしれない（ただし一方通行の問題は残る）。なにしろ、オスティアは東西を貫く幹線道路はデクマヌスしかなく（地図7）、袋小路や鍵曲がりもあり、決して組織だった道路網とはなっておらず、路地や袋小路で火事が発生すると家財道具をもって避難する人と消火隊がぶつかってしまうことになる。

火災に対するリスクマネジメント

消防隊の創設

これまで見てきた防火対策は、リスクマネジメント（事前対策）であったが、もちろん古代ローマ人、とくにアウグストゥス帝は火災のクライシスマネジメント（事後処理）にも取り組んだ。それは消防隊の創設である。それ以前には、プルタルコスが、クラッススにより編成された五〇〇名以上におよぶ集団について記している。彼らはクラッススが買い進めた奴隷で、建築家や建設技術者でもあったが、クラッススが火事に乗じて安く買いたたいた建物に派遣され消火活動を行った（Plut. *Vit. Crass.* 2.4）。クラッススはローマの不動産の占有を狙っていたが、アウグストゥス帝の時代にはルフス・エグナティウスという元老院議員というよりも剣闘士まがいの男が、人気取りのために奴隷を集めて消防団を組織したと歴史家のウェッレイウス・パテルクルスは伝えている。もちろん、アウグストゥス帝が組織したのは一名の按察官のもとに設置された公式の消防隊で、カッシオスによれば、五〇〇名の奴隷から編成された（Cass. Dio, 53.24.4–）。後六年の大火のあとには、新組織に拡張され、七〇〇〇名の解放奴隷によって構成された（Cass. Dio, 54.2.4）。ウィギレス（夜警隊と訳される）と呼ばれる消防隊は、軍隊に近い組織として一〇〇〇名ずつの七隊のコホルス（歩兵隊）から構成されたという（Cass. Dio, 55.26.4–）。各コホルスが二つのレギオン

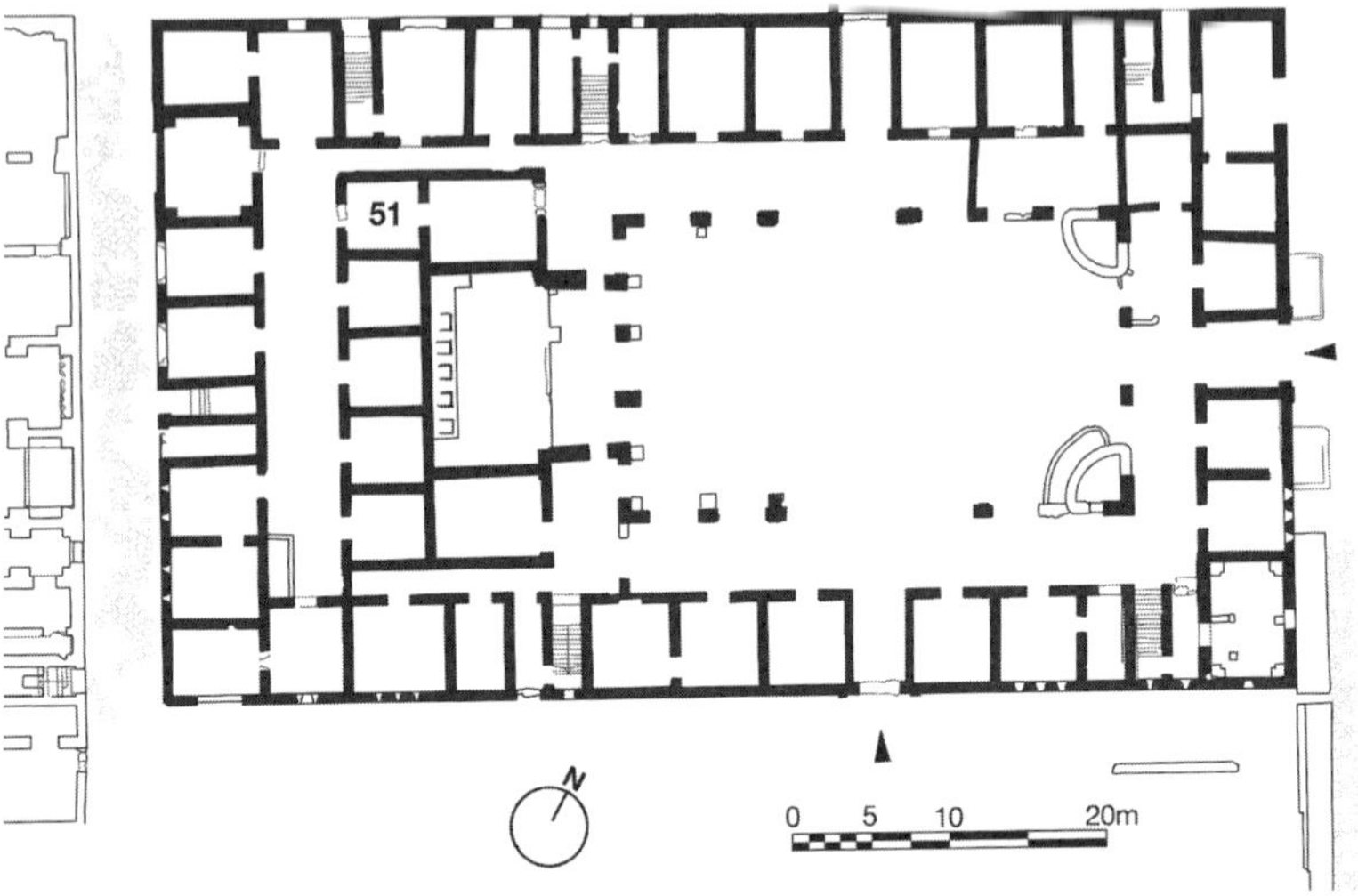

図 2-7　オスティア，「消防署（II.V.1–2）」の平面

（行政区、古代ローマには一四の行政区がアウグストゥス帝によって制定されている）を担当し、監視所（スタティオ）と哨所（エクスクバトリウム）が設置され、組織全体は消防隊長官（プラエフェクトス・ウィギルム）の指揮下に置かれるというかなり本格的なものであった。小セネカが伝えるところでは、防火規則を遵守させる役割も果たし（Sen. *Ep.* 64.1）、ペトロニウスによればポンプやバケツ、斧やバールを装備していた（Petron, *Sat.* 78）。

専門知識を備えた隊員で構成されたようで、主に夜間の巡回を任務としていたことから、専用の施設が必要になったことは間違いない。もちろん、古代ローマ以外の都市にも設置された可能性は高く、オスティアにも同業者組合の尽力によって消防隊が設置された。オスティアには消防署があったのである。火災対策の最後に、この建物を少しくわしく見ていく。

オスティアの消防署（図2-7）

四面を街路に囲まれたこの独立建物は周辺からの類焼の心配は低く、計画的かどうかは不明であるが、南側に「ネプチューン浴場（ラテン語ではネプトゥヌス）」があり、すぐ向かい側には水汲み場と大きな水槽がある[3]（図2-8）。もちろん、消防署の中庭隅にも自前の泉があり水を汲むことができる。また建物の東西の隅にはトイレもあり、兵士に近い消防署員の詰所になっていたことがうかがえる。51番の部屋の敷居には、ポンプ車が走った痕跡といわれる溝が残っている（図2-9）。西側はもともとは店舗であったが、ハドリアヌス帝の時代に、内側の路地に向かって開口をもつ倉庫群に改築された。おそらく、同時に南側の部屋の窓も閉じられ、明かり取りの穴だけに改築されている（図2-10上）。街路側の開口を小さくするのは、防火には有利であるが、正面の壁体は閉鎖的でまるで要塞のような重厚なレンガ造建築物である。ポンペイの伝統的な住宅の正面を想起させる（図2-10下）。消防署が火事になってはお話にならないが、たとえ周辺の建物が火事で崩壊しても、この建物だけは類焼しない堅固な耐火建築物といえる。さらに中庭に面する皇帝崇拝の祭壇（アウグステウム）は、周辺の建物とは路地で隔てられており、いわば二重に独立の建物となっている。最悪の場合、たとえ消防署の中に火が燃え移っても、祭壇だけは類焼しにくい平面となっており、祭壇と建物の間の路地にはヴォールト天井が架かっており二階ではつながっていたが、少なくとも地階では独立した区画になっている（図2-11）。

さらに細かく壁体の構造を観察すると、まぐさ（リンテル）において、レンガによる緩やかなアーチを構成していることに気が付く（図2-12）。オスティアのリンテルは木材を渡すのが一般的で、レンガで水平アーチ（形状は水平だが、レンガを弧状に並べ、目地が放射状に走るアーチ）を造ることもあるが、消

図 **2-8**　オスティア，「ネプチューン浴場（**II.IV.2**）」の
貯水タンクと奥の「消防署」

図 **2-9**　オスティア，「消防署」**51** 室の
ポンプ車の車輪といわれる痕跡

図 **2-10**　オスティア,「消防署」の南西面（上）および南面（下）

図 2-11　オスティア，「消防署」の祭壇と建物を隔てる路地
（廊下と呼ぶには狭く，やっとすれ違える程度の幅しかない）

防署のように、レンガでアーチを造る形式は、他にも見られるものの（図2-13）、手間がかかるため、決して一般的とはいえない。消防署では、現在確認できるリンテルのすべてがアーチ状の形式で、相当な手間をかけた構造といえる。これは、火災が発生した場合、木製のまぐさはひとたまりもないが、耐火材のレンガを、水平でなくアーチ状に積むことで、炎の熱によって目地の漆喰が脆くなっても崩壊を防ぐことができたと思われる（極端にいえば、目地の接着強度がゼロになっても乾式アーチ、つまり積み木のように積んだアーチとして荷重を負担できる）。とくに東端の部屋では、さらに壁体の中にアーチを埋め込み、より頑丈な出入口を造っている（図2-10下）。また、すべてが残っているわけではないが、おそらく地階の天井は不燃材のコンク

図 2-12　オスティア,「消防署」の東側入口

図 2-13　オスティア,「ミューズのインスラ（III.IX.22）」の入口

図 2-14　オスティア，「ディアナの家（I.III.3-4）」地階天井

リートによって造られたヴォールトあるいは交差ヴォールトとなっている。ちなみにオスティアのヴォールト天井には、ほとんどの場合、平レンガ（薄い板のようなレンガ）によるライニング（内張）が施されており（図2-14）、レンガの断熱効果によってコンクリートに熱が伝わるのを遅らせることができ、崩落の危険を低減する効果があったと考えられる。さらに想像を巡らせれば、芯部のコンクリートが砂のように脆くなってしまっても、レンガが形状を保てば、崩壊は免れるかもしれない。オスティアに限らず古代ローマのコンクリートは、骨材（セメントに混ぜる石）の比率が大きいだけでなく、骨材そのものも大きいため、骨材を固着させるセメントが強度を失っても、骨材どうしがかみ合って、持ちこたえられる可能性がある。

一方で、アウグステウムの入れ子構造以外に、平面にこれといった工夫は見当たらない。この消防署とそっくりな建物が東側にあり、この建物は発掘後すぐに埋め戻されてしまったため、現在では確認することはできず機能は不明である。ただ、オスティアの消防署を見る限り、上記の防火上の工夫を除けば消防署だからといって特別な部屋をもつ平面形式があるわけではなく、むしろ、この建物からは耐火建造物としての特徴、つまり火災を寄せ付けない、あるいは崩壊に至らない様々な工夫が見て取れる。まさに耐火建築のモデルタイプ、あるいは見本・手本としての機能があったのかもしれない。

最後に、一つ気になるのは立地である。北側つまりティベリス川に向かって下る緩やかな斜面に建っていること、また表通りであるデクマヌス・マキシムスに面していないという点である。ポンプ車が出動するにしても、かなりの遠回りになるため、現在の消防署のように、消防隊員やポンプ車を素早く派遣するための施設ではなく、夜警として巡回する消防団の詰所という意味合いが強いのかもしれない。おそらくオスティアの消防団は、火災の予防に加え、放火や火災に乗じた押し込みを含めた犯罪の取り締まりなどの警察機能も果たし、消防に不可欠な水利施設の管理も行っており、先に触れた南側の「ネプチューン浴場」の巨大なタンクは、いざとなれば消防署から出動するポンプやバケツリレーのための水を供給していたのではないだろうか。

オスティアの耐火建築

消防署に見られるように、地上階の天井をコンクリート造にすることは、耐火性において有効であった。古代ローマ独特の、大きい骨材の割合が多くセメントの少ないコンクリートは、現在のコンクリート工事のように、タンクローリー車から液体のような生コンを型枠に流し込み、棒で突いて空隙をなくすような方法はとれない。オスティアに残るヴォールトあるいは交差ヴォールトの破断面を見ると、層を重ねるようにコンクリート壁を積み上げていったように見える（口絵9）。すでに触れたようにオスティアには、大判の平レンガでライニング（内張）する工法がある。古代ローマのコンクリートは、型枠一体型、つまり型枠も固めてしまう方法が一般的であったため、立体的な曲面を造り出すヴォールトや交差ヴォールトの型枠は、内側から正方形の大きめの板のようなレンガを貼り付けて造られた。すでに述べたようにレンガは耐火性に優れており、火災が発生しても、それ自体が破壊することは少ない。また、熱によって強度を失ってセメント部分が脆くなり、接着性を失っても、大きな骨材どうしがかみ合って、崩落を防ぐこともできる。こうした耐火構造は、手間もかかり、おそらく工費も高かったため、オスティアを見る限り、依然として木梁を使った天井も多く存在した。

もっとも単純な木梁による架構は、向かい合う壁に穴を開けて材木を挿し込む方法である。ポンペイやヘルクラネウムで一般的に見られる架構で、オスティアにおいてもよく見かける。この架構の場合、火事になると木梁は燃えてしまうため、当然、上階は崩落する。問題は火災後の再建である。おそらく、壁体に埋め込まれた木材は炭化して残っているだろうが、使い物にはならないので、それを引き抜いて新しく材木を挿し込むことになる。よく考えると、穴の深さいっぱいに木材が入っていたとすると、同じ長さの木材を壁に挿入することはできない。もちろん壁を削って大きくすれば別であるが、すべての梁穴を削ることは壁の強度に深刻な影響をおよぼすため危険がともなう。また、削った部分を埋めることが必要であるが、そうした痕跡はほとんど見られない。また、梁を接いだ可能性はあるものの、この場合は金具などの補強が必要になるが、そうした出土物も見つかっていない。つまり、少し短い材木を入れることになり（図2-15上）、当然、強度は少し落ちてしまい、火災前とまったく同じには修築できない。そこで、オスティアにおいて考えられたのがコーベル（持ち送り）である。壁に穴を開けるのは同じであるが、多く

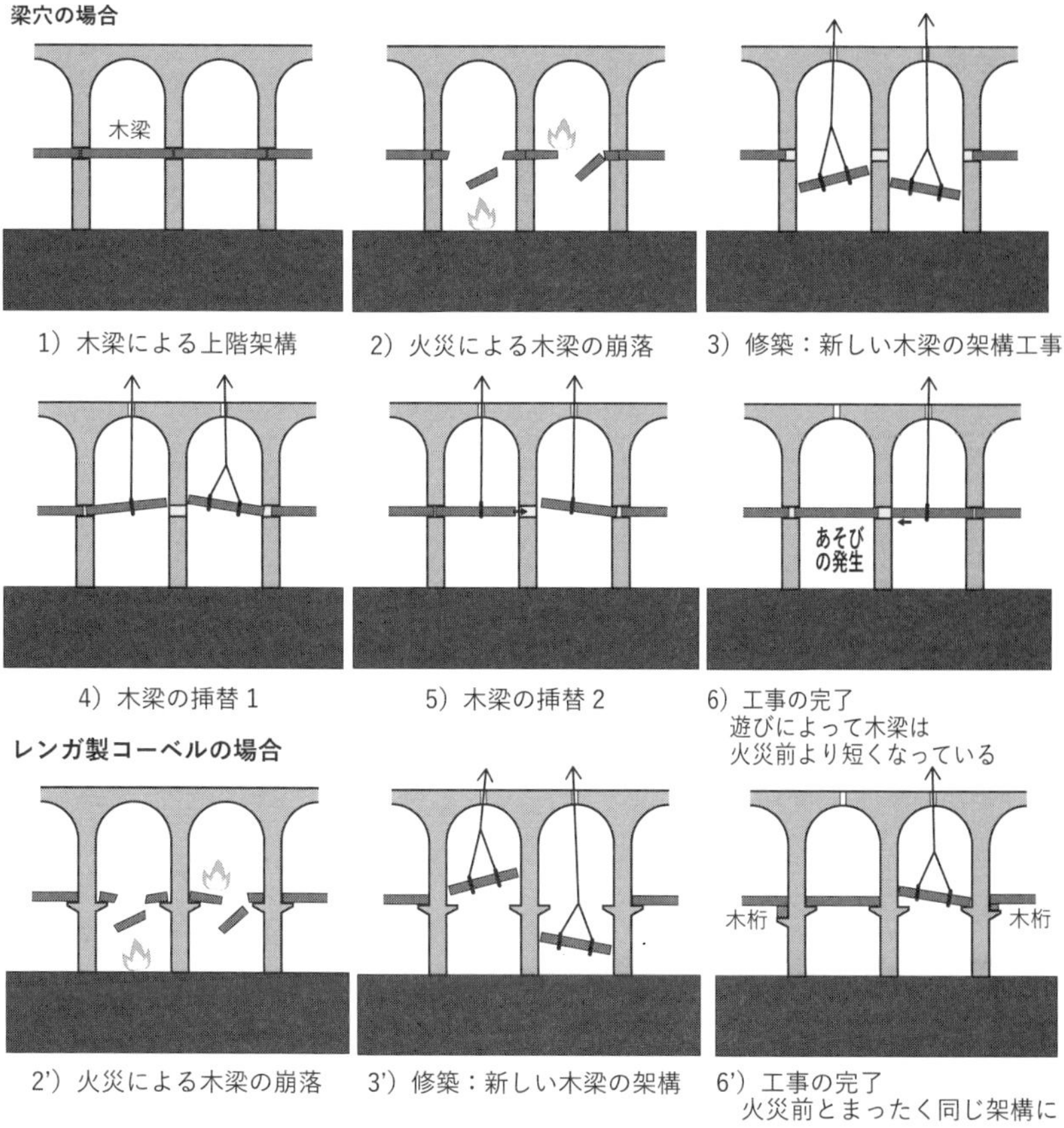

1）木梁による上階架構
2）火災による木梁の崩落
3）修築：新しい木梁の架構工事

4）木梁の挿替 1
5）木梁の挿替 2
遊びによって木梁は
火災前より短くなっている
6）工事の完了

2'）火災による木梁の崩落
3'）修築：新しい木梁の架構
6'）工事の完了
火災前とまったく同じ架構に

図 2-15　木造梁の火災後の挿し替え，梁穴の場合（上）と
コーベル（持ち送りの場合）（下）

の場合、石製のコーベルを挿し込み、その上に木梁を載せる。こうすれば梁穴による欠損によって、壁体の強度が落ちることもなく、火災後の再建も容易である（図2−15下）。オスティアに残るコーベルを詳細に計測した結果、向かい合うコーベルの高さが完全に対応していない例が多く見つかり、コーベルの上に木桁を載せてから、梁を渡したと考えるのが合理的であり、そのような痕跡も見つかっている。[4] コーベルを石製にすることで、耐火性能は高まったが、桁が木製であるため、類焼の危険は依然として残る。そこで次に考案されるのが、レンガ製の帯状のコーベルである（口絵10）。こうすれば桁は不要であるが、たとえ桁を載せたとしてもレンガによって被覆されるため耐火性はさらに増していく（実際には高さを調節する、つまり床を水平にするために桁を載せることが多かった）。このようにして、少しずつではあるが耐火性を増した構造が開発されていったが、やはりコンクリート製ヴォールトがもっとも耐火性に優れている。

石のように硬いローマ

アウグストゥス帝が、石のように硬いローマを建設するといった意味には、「防火」が含まれていた。文献だけでなく考古学的な証拠を含めると、前三九〇年から後四一〇年まで古代ローマには八五回の火災が確認できるという。[5] もちろん、文献や発掘にその痕跡を残す規模であるとすれば、大火あるいは大火に近い火災についての回数であることは間違いない。とくに大火と考えられるのはアウグストゥス帝の後六年、ネロ帝の後六四年、コンモドゥス帝最後の年、後一九二年である。古代ローマの主要な水道一一本のうち、七本がアウグストゥス帝時代までに整備され、最後に建設されたカラカラ浴場への給水のために建設されたアントニヌス帝の水道を除く一〇本は後二世紀はじめまでの人口増加に対応して建設された。よくいわれるように現代都市の一人あたりの給水量の数倍におよぶ供給量は、過大とも考えられる。こうした大量の給水は、飲料や浴用だけなく、消火用も含まれていたと考えるべきである。古代ローマの水道は開放系、つまり流しっぱなしであり、おそらく多くの水が無駄に排出されていたであろうが、火事ともなれば、どこにでも過大に流れる水は消火のために少なからず役立ったはずである。アウグストゥス帝が組織した消防隊にもその危機感は表れている。

しかし、ユウェナリスは、地階で起こった火事によって四階の住人は家財道具を運び出す余裕があるが、屋根裏の住人は知らないうちに焼け死ぬだろうと嘆いている（Juv. 3.191-211）。短時間のうちに、地階を火元として四階に煙が達するという延焼速度の速さは、アウグストゥス帝の「石のように硬いローマ」は、例えばスブーラと呼ばれるエスクィリヌス丘とウィミナリス丘に挟まれた谷の建物を見る限りでは、彼によってフォルムを守るための防火壁は築かれたものの、庶民の住宅にはあてはまらず、ネロ帝による防火政策の実効性もあやしかったことを物語っている。後一九二年の大火では、多くの公共建築が被災し、依然として古代ローマの防火政策は十分ではなかったことを示しているからである。

クラッススのように、火事に乗じて一儲けを企む政治家もいれば、ゲッリウスが『アッティカの夜』で紹介する、「火事さえなければ実入りも大きいローマの土地を買えるのに」という投資家の嘆きにあるように（Gell. NA. 15.1.2f.）、火災は多くの財産を失わせる大きなリスクであるとともに、ネロ帝がチャレンジしたようにクライシスマネジメントとしては都市改造の大きなチャンスでもあった。古代ローマは大火の都度、都市をよみがえらせており、そのバイタリティ（これをクライシスマネジメントと呼ぶかどうかは別として）は驚くべきものである。後世の我々から見ると、人的、経済的被害もさることながら、建築や絵画などの芸術作品に加えて、後一九二年の大火で医師であったガレノスが嘆いたように、多くの著作も消失したはずであり、火災は文化的なダメージも大きい災害といえる。

火災のあと、古代ローマでは修築、再建という建設工事がいたるところで行われていたはずである。ユウェナリスはローマの喧噪について長々と文句を述べているが、街路を行き交う建設資材や燃料を満載した荷車は、命の危険を感じるほどであったという（Juv. 3.249–267）。第三のリスクである洪水の前に、建設現場のリスクについて、ジャネット・ディレーンの論考をトピックとして次に紹介したい。

（1）ウィトルーウィウス（森田慶一訳）『ウィトルーウィウス建築書』東海大学出版会、一九七九年、一〇五頁。

（2）G. Hermansen, *Ostia. Aspects of Roman City Life*, Alberta, 1982.

（3）オスティアの消防署については以下の論文を参考とした。J. S. Rainbird, “The Fire Stations of Imperial Rome”, *BSR* 54, 1986, pp. 147–169.

（4）N. Bauers, *Scavi di Ostia XVI. Architettura in laterizio a Ostia. Ricerche sulle insula dell'Ercole Bambino e del soffitto dipinto*, Roma, 2018.

（5）G. S. Aldrete, “Hazards of Life in Ancient Rome: Floods, Fires, Famines, Footpads, Filth, and Fevers”, in C. Holleran, A. Claridge, eds., *Companion to the City of Rome*, New Jersey, 2018, pp. 365–382.

トピック3　古代ローマの建設現場

ジャネット・ディレーン

古代の「建設現場」

建設業というものは本来、危険をともなう職業で、工事はうまくいかないことのほうが多い。これは古代ローマ世界でも同じで、カラカラ浴場のような巨大な公共建築物では、想像もできない規模の建設工事が進められた。例えば、そのカラカラ浴場の建設では、多数の重い資材をあつかうだけでなく、高いところまで運ばなければならないという二重の困難を抱えていた。しかし、記録を見る限り、実際の建設工事に関わる事故についてはほとんど伝わっていない。

むしろ、竣工後の自然災害や管理放棄の危険性についての記述のほうが多い(1)。考えてみれば、竣工した建物が崩壊すれば住人の生命を危険にさらすことになるのは当然である。とすると、我々が目にするような記録のほとんどを残したのは、高等な教育を受けた中・上流階級の人々であったはずであり、彼らが、その危険を伝えようとしたのだとすれば理解できる。ただ、例外に古代ローマの法律家たちがいる。彼らは『学説彙纂』で建設工事契約に関する特定の判例を議論していて、実際の建設工事の進め方について、興味深い洞察を加えている。建設中に発生した問題について、実際の痕跡を見つけるのは難しいが、建設者たちがどのような経緯で竣工後の建物に損害を与えてしまったのかについて、その一端を知ることができる。

このトピックの前半では、建設中に起こった不具合についての証拠をいくつかを見ていきたい。まず、建設資材の供給と輸送の問題、次に現場でのトラブルである。さらに、後半では建物そのものの崩壊、また修理について見ていく。最後に、リスクマネジメントの実際について考察していく。とくに、建設基準や法的な義務に注目したい。このトピック全体は、おもに文献史料を中心に説明を進めるが、できるだけ実際の例、また具体的に痕跡が確認できる例も取り上げていく。

建設資材の生産と輸送

建設資材の生産や輸送の現場での危険については、石製の部材に関わる資料がほとんどすべてと考えてよいであろう。とくに、切出し途中の石材や現場での加工中の危険が目立つ。古代ローマ時代には、大量の高価な大理石や花崗岩が、長距離に渡って輸送され、そのほとんどはローマ向けだったので、とくに供給側として様々な問題が発生した。これらの実際は碑文や考古学的な遺物からもうかがうことができる。[2]

すべての工程において、巨大な円柱、とくに柱身材のあつかいには注意が必要であった。まずは、採石の工程である。例えば、五〇ローマン・フィート（およそ一五メートル）にも達する柱身は、どの採石場でも生産できる代物ではない。ギリシアのエウボイア島で産出されるカリストトス大理石やエジプトのナイル川上流のアスワン、あるいは東部砂漠のモンス・クラウディアヌス（クラウディアヌス山）から切り出される花崗岩などに限られる[3]。切出し途中の柱材に見られる失敗の様子は、それが放棄された理由をうかがわせる。その失敗の上に石材が切り出されたのである。カリストスでもモンス・クラウディアヌスでも、切出し中に柱身に亀裂が走った場合、鉄製のクランプ（かすがい）でつないで、なんとかして切り出そうとしたようだが、結局は放棄された石材が残されてしまった。

短いけれども、特注品として長さ二五ローマン・フィート（七メートルを超える）の柱材を二本切り出した様子が記録されている[4]。

モンス・クラウディアヌスからの手紙（*O. Claud.* 4.850, 854, 856）

「我々は以下のようにお知らせします。二本の二五フィート長の柱材の切出しが完了しました。…もし、鉄鋼と炭〔道具の手入れのために使う〕を送っていただけましたら、もう一本をもっと早く処理できます。もし、邪魔者がいなければです。それらを送っていただいた瞬間から、そして石切場の周りの人々すべてが我々をそっとしておいてくれたら…」

あきらかに何らかの理由で納品が遅れたようだが、道具に使う材料が足りないとか、地方の部族の襲撃もあったようである。その後、二本とも仕上がっても注文主は満足しなかった。それに対する石工たちの返信もある。

「私どもは、あなた様からのお手紙を受け取りました。そのなかであなたは折れた石材のことで、我々が〔石材を〕くっつけてしまったので、それを責めています。けれども、あなた様のお手紙にあるように石の中に鉄があったことは認めますが、私どもはうまく色を調合しています〔接合部を隠すために？〕、これは先人たちから教わったことなのです。」

そこでは、鉄製のクランプを使って割れを修理し、見た目もうまく割れを隠せていると反論している。これらのやり取りは、円柱がクランプで接がれたこと、そして柱身が折れてしまったときに使う方法として、この方法が一般的であったことをはっきりと伝えている。(5)

次の問題は石切場から搬送先への輸送の問題である。ここでまたしても長い柱身が問題で、途中で折れてしまう可能性が大きかった。大規模な採石場の一つからもっとも近い港へ運ぶにも陸路ではるばる運ばなければならない。そのルート沿いには見捨てられた石材がごろごろと散らばっていくのは避けられなかった。(6) 他にも、運送業務の管理にも困難があった。モンス・クラウディアヌスの場合、ナイルまで一〇〇キロを超える陸路を運ばなければならない。そして、最大規模の石材の場合には、砂ぞりを牽くための多数の動物も手配しなければならない。パピルスによると、ある例では、五〇フィートの柱身一本を牽くため、見合うだけの数の輓獣の餌を確保するために切実な問題がたくさんあったことが読み取れる。その量はおよそ一〇〇トンに達したようである。(7)

ギーセン・パピルス（*P. Giss. 69*）

「…アポロニウスへ、…よろしく…手紙をあなたに送っている男…オオムギをあなたから送っていただくために書いています。できる限り彼をお救いください。あなたの地域で現在あるオオムギのすべてを彼に託してください。…そうすれば、すみやかにそれを載せて、できるだけ早く送り届けることができます。私どもはすでに、五〇フィートの円柱を〔ナイルまで〕引っ張り降ろすため、多数の動物をここに集めていますが、すでにオオムギが尽きかけています…」

生産や運送時における遅延や破損の問題は、とくに切り出すのも難しい長い柱材であれば、建設の工程と密接に絡み合う。先のパピルスの日付を見ると、その柱材はパンテオンの正面を飾る予定だったようである。もともと五〇フィートの長さで柱はデザインされていたが、設計そのものを少し短いサイズの四〇フィートに変更せざるをえなくなり、結局はそのまま建設された[8]。

どんな建設事業でも、石を使う以上は採石場に資材を発注することになるため、多かれ少なかれ輸送の遅延に影響を受けた。最悪の場合には、輸送船の難波で積荷全体を失うこともあった。これまで考古学者によって発見された多くの建設資材を積んだ難破船がそれをはっきり物語っている。そのほとんどは地中海東部から運ばれた大理石や花崗岩で、おそらくローマに向かっていたか、もしかすると北アフリカの沿岸の大都市向けだった可能性もある。石材を積んだ難破船のほとんどは一〇〇トンを超える積荷を積載していた。重いものでは三五〇トンに達する例もある。これらは方形の石材ブロックか建築用資材がほとんどで、もちろん柱身材も含まれている[9]。東方からの大理石は、南部ギリシアやシチリア島あたりの難所を越えてローマにやって来る。こうした損失は、膨大な追加費用や長い工期の延長をもたらしたに違いない。

さて、うまく石材が陸揚げされたとしても、また同じ困難が待ち構えている。それはやはり石材のサイズである。詩人のティブッルスはアウグストゥスの時代に長い柱身材を引っ張る雄牛の群れが古代ローマを行き交う様子を生々しく書き綴っている。

ティブッルス（Tib. 2.3.43–44）

「…彼は心に描く、外国からの大理石、そして柱材が運ばれるのを、それらは街中に地響きをたてて、一千もの力強い〔雄牛が〕対となって」

かつてムッソリーニが五〇〇トンのオベリスクを運ばせたときに撮影された光景が想起される。また、テオドシウス帝を記念したオベリスクは、運び出すためのあらゆる試みが失敗に終わっていたが、最後にやっとうまくいったときには偉業として讃えられ、その様子がオベリスクの台座に刻まれた。その偉業を達成した男、おそらくエンジニアだと思われるが、彼の名前もその碑文の中で讃えられている。[10]

テオドシウス帝のオベリスクの碑文、イスタンブール（*CIG* 4.8612）

「この四面角の柱を起ち上げることに成功したのは、まさにテオドシウス帝である。その柱は長い間横たわっていた。皇帝はこの偉業をプロクルスに託した。そして、その偉大な柱は三二日間のうちに起ち上がった。」

大量の大理石、そして他の大量の建設資材がローマをはじめとして大都市の路上を行き交えば、当然、事故を引き起こす。こうした事故を原因とする損害に対する責任についてローマ法の世界では賠償問題として議論されてきた。積載の方法に問題があった場合には、御者が告訴されている。

『学説彙纂』（*Dig.* 9.2.27.33）

「一つの石が一台の荷車から落下し、何らかの器物を破壊、もしくは破損したとき、荷車の御者が賠償の責任を負う。もし彼の者が石材を不安定に積載し、それを原因にそれらが滑り落ちた場合にこれを適用する…」

他にもさらに深刻な影響のある事故もある。『学説彙纂』の他のケース、古代ローマのカピトリウムの急な坂を上る二台の荷車の事例である。登り方向の荷車がスリップして、下り方向に暴走し後続の荷車と衝突、その際に、御者が飛び出して逃げてしまい、荷車が道から外れ一人の奴隷をひき殺してしまう。問題は石材の賠償責任が奴隷の持ち主にあるのかという点で、判事は御者の不注意の度合いに応じた賠償を求めている。

『学説彙纂』（*Dig.* 9.2.52.2）

「ラバが二台の荷を積み込んだ荷車を牽いてカピトリウムの丘を登っていた、そして御者たちは第一の荷車を押していた…まずはラバがより容易に荷車を牽けるようにすべきであったが、一方で先頭の荷車が後退しはじめたとき、二台の荷車の中間にいた御者が荷車から離れてしまったため、後続の荷車に先頭の荷車が衝突し、さらに後退し、何某の所有する奴隷の少年に衝突した。」

おそらくこれは決して特別な判例ではない。詩人のユウェナリスは『諷刺詩』の中で古代ローマでの生活の大変さを嘆いたが、輸送中の大理石で押しつぶされて死ぬかもしれない危険を生々しく描いている。

ユウェナリス『諷刺詩』（Juv. 3.254–259）

「一台の荷車が巨大なモミ材を載せてやってくる、そして別の一台はマツ材を運んでくる。高く積み上げられた荷が人々を怖がらせる。もしカッラーラの大理石の重みで車軸が折れて、積荷が群衆の上に落っこちれば、彼らの身体はぺしゃんこになって何が残るのだろう?」

建設現場での事故

建設工事がはじまっても、まだまだたくさんの問題が生じる。それらの多くは現代にもとてもなじみ深いものかもしれない。敷地の選定、基礎の敷設、そして建設資材の品質管理など、すべて問題のはじまりである。我々は小プリニウスを通じて、公共建築の建設プロジェクトでの様々な不具合に対する当時の優れた見識を知ることができる。彼は、トラヤヌス帝のもとで北部トルコの属州長官を務めた。そしてトラヤヌス帝にニカイアに建設中であった劇場に関する懸念を書き綴った書簡を送っている。そのとき、構造体は沈下してしまい、巨大な亀裂が組積造の壁に現れはじめていたため、彼は建設費を抑えるため、不具合の防止策を講じるのか、すべての工事を中止して敷地を変えて再建設するのか、どちらにするかを決めるよう、トラヤヌス帝に技術者の派遣を要請している。

小プリニウス『書簡集』(Plin. *Ep.* 10.39)

「ニカイアの劇場についてです。陛下、建設済みの多くの部分には、まだ完成してはおりませんが、すでに一千万セステルス以上の資金を投入しています…そして、残念ながら、その予算はドブに捨てたも同然になりました。建物は沈下しつつあり、すでに大きな裂け目が広がっているのが見えます。その原因は地盤が軟弱で湿気を帯びていることです。あるいは石材の脆く弱い性質によるのかもしれません。そこで工事を完了するのか、放棄するのか、あるいは取り壊すのかを考慮する時期が来ています。支柱や控壁で突っ支いをするのは、私には補強というよりも、さらなる予算の無駄使いになるように思えます…」

どちらに決まったにせよ、現在も劇場は残っており、対策が機能したことは間違いない。陥没の問題もローマ法のもとに議論されている。ここで紹介するのは、水路の掘削に関する判例である。例によって肝心なことは誰に責任があるのか、そして誰が損失を負担すべきなのかを決めることである。

『学説彙纂』(*Dig.* 19.2.62)

ラベオ「あなたは水路を建設する契約をし、それを履行しました。しかし、沈下が発生し、契約を完了させるまえに、その水路は崩壊してしまいました。その危険はあなたが負うべきです。」

パウルス「逆にこの崩壊が地盤が原因であったとしたらどうでしょう。雇用者がその責任を負うのではないですか。しかし、建設工事にその原因を帰するのであれば、損失はあなたが負うべきです。」

古代ローマ建設事業を代表するローマのパンテオンですら、構造的に多くの苦難に見舞われている。難工事は亀裂の原因となり、建設中にもかかわらず改修作業が行われている。[11] ニカイアの人々は小プリニウスの頭痛の種であった。浴場の建設では、ローマ世界ではお馴染みの災害である火災で失われた古い浴場より一回り大きな規模で再建させている。しかし小プリニウスは、ここでも満足いく結果は得られず、彼に助言する立場の建築家は、その壁体が荷重に耐えられなくなっていることを伝えた。ちなみに二二フィート（約七〇センチ）も厚みがあったにもかかわらずである。少なくとも工事関係者が芯部にモルタルを使わなかったことが原因の一つであった。

小プリニウス『書簡集』（Plin. *Ep.* 10.39）

「またしても同じニカイアの人々がはじめた…公共浴場の修築だ。浴場は火災によって破壊されてしまった…そして、今となって相当の予算を費やしてしまったのだが、私はその行き当たりばったりさに恐ろしさを憶える。その構造体はうまく連動しておらず、バラバラになっているように見える。さらに建築家は（じつは彼は工事をはじめた業者とは競争関係にあるが）、その壁は、二二フィートの厚みがあるにもかかわらず、上部からの荷重に耐えられないと断言した。その理由として中身にモルタルを練り込まなかったこと、またレンガ仕事においても十分に強度がないことを挙げた。結論として、残念だがニカイアにおいては公金は無駄に使われてしまっている…」

一方で、この逸話は部分的とはいえ建築家の手抜き行為の実例を伝えているのかもしれない。小プリニウスは建築家はもともとの請負業者とライバル関係にあるといっている。大プリニウスによれば、モルタルの石灰をケチることは首都ローマにおいても問題視され、建物の崩壊の主な原因となっていたからである。

大プリニウス『博物誌』（Plin. *NH.* 36.55.176）

「ローマにおける建物崩壊の主因は石灰の窃盗である。その結果として骨材が十分なモルタル無しに打設されてしまう。実際に石灰の練りものは時間が経つと締まりが増すのだ。古い建設基準法には、いかなる建設業者も三年に満たない石灰の練りものは使ってはならないという規則があった。」

貧弱な基礎や粗雑な施工は破滅的な結果をもたらす。建物の崩壊を伝える数少ない文献史料の一つで、自然災害というよりも構造上の問題であったことを示す例が歴史家のタキトゥスによってくわしく説明されている。

タキトゥス『年代記』（Tac. *Ann.* 4.62）

「後二七年、幾度かの大規模な戦乱の負傷者数と予測もしなかった災害の被災者の数がほぼ同じに達した。それは一瞬にしてはじまり、一瞬にして終わった。アティリウスと呼ばれた一人の自由民がフィデナエで円形闘技場の建設をはじめた。そこで剣闘士の見世物を興行するためであったが、基礎を堅固な地盤に造らなかったこと、そして上に載る木構造の固定が不十分だったために、建物が倒壊した。その原因は、彼は起業に乗り出したばかりであったことや、そして彼がとくに裕福ではなかったこと、また故郷の街に錦を飾ろうとしたことによる訳でもない。彼にはさもしくも金儲けしか見えていなかったのである…それが倒壊したとき、見るも無惨な残骸が山積みとなった。壁は内に折れ、外にたわんで垂れ下がり、まさに見世物に熱中している人間の上に周りの立ち見の人々も巻き込んで降り注ぎ、覆い被さったのである。」

　このケースでは一人の男がローマ近郊のフィデナエという土地で剣闘士の見世物を興行するため円形闘技場を建設したことになっている。彼は、端的にいえば基礎や木材を固定する釘などをケチったのである。その崩壊は一瞬にして起こったようである。闘技場が満席に近かったとすると、死者は多数にのぼると考えられ、別の資料からはおそらく二万人と推測される。

　もう一つ、我々には興味深い例がある。建設工事で発生した問題に応じて損害額を査定したもので、建設業者が注意を怠って、壁が完全に真っ直ぐに建っていないと主張している。驚くべきことにそれを残したのは哲学者で詩人のルクレティウスである。彼は詩の形式で哲学的な論文を残しているが、その問題についての生々しい記述から、建設物に関する実際の体験に基づいていると考えられる。

ルクレティウス『事物の本性について』（Lucr. 4.513–519）

「…ある建物にて
もし、最初に垂らされた下げ振り糸が歪んでいたとしたら、
建設者の描く正方形は不正確となる、
そして、もし水糸がほんの少しでもズレたら
部分どころか壁全体が
たちまちにその不完全さを現し、捻れ歪む
ゆらゆらと前後に傾いて、波のように揺れる、
ついには、そこかしこから崩れはじめる、

そして長い時間を経て、全体が崩れ落ちる、まさに倒れるように
そうなる前に、ほんの最初のまちがいを見逃さないように…」

こうした瑕疵は決して詩人の創作ではなくローマにいた政治家キケロの手紙からもうかがえる。彼は、自分の雇った建設業者のディフィルスという男に不満だった。彼は、円柱を真っ直ぐに造ることさえできなかったのだ。

キケロ『弟クィントゥス宛書簡集』(Cic. *QFr.* 3.1.1–2)

「…ディフィルスは柱を鉛直から外れて据えている。しかもお互いに向かい合ってもいない。もちろん、彼はこれらを解体しなければならない、いつの日か彼は下げ振り糸と定規の正しい使い方をしっかり学ぶとよいだろう…」

文献史料は一般的には建設中の事故について多くを語らない。産業事故と呼ばれる例を含めても、現代の我々でさえ話題にすることは気乗りがしない。最近、ある著作[12]で紹介された古代ローマの建設者が超人的に作業する様子が我々にあるヒントを与えてくれる。イスラエルにある古代ローマ末期のシナゴーグから発掘されたもので、おそらくバベルの塔の建設についての聖書的な説明を意図した図である。そこには他の古代ローマの建設風景と共通する点が多くあり、その図が単なる想像ではないことを示している。いろいろな場面が描かれているが、実際の建設現場には多くの潜在的な事故の危険性があったことが読み取れる。そこには、例えば、尖った道具、ノコギリや重い荷物を運ぶ人、足場で作業する人、そして巻揚機を操作する人、クレーンのロープを引っ張る人などに加えて、二つの事故のシーンが描き込まれている。二人の作業員が喧嘩する様子、そして塔のてっぺんにある足場から落っこちる人である。残念ながら、落

下する人の部分がひどく損傷を受けているものの、その不運な男の手足はなんとか残っていて、彼は頭を先につんのめって落ちているのが見える。

こうした事故は日常茶飯事であったはずである。英国の建設産業においても、あらゆる安全基準を遵守していても、今も落下事故は死亡原因の第一位である。中央イタリアのベネウェントゥムの街で発見された心のこもった葬送碑文で、息子に先立たれた父親がその死を悼んでいる。息子のヘルマスはわずか二一歳で死亡した。彼はどこかの建物で天井飾りとしてモザイクを敷設していたときに足場から落ちたのである[13]。

『ラテン碑文集成』（*CIL* 9.6281）

「ここにヘルマスが眠る
彼はまだまだ若い青年だった
彼は高いところでモザイクに何かを取り付けようとしていた
彼は落ちた、そしてヘルマスよ
〔地面の〕厚い重みの下で、閉ざされた場所に横たわり、尽きることのない涙を残していった
彼の父、カルプスの涙を
彼は二一年と九ヶ月と二〇日を生きた
カルプス、植民市の一員として、彼にとって何よりもいたらなかった父親、これを捧げる」

大規模な帝国の建築物にある高くそびえるヴォールト天井、例えばカラカラ浴場では、フリギダリウムのヴォールト天井の内面はおよそ三七メートルの高さに達する。カルダリウムではおよそ四四メートルで

ある。これらは間違いなくこうした問題を引き起こしていたはずである。

建物というのは外部要因で崩壊しやすいものである。一般的には火災と地震だが、これらは別の種類の危険を引き起こす。大きな公共施設であれば、周辺のエリアの物理的な安全性だけでなく、地域の共同体そのものにとっても好ましいものでなくてはならない。使い物にならない公共建築が損失そのものとなるのはもちろんのこと、その都市の格式や権威の喪失を象徴することにもなってしまう。我々はこの実例を現在のトルコにある古代ヒエラポリスで最近見つかった碑文に見ることができる。そこでは、後四世紀半ばに劇場が崩壊の危機に瀕したのだが、劇場が丘の上に位置していたため、都市の全域が危険にさらされることになった。[14]

ヒエラポリスの劇場で見つかった碑文（後三五〇年）

「その劇場は、崩壊が差し迫っており、都市の大部分にも危険がおよぶため、九月のはじめ解体に着手した…その建設工事は六月はじめにはじまり…竣工を間近にして外装工事が行われた、〔次の年には〕…我々の総督であるフラィウス・アントニヌス・ユリアヌスの公告による。同じユリアヌスが建設工事全体の事業主であり、あらゆる追加徴税の必要はない…そしてあらゆる統治者クラスの強力な協力〔個々の財政的な状況に応じた〕を得た、資金の援助と彼らの農夫の助け〔労働力として〕も得た…」

興味深いのは、共同体全体を巻き込んで工事を早く完了させようとしている点である。解体に六ヶ月しかかかっておらず、修理にはさらに一二～一三ヶ月しか要していない。こうした団結が都市生活の重要な一面であるのははっきりしている。しかし、どこでもいつでも修理が可能とは限らない。ヨルダンのジェラシュでは、同じくらい重要度の高い劇場の擁壁が崩壊したが、これほどうまくは処理されず、その崩壊した構造体は産業用に利用されてしまった[15]。

倒壊の危険は個人の建物でも同じように脅威であった。いや、もしかすると可能性はより高いのかもしれない。古代ローマや他の大都市では、複数階の居住区（インスラ）がより深刻な問題となっていた。おそらく建設には専門的な技術だけでなく特別な設備も必要であった。少ないながらも建物の崩壊をあつかった建築基準について言及されている例はすべて居住区に関するものである[16]。またオスティアには建物に生じた不具合について、いくつかの実例がある。例えば、「ジョーヴェとガニメデの家（I.IV.2）」では広い開口部に架かるアーチが実際に崩壊しはじめたため、その開口を閉じてアーチとその上の壁体を支える工事が行われている[17]。判例においては、常に責任の所在が問題の中心であるが、もし何らかの瑕疵で、居住区全体が崩れ落ちた場合には誰が責任を負うのであろうか。どのような条件のもとで責任を負うのであろうか。その答えはインスラ補強の契約にあるかもしれない。もし契約を交わすほどの長い時間が経っていないと判断されれば、持ち主が告訴されることはない。しかし、とくに地震のあとなどを考えると、このような崩落事故を前もって予測できるとは限らず、完全に平等な条件とはいえないが、一つの答えではある[18]。

危機の最小化

ここまで古代ローマ時代の建設工事に関わる問題や危険について、様々に考察してきた。建設資材の生産や運搬にともなう困難から乏しい現場経験がもたらす建設施工の問題まで、そしてそれらが致命的なダメージを与えることなどである。事故は究極には二面の影響を建築物にもたらす。一つは建設事業そのものの完成を阻んでしまったり、遅らせてしまうこと、そしてもう一つは人身事故や建物そのものの損傷など具体的なダメージである。また、完成後に建物が崩壊してしまう場合も含む。

どんなリスクにせよ、古代ローマ人はそれをマネジメントしようとしたが、いったいどんな手順でマネジメントしたのであろうか？　我々に残された資料は少ないが、とても一般的なことであれば、いくつかの点はわかる。まず、何らかの建築規制が存在したこと、例えばウィトルウィウスが引用しているが、壁の中でも、間仕切り壁は一と二分の一ペース以上の厚みにしないことを建設契約の条件として規定している（Vitr. *De arch.* 2.8.17）。他の記述もすでに竣工した建物の崩壊を防ぐために意図された規定といえる。よく知られたものの一つにアウグストゥス帝が誘導した建築規制がある。建物正面の高さを七〇ローマン・フィート、およそ二一・五メートルに制限するもので、五、六階建ての集合住宅であれば十分な高さであった（Strab. 5.3.7）。約一〇〇年後にトラヤヌス帝は六〇フィートに強化しており、同じ問題がトラヤヌス帝の時代にも存在したことになる。

そこで、かなり細かな説明になるが、古代ローマの歴史家タキトゥスに戻ろう。彼は、古代ローマの大火後にネロ帝が定めた新しい建築規制について、相当な部分まで詳細を語っている（Tac. *Ann.* 15.43）。建物の高さ規制と同じように、一般的な建設規制は以下の通りである。

1．街路は拡幅されること、そしてポルティコ（列柱廊）が居住区の正面に付されるべきこと、また、火災に対抗するためのバルコニーも設けること

2．建物は指定されない高さまで造るときには頑丈に建設すること、また木材は使用しないこと、さらに耐火性を有することが知られている二種類の特別な石材を使うこと

３．すべての建物は専用の境界壁を有すること、そして隣地と隔壁を共有しないこと

建築資材の施工法に関する他の規制についても、様々な文献から知られている。すでに見てきたように、大プリニウスは古い建築基準法の体系について記している。そこでは建設業者に対し三年に満たない寝かし期間しかない石灰の使用を禁止していた。一方で、古代ローマの建築家ウィトルウィウスは北アフリカの規制の例を引用している。そこでは五年に満たない寝かし期間の泥レンガを使わないことになっており、その規制は執政官によって承認されている（Vitr. *De arch.* 2.3.2）。

最後に以下において、建築規制が実際にどれほど有効なのか見ていこう。これは本トピックの理解にとても深く関わることである。古代ローマ人はある種の契約システムの中で建設事業を行っていた。それは公共建築でも個人建築でも同じである。幸運にも古代ローマの建設契約の写本がナポリ近郊のプテオリで発見されている。そこでは、明確な建設位置、設計、寸法、材料、そして建設作業の内容、そして仕上げが契約の条件として示されている（*CIL* 1.698 = *ILS* 5317）[19]。支払いの期日だけでなく竣工の日付が明記され、最初の部分では、建設業者に担保の差し出しを求めることで、公共投資としての建設事業を保護している。最終的な支払いは工事の完了が上級都市参事会によって承認されたあとであることも明記されている。契約書に記された条項を履行できなかった建設業者は告訴される可能性がある。『学説彙纂』に残る判例を見ると、この可能性が業者の関心事の一つであったことを十分にうかがわせる。

ここに興味深い一節がある。ウィトルウィウスも損害の査定人について言及している。

ウィトルウィウス『建築書』（Vitr. ***De arch.*** **2.8.8）**

「…軟石の粗石を積み上げ、表面を薄くきれいに仕上げた壁は時間が経つにつれて崩落しにくくなる。

したがって、査定人が境界壁を鑑定するときには、その壁が造られたときの価値を判断するのではなく入札時の価値をしっかり判定すべきである。毎年、八〇分の一ずつの価値を減ずるとしても、その壁は八〇年以上たっても価値を失わないと判定すべきである。一方、きちんと鉛直を保っているレンガ壁では価値の減損は存在しない…」

彼は査定人が建設契約当時の価格を根拠にしていると言及する。実際に、彼らは建物の価値を減損している。それがローマン・コンクリート製の場合、もとの価値から八〇分の一ずつを減損していく。一方で、レンガ造の場合、鉛直を保っていれば減損はないとしている。そこから現れてくるのは、建物について実地だけでなく建設時の仕様も入念に検査している光景である。そこでは、来たるべき将来の生活と建物の安全性に対して入念な検査を行っているといえる。

財産＝都市の所有者を守るために

ここまで記した内容から、一つの点が浮かび上がる。古代ローマの建築規制、契約、そして訴訟はすべて、まずは財産の所有者を守ることを最優先に制度設計されているという点である。もちろん実際には彼らに何ら過失がないという条件の下で守られる。土地の所有者はその上空すべてを所有するという法の通念が行き渡っているように見える。古代ローマ世界において財産とは都市そのものであり、その所有者は裕福な居住者たちなのである。彼らだけが法の下で賠償を請求することができたようである。対照的に、健康や安全に関わる法、そして建設作業員の権利を守るような法律はないように見える。本文中で触れた暴走したラバの荷車のケースが法学者の興味を惹いたのは奴隷の死が絡んでいたからというのが実際である。彼らは人間である前に財産であり、所有者にとっては金銭的な価値を有していた。奴隷への身体的な障害は取るに足りないことであった。結局は建設現場における事故や危険とは、それらが建設コストや工期に影響する場合にのみ生じる関心事に過ぎないのである。もちろん構造的な安全は一つの関心事であったが、竣工した建物についていえば、あくまでも将来の事故や災難を避けるための建築規制であり、検査の実施であり、承認を得る手続きでしかなかったのである。

（1）概要としては以下を参照、J. P. Oleson, "*Harena sine calce*: building disasters, incompetent architects and construction fraud in ancient Rome", *Commentationes Humanarum Litterarum* 128, 2011, pp. 9–27.

（2）B. Russell, *The Economics of the Roman Stone Trade*, Oxford, 2016. とくに第４章と第６章を参照のこと。

（3）*Op. cit.*, pp. 214–219, および pp. 224–228.

（4）A. Bülow-Jacobsen, *Mons Claudianus: Ostraca Graeca et Latina IV – The Quarry Texts: O. Claud. 632–896*, Cairo, 2009, nos. 850, 856 and 854. および議論については、B. Russell, "Roman and Late Antique shipwrecks with stone cargoes: a new inventory", *Journal of Roman Archaeology* 26, 2013, pp. 211–213. を参照のこと。

（5）C. M. Amici, *Architettura romana. Dal cantiere all'architetto: soluzione concrete per idee progettuali*, Roma, 2016, pp. 85–101.

（6）B. Russell, "The dynamics of stone transport between the Roman Mediterranean and its hinterland", *Facta* 2, 2008, pp. 107–126.

（7）翻訳と議論については、J. T. Peña, "*P. Giss. 69*: Evidence for the supplying of stone transport operations in Roman Egypt and the production of fifty-foot monolithic column shafts", *Journal of Roman Archaeology* 2, 1989, pp. 126–132.

（8）P. Davies, D. Hemsoll, M. Wilson Jones, "The Pantheon: triumph of Rome or triumph of compromise?", *Art History* 10, 1987, pp. 133–153.

（9） Russell, *op. cit.*, 2016, pp. 118–121.

（10） *CIG* 4.8612. 以下を参照、J. DeLaine, “The Temple of Hadrian at Cyzicus and Roman attitudes to exceptional construction”, *Papers of the British School at Rome* 70, 2002, p. 214. および fig. 2、さらに参考文献も参照。

（11） T. A. Marder, M. W. Jones, eds., *The Pantheon: From Antiquity to the Present*, Cambridge, 2015, pp. 193–211.

（12） J. Magness, et al., “The Huqoq Excavation Project: 2014–2017 Interim Report”, *Bulletin of the American Schools of Oriental Research* 380, 2018, pp. 115–117. 版権の問題で掲載できないため、興味のある読者は右記の論文を参照してほしい（訳者）。 https://magazine.byu.edu/article/tile-tales-from-galilee/

（13） 簡単な議論は以下を参照、F. Sear, *Roman Wall and Vault Mosaics*, Heidelberg, 1977.

（14） T. Ritti, *Hierapolis di Frigia IX. Storia e istituzioni di Hierapolis*, Ege Yayinlari, 2017, pp. 587–624.

（15） D. Kennedy, R. Bewley, *Ancient Jordan from the Air*, London, 2004, pp. 154–155.

（16） 例えば、*Dig.* 45.1.72.2, 45.1.98.1.

（17） J. DeLaine, “The Insula of the Paintings at Ostia（I.iv.2–4）: Paradigm for a city in flux”, in T. Cornell, K. Lomas, eds., *Urban Society in Roman Italy*, London, 1995, pp. 90–91, Figs. 5, 6.

（18） 個人所有の建物に関する法的な問題については、以下を参照、S. D. Martin, *The Roman Jurists and the Organization of Private Building in the Late Republic and Early Empire*, Bruxelles, 1989.

（19） J. C. Anderson, *Roman Architecture and Society*, Baltimore, 1997, pp. 74–75.

（堀　賀貴　訳）

第三のリスク　洪水

第三のリスクの洪水は「脅威レベルは高い」が、予測が可能なためコントロールに成功したリスクである。ローマにおける洪水の歴史をまとめた研究(1)によればローマを流れるティベリス川は定期的、おそらく数年に一回、雨期である秋から冬にかけて氾濫したことがわかっている。ティベリス川の上流で氾濫していれば、おそらく河口のオスティアでも同時に氾濫していた可能性が高い。つまり、定期的という点で、オスティアにおける洪水はかなり予測可能な災害であった。なお、ポンペイやヘルクラネウムは河口あるいは海岸に対して高台に位置しており、洪水に見舞われる危険性はなく、本章には登場しない。

オスティアを構成する建物群

店舗と倉庫

オスティアは、古代ローマ帝国首都の外港、物流の拠点として経済的に重要な役割を果たしていた。後

図 3-1　オスティア，「プロティロの家（V.II.4–5）」の玄関
（立派な構えの玄関であるが両脇には店舗がある）

一世紀中ころにクラウディウス帝により新しい港（ポルトゥス）が建設され、ローマの外港としての急速な発展がはじまったが、後二世紀はじめトラヤヌス帝によってポルトゥスの北にさらに新しい港が建設されたことを契機に、後三世紀以降は徐々に衰退していく（地図2）。しかし、共和政期から帝政期にかけて同じく急速に人口を増加させた首都ローマの海の玄関口として機能したことは間違いなく、この街が洪水によって水没し機能を停止してしまうとローマへの海からの物流が途絶えることになる。

オスティアは店舗や倉庫が建ち並ぶ商業の街であった。後一世紀のポンペイでは、たしかに幹線道路に面する街並みは店舗で占められるが、裏通りや高級住宅街は閉鎖的な壁や塀が並ぶ。それに対してオスティアでは、倉庫を除けば、ほとんどすべての街路に店舗がひしめき、住宅はあっても店舗の間の通路から入るような設計になっている（図3-1）。この街で目立つのは問屋街、あるいは倉庫街のような、間口の広い店舗が並ぶ光景である（図3-2）。また、中庭に面する倉庫群が複数階に積層するような大規模な倉庫（ホレアア）も存

図 **3-2**　オスティア，ディアナ通り，右手は「テルモポリウム（**I.II.5**）」

図 **3-3**　オスティア，「大ホレア（**II.IX.7**）」

図3-4　オスティア,「エパガシアーナのホレア（I.VIII.3)」の中庭

在した（図3－3）。とくにデクマヌス・マキシムスと呼ばれる東西幹線道路の北側に建設された倉庫群は、店舗としての機能も兼ね備えたオスティア独特の建造物群である（口絵11）。トラヤヌス、ハドリアヌス帝の時代に集中的に整備され、それ以降の時代も含めると、いくつかのタイプに分類できる。まず、もっとも一般的な倉庫が中庭に面する形式である（図3－4）。ほかに、中庭にも独立した倉庫を置く「大ホレア」、あるいは倉庫群が背中合わせになっている例、最後に小さな中廊下と呼ばれる中央廊下に面して倉庫が並ぶ形式である[2]（図3－5）。

労働者の家　集合住宅（インスラ）

もう一つ、オスティアを特徴づけるのはインスラ（insula）、すなわち集合住宅である。もっとも有名な例は「ディアナの家（I.III.3－4)」と呼ばれる地階に店舗、上階に居室群をもち、上階へは街路に面した入口からアプローチする複合建築である（口絵8）。他に「絵のあるヴォールト天井の共同住宅（III.V.1)」という名前の建物は、地階の入口付近に共同噴水、カウンター付きの食堂（テルモポリウム）、中廊下に面する個室群（裏に台

図 3-5　オスティア，「I.XIII.1 のホレア」

所があり、一種のホテルであった)、外から入れる階段室につながる上階も中廊下に面した個室、共同のトイレと下水、台所、簡易浴室など、まるでビジネスホテルのようである(口絵12)。人口一〇〇万人を要するローマに食料を供給するため、小麦の収穫期には多くの季節労働者が働いていたはずで、これらの人々を収容する目的で集合住宅が生まれたのかもしれない。他にワインやオリーブ油などの液体、美術品なども多く運び込まれた。

現在もオスティアの北側を流れるティベリス川は古代とは大きく流路が変わっており(地図7)、古代ローマ時代のオスティアの一部は川底に沈んでいる。したがって、現在のオスティア遺跡で堤防を確認することはできない。ティベリス川の氾濫による洪水は、日本のように破壊的ではなく、徐々に水位が増し、堤防を越えても緩やかに氾濫して市内に浸水した。もともとティベリス川の水深は浅く大型の船舶は停泊できずに、北側のポルトゥスか外洋に停泊していたため、物資は小舟を使ってオスティアに荷揚げされるか、そのまま川沿いにローマまで運ばれていた。春小麦の収穫時期は雨期にさしかかるため、多くの小麦を運ぶ船がローマを目指したが、洪水によって大型船が流れ込んで街を破壊する心配はなかった。

オスティアにおけるかさ上げ

広場、街路のかさ上げ

オスティアを定期的に襲った洪水の痕跡は地盤のかさ上げという形で残っている。カルド・マキシムスと呼ばれる南北の幹線道路沿いに巨大な円柱ピラスター(付け柱)が残っているが、よく見ると基壇部分が地中に埋もれている(図3−6)(なお、以下ではデクマヌス・マキシムスを東西、カルド・マキシムスを南北を走る幹線道路として解説を進める。実際の方角とはかなりずれるが、わかりやすさを優先したい[3])。ピラスターを据えた後に、街路面がかさ上げされたためにこのような奇妙な風景となった(もちろん、発掘により柱礎が露出したが古代ローマ時代には埋没した状態であった)。他にも、街路の舗石のかさ上げ工事が中断されたような痕跡(図3−7)や街路の下にモザイクが発見された例(口絵13)もある。さて、オスティアの中心部には、「カピトリウム」を代表として、多くの公共建築物が建ち並ぶが、これらの建物は一挙に建設されたのではなく、共和政の末期からハドリアヌス帝の時代にかけて、徐々に整備されたため、「かさ上げ」の影響をもっとも多く受けた区域である。

図3−8は、広場周辺のレーザースキャニングによる実測データから建物の地盤(地上階の床)の高さを模式的に(やや強調して、低い部分を暗く高い部分を明るく)描き出したものである。最終フェイズす

図 3-6　オスティア，カルド・マキシムス沿いにある埋もれた柱

図 3-7　オスティア，バルコニー通り

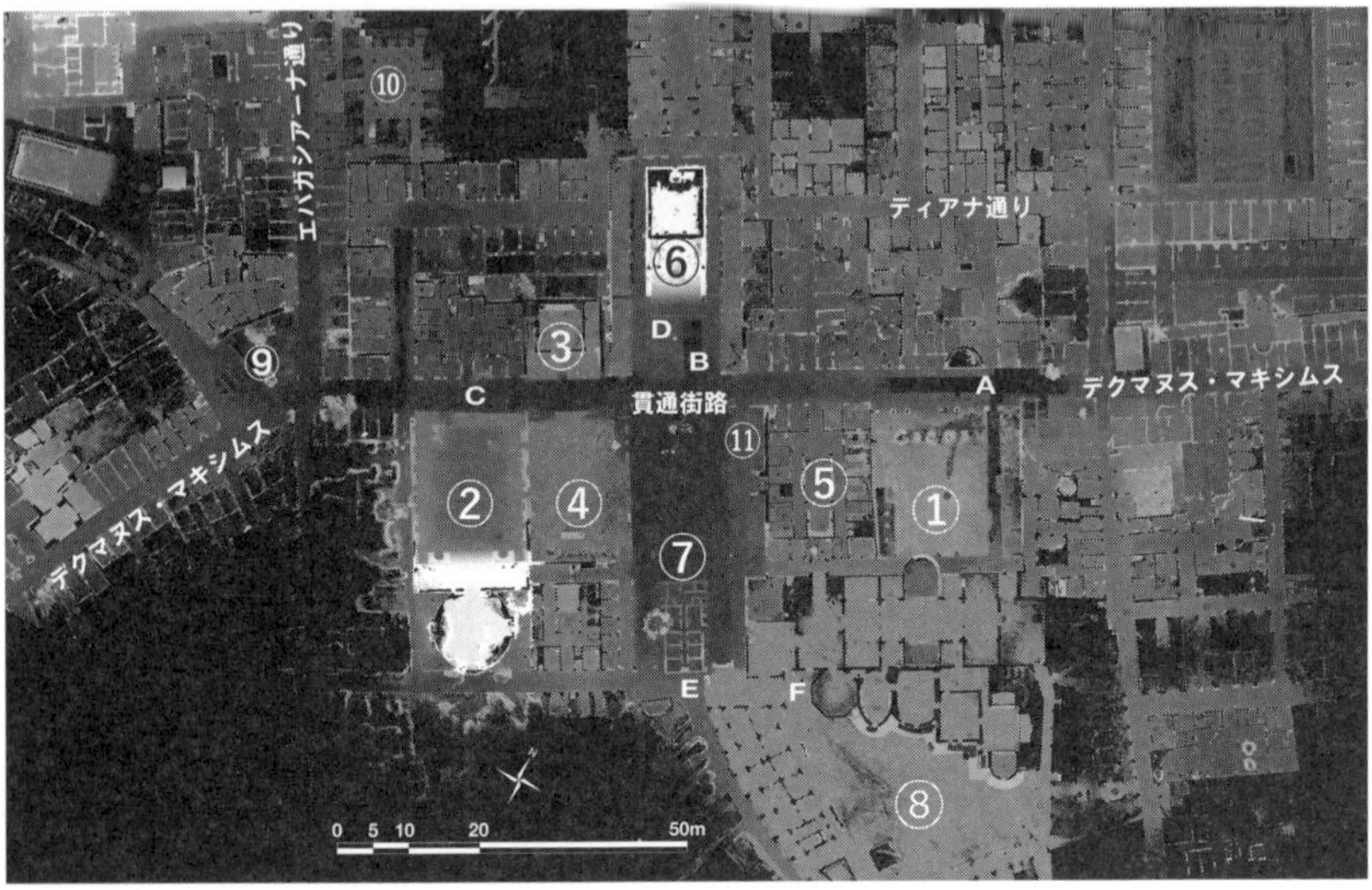

図 **3-8**　オスティア，広場周辺の地盤の高さ
（黒から白まで **2.5m** の標高差を示す）

なわち一番高い後三世紀ころの地盤面を比べてみると、①「エロイカ像の広場」や②「円形神殿」など後に建てられたものほど高く（つまり色が白い）、③「クリア」、④「バシリカ」などドミティアヌス帝時代の建物が続く。⑤「トリクリニウムの家」も、南側広場と比してかなり高い位置に床面をもつ。一番高いのは⑥カピトリウムのポディウム（基壇）で、高さだけでなく、面積も広場全幅に比して、不釣り合いなほど巨大である。こうした公共建築物の建設にともない、街路面もかさ上げされた。デクマヌス・マキシムス、すなわち東西貫通街路付近では、下層発掘が行われ、中央広場東側の「エロイカ像の広場」と「トリクリニウムの家」の前面で、地下に埋められた共和政時代の街路面が長く露出している（図3-9）。この地点（図3-8のA地点：標高二・〇メートル）では、要塞時代の城門や街路面と最終フェイズの街路面の標高差は約一メートルに達する。他方、カ

図 3-9　オスティア，広場周辺で発掘された共和政期の街路面

ピトリウム前面でも共和政時代の街路面路と住宅の遺構が露出しており（図3-8のB地点）、ここでは最終フェイズの広場面と共和政期の街路面の標高差は約〇・三メートルに過ぎない。その結果、おそらく共和政時代にはカピトリウム前面から東に向かって緩やかに下っていた地形が、最終フェイズのデクマヌス・マキシムスの街路面では、逆にA地点からカピトリウム前広場に向かって約〇・四メートルの下り斜面となってしまっている。同様に広場西側でも円形神殿広場前（C地点：標高二・〇メートル）から約〇・四メートル下がっている。また、デクマヌス・マキシムスの北側では、「カピトリウム」（前面の標高二・三メートル）の前面D地点に向かって緩やかに上っていく。一方、貫通街路の南側だけは南端部、⑦「ローマおよびアウグストゥス神殿」までほとんど水平（標高一・六メートル）になっており、ちょうど門の字のように広場中央に向かって凹地になっていることがわかる。さらに、南のカルド・マキシムス（このカーブする街路は、要塞ができる前の海沿いの街道の道筋が反映されていると考えられる）の路面（E地

点：標高二・六メートル）は、広場南側に比べ一・〇メートル高い位置を走っている。加えて中央広場南東に隣接する⑧「中央広場浴場（I.XII.6）」のパレストラ（F地点：標高三・三メートル）も中央広場南側に比べ一・六メートル高い地盤の上に造られている。こうした凸凹ともいえる地盤は自然の地形ではなく、帝政初期にカルド・マキシムスが旧街道の道筋をそのままにかさ上げ修築され、その後二世紀後半に中央広場浴場がさらにかさ上げされた人工地盤上に建設されていくなかで、アウグストゥス帝時代の地盤面に立つローマおよびアウグストゥス神殿が保存されたために生じた人工的なものである。神格化されたアウグストゥス帝を祀る重要な神殿を簡単に廃止することはできず、その結果、貫通街路の中央部分からローマおよびアウグストゥス神殿のエリアは周囲に比べ凹地となってしまったのである。

このように自然の地形のままに建設された要塞が都市に拡張していく過程で地盤、あるいは街路の「かさ上げ」が行われた。これは、洪水対策として地盤を上げるだけでなく、洪水によって流れ込んだ土砂を処分することもできる有効な方法である。しかし道路のかさ上げは、そこに面する建物に大きな影響をおよぼす。例えば、カピトリウム東側の「ディアナ通り」を見てみよう（図3-10左）。「ディアナ通り」の北側には店舗が並ぶが、その間口は街路面から〇・八メートルも高い位置にあり、とても入りやすいとはいえない。一方、向かい側の「テルモポリウム」と呼ばれる居酒屋は、前面街路より床が低くなっている（図3-10右）。これでは、雨が降ると雨水が内部に流れ込んでしまうため、入口に少し凸部を造って防いでいる。わざわざ床の低い建物を造ることはありえないため、この低さは「かさ上げ」の結果と見ることができる。とすると向かいの店舗は、将来のかさ上げを見越した建物といえるだろう。もし次に、〇・六メートルほどのかさ上げが実施されれば、テルモポリウムは建て替えあるいは床のかさ上げを余儀なくさ

図 3-10　オスティア，かさ上げの影響，ディアナ通りの北側店舗（図 3-2 もあわせて参照）（左）と「テルモポリウム（I.II.5）」の入口（右）

れるが、向かいの店舗はちょうどよい床面になる（実際にはかさ上げされなかったが）。このように、建物に大きな影響を与える「かさ上げ」は、慎重に「計画」されなければならないが、オスティアの中心部では、やや場当たり的な対応、つまり街路を挟んで床面に大きな高低差が生まれるような結果を招いている。そこで次に洪水対策としての「計画性」を見るため、もっとも計画性の高い街路「デクマヌス・マキシムス」の西部分の人工地盤の造成について見てみる。

かさ上げに見る計画性

要塞時代の西門外側に⑨「ビヴィオ」と呼ばれる五叉路があり、そこから一直線に西に延び、海へと至る「デクマヌス・マキシムス」は、単に直線的なだけでなく、街路面の標高にも計画性がある。「ビヴィオ」から都市拡張期に設置された「マリーナ門」までの直線距離は約三〇〇メートルで高低差は約〇・七メートルである。ほぼ水平であるが、くわしく分析すると、この勾配は一様ではなく、水平な部分と勾配のある部分が交互に配されていることがわかる（図3-11）。「魚売りのタベルナ（IV.V.1）」から「ト

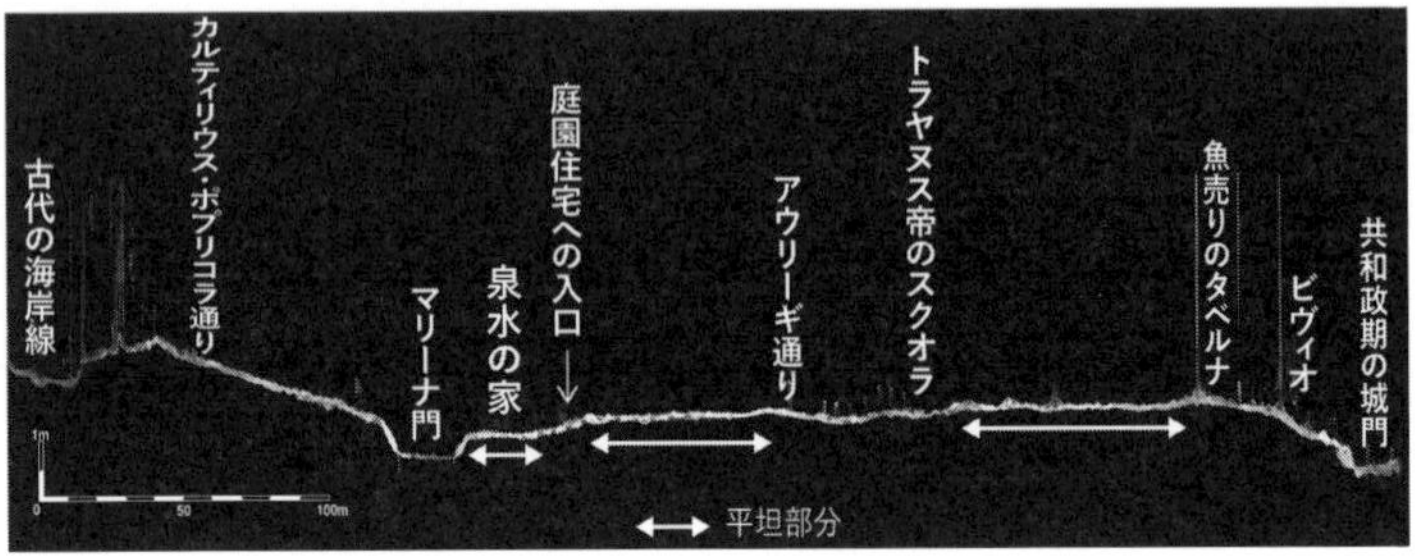

図 3-11　オスティア，西部「デクマヌス・マキシムス」の断面
（高低を強調するために高さ方向を 20 倍に拡大している）

ラヤヌス帝のスクオラ（IV.V.15）」までと、「アウリーギ通り」から「庭園住宅（III.IX）」への入口付近までがほぼ平坦かつ台地のように少しだけ高くなっている一方で、「ビヴィオ」から「魚売りのタベルナ」までと、「庭園住宅」への入口から「泉水の家（III.VI）」までが緩やかな坂道となっており、勾配のほとんどすべてがこの部分で発生している。さらに「マリーナ門」を越えると、「デクマヌス・マキシムス」はやや直線性を失い曲がりながら海へと到達するが、一気に〇・八メートルほど上って、「カルティリウス・ポプリコラ通り」との交差点付近でビヴィオ西端より約〇・五メートル高い地点に達する。西端の海浜住宅へ向かってさらに〇・二メートル上って最高地点に達したあと、やや下りながら古代ローマ時代の海岸線へと至る。じつはこれらの平坦部分は街路北辺の街区構成、つまり北側から交差する街路にほぼ対応している。唯一、この西部デクマヌス・マキシムスから北へと向かう「アウリーギ通り」と、「庭園住宅」への入口までの街区の前面が水平となっている。後者は背後にハドリアヌス帝時代の広大な再開発地区である「庭園住宅」とその周辺街区へのメイン・アプローチとなっており、街路と同じくらい重要な出入口となっていたはずである。このようにデクマヌス・マキシムスの西部分は、おもに北側の開発事業に合わせて改修・整備さ

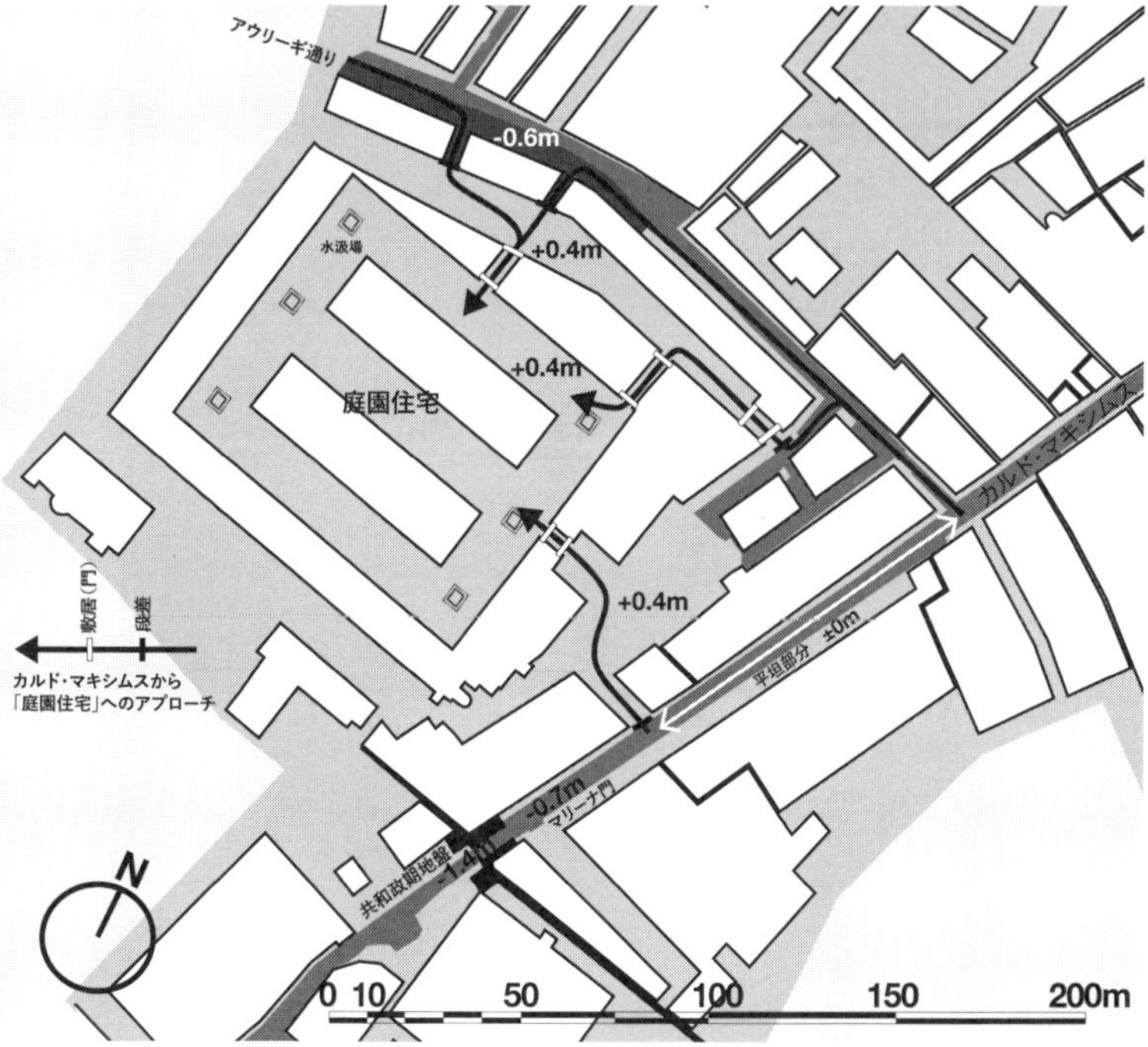

図 3-12　オスティア,「庭園住宅」へのカルド・マキシムスからのアプローチ

れた可能性が高い。

開発事業にともなうかさ上げ

このオスティア西部の「庭園住宅」の再開発はかなり複雑に造成された人工地盤の上に行われている。「デクマヌス・マキシムス」や「アウリーギ通り」などの表通りと一切接続せず奥まった敷地をマリーナ門と比べて一メートル以上、共和政期の地盤と比べると二メートル近くもかさ上げし、広大な人工地盤の上に広場付きの集合住宅を造っている（図3-12）。二列に並ぶ中央の住宅棟は階段の痕跡から、少なくとも上階が存在し、調査報告書[4]によれば三階建てと考えられている。中央の住宅棟を取り囲む広場、さらに外側には店舗や中規模の住宅で構成され

図 3-13　オスティア，「庭園住宅」の水汲場

る外郭棟が要塞のように周囲を巡る。実際にこの広場への出入口は四箇所しかなく、それぞれがトンネル状になっており、外、内扉で固められている。さらに東側にはもう一つ細長い広場があり、その外側のアウリーギ通りに出るには、さらに三箇所のトンネル状の関所を通過しなければならない。さらに不思議なのは、この広大な広場には六箇所もの水汲場（給水場）（図3-13）があるが、それぞれ家畜用の水飲み溝があり、この広場には大量の家畜が係留されていた可能性があることである。段差のある出入口を何重にも設けたこの広場から荷車や馬車で出入りすることは考えにくく、もしかすると家畜用ではなく、単なる公共噴水および排水口かもしれないが、中央の住宅棟には下水口が完備されており、外郭の店舗、住宅用（とくに上階の居住者用）としても不釣り合いでまったくの謎である。不明な点も残るが、ハドリアヌス帝時代の都市開発を伝えるこの遺構から、洪水という危機に対応して行われた「かさ上げ」計画の実際を知ることができる。

こうした一体的な造成は別として、数度のかさ上げを重

図 3-14　オスティア,「三連窓のインスラ（III.III）」

ねていけば、先に記したようにやがて地盤面や住宅、店舗の床の高さもばらばらになってゆき、雨水が流れ込んだり、不便なほど床の高い店舗が出現したりする。例えば、庭園住宅の南側の「三連窓のインスラ（III.III）」では、店舗の床が一・二メートルほど街路面より高く、入ることすら難しい状態を引き起こすなど（図3-14）、利便性を満たしながら計画的に洪水対策を施していくことは至難の業になっていく。結果として、場当たり的な対応になってしまうことは避けられず、人工地盤の造成など、大規模かつ費用のかさむ公共事業に比して、その効果は徐々に薄れていく。おそらく、こうした費用対効果が割に合わなくなり、街全体を移転して「更新する」という決断につながっていったのではないだろうか。

次に、実際に洪水が発生したあとの対応、クライシスマネジメントも見ておきたい。以下で、さらに考察を進めていく。

洪水に対するクライシスマネジメント

洪水のシミュレーション：シナリオAとB

すでに述べたようにオスティアにおいて古代ローマ人は堤防を造らず（少なくとも、海岸線に堤防はない）、洪水が街に浸入するのを防ごうとはしなかった。それは古代ローマの洪水が日本とは異なり、それほど破壊的ではないという特徴もあるが、堤防を造って決壊した場合の破壊的な結末を予測したのかもしれない。以下の考察では、オスティアに洪水が浸入した場合でも、街が機能するように計画した可能性を指摘する。これは、発災を前提とした対策であり、発災しないような対策（洪水の場合は堤防）であるリスクマネジメントとは異なり、クライシスマネジメントの一つである。

ここで、もう一度中央部の建物の地盤面の高さについておさらいをしておきたい。これらは、おおまかに四種類に分けることができる（図3-8）。一番低いほうから、（1）フォーラムを横切るデクマヌス・マキシムス（A-B-C地点）、（2）北側広場面（D地点、後二世紀はじめ）、（3）北側柱廊床面（E地点、後二世紀はじめ）、（4）中央広場浴場パレストラ広場面（F地点、浴場の建設は後三世紀はじめころ、パレストラは後四世紀半ばに改修）である。（1）と（4）では二・五メートル近い標高差がある。さらに、（1）には⑦南側広場面、⑨「ビヴィオ」と呼ばれる五叉路、「エパガシアーナ通り」および⑩「エパガシアーナのホレア」の中庭床面、（2）には⑪「フォーラム南側東面の列柱廊」床面、広場東側の「デクマヌス・マキシムス」、ビヴィオ以西の西方「デクマヌス・マキシムス」、（3）には④「バシリカ」（後一世紀末）、③「クリア」と呼ばれる集会所（後二世紀はじめ、実際には皇帝信仰に関わる建物）、「ディアナ通り」（ただし西端はわずかに下がっている）、（4）には②「円形神殿」神域（後三世紀半ば）、①「エロイカ像の広場」（四世紀）、⑧「中央広場浴場」のパレストラ（後四世紀半ば）が含まれる。おおまかに広場を中心にして外側に位置するほど、床面の標高が高く、さらに新しい建築物となる傾向がある。さて、古代ローマにはウィトルウィウスが語るように記念建造物に対してオーダーと呼ばれる比例関係に基づく設計法が存在し、オスティアの公共建築物にもこうした美的規範が作用している可能性は否定しないが、オスティア中央部、北側のカピトリウムと両脇の柱廊を眺める限り、どうしてもカピトリウムが大きすぎるように思える（口絵14）。柱廊と基壇の間は窮屈でポンペイと比べても調和とはほど遠く、異様に大きなカピトリウムが目立つ構成になっている。さらに、列柱廊自体もカピトリウムの脇で〇・六メートルほど高く付設され、そもそもカピトリウム前面の広場が南側に向かって下っているため、南端では貫通街路より一・二メートル近くも高く簡単に行き来できるような構造ではなく、形態は列柱廊であるが回廊として機能していない（図3-15）。さらにこの斜面はカピトリウムの巨大さを強調するような役割を果たしており、本来の古代ローマの中央広場が持ち合わせる一体性は強く否定されているように感じる。こうした美的な論議はさておき、ここでは洪水との関係で北側広場を見てみよう。

後一二〇年ころ、カピトリウムを建設した際に列柱廊や北側広場面も一体的に整備されたと考えられるが、その高さはどのように決まったのであろうか？　美的な要素をあえて無視すると、「洪水時に冠水しないこと」という要求はありえたのではないか。例えば、貫通街路の街路面がわずかに冠水する程度であれば広場の北側は確実に水面上に出ている。この場合、⑦南側広場面や「エパガシアーナ通り」および⑩

図 3-15　オスティア，カピトリウム東側列柱廊と貫通街路を隔てた南側広場の列柱廊

「エパガシアーナのホレア」の中庭床面は水面下に沈むが、貫通街路につながる東側の「デクマヌス・マキシムス」は冠水しない。かさ上げされた「ディアナ通り」、西方の「デクマヌス・マキシムス」は水面上にあり、都市交通は部分的にでも機能することができる。この程度の水位の洪水を仮にシナリオAとする（図3-8を参照）。シナリオAの場合は、南側のカルド・マキシムス（E地点）も水面上にあり、都市機能が大きく損なわれることはない。では、広場北側（D地点）まで冠水し、列柱廊が水面上に出ている場合はどうであろうか？ これをシナリオBとする（図3-16）。範囲を広げてみると、このシナリオでは冠水するのは街路が多く、建物内部には冠水はほとんどない。例外はⒶ「ララリウムの家（I.IX.3）」と呼ばれるショッピングモールの中庭、その裏手のⒷ「クリア裏のカセジャート（I.IX.1-2）」南部のⒸ「フォルトゥーナ・アンノナリアの家（V.II.8）」の中庭、Ⓓ「漆喰柱頭の家（V.VII.4-5）」、あるいは、西部のⒺ「ブッティコススの公共浴場（I.XIV.8）」など、ごく一部であ

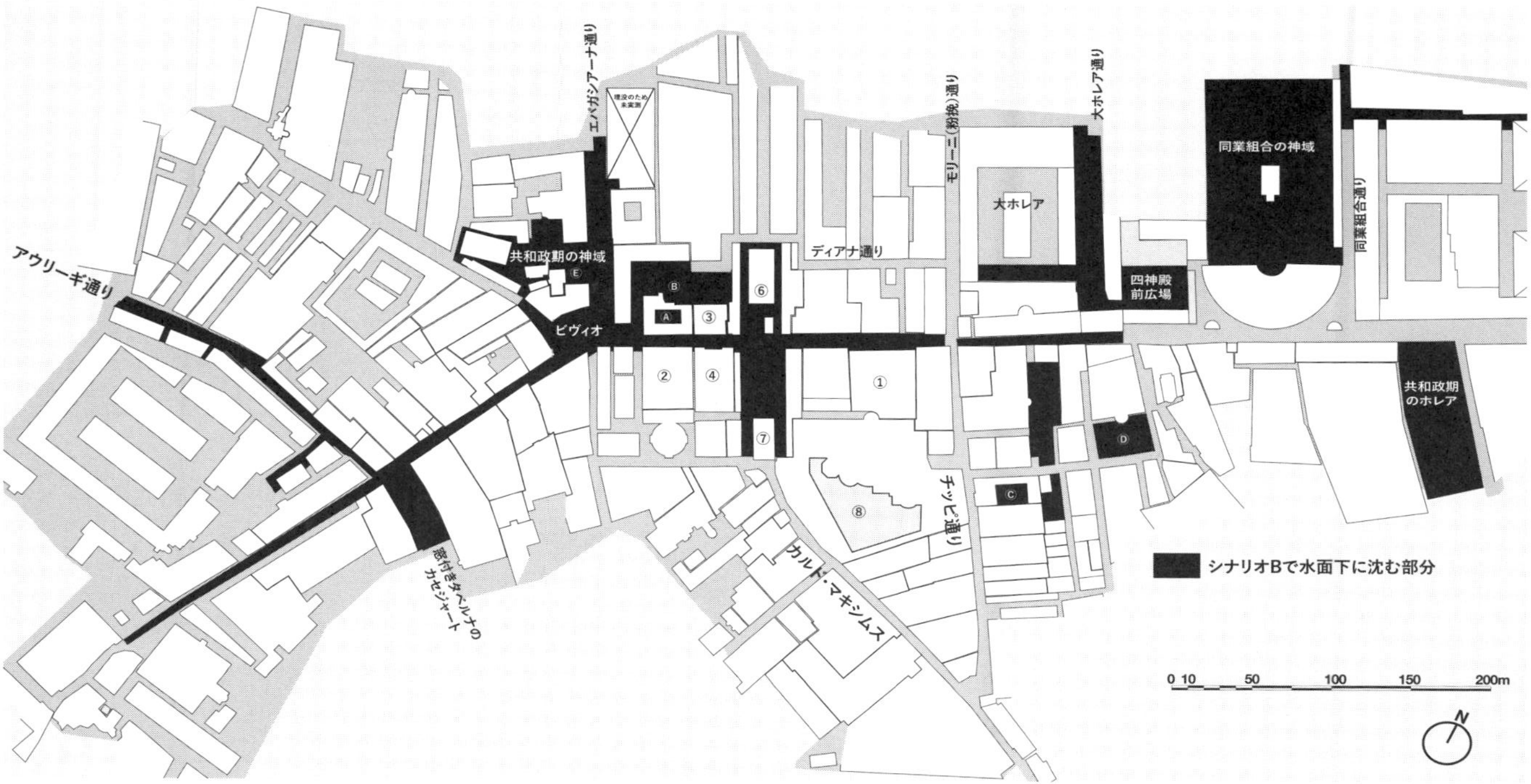

図 3-16　オスティア，シナリオ B で水没する地区（黒塗り）

る（ただし「フォルトゥーナ・アンノナリアの家」には上階があるので避難は可能である）。多くは、共和政期に関わる建物で、その後のかさ上げに対応できなかった、あるいは対応しなかったことが原因と思われる。一方で、都市を東西に貫通する「デクマヌス・マキシムス」、またそれに直交する南北街路もほとんど水に沈むが、南側の「カルド・マキシムス」、その東側の「チッピ通り」、北側の「ディアナ通り」とそれにつながる「モリーニ（粉挽）通り」はなんとか水面上に残り、「デクマヌス・マキシムス」を挟んだ南北地区をつなぐ唯一の幹線道路となる。東方では円形劇場の北側の「同業組合の広場」は水没するが、円形劇場の正面から以東では「デクマヌス・マキシムス」は冠水せず、劇場東側の南北に走る「同業組合通り」も北端部までは水没しない。このシナリオでは都市の中央部の街路の多くは水没し、とくに西方の「デクマヌス・マキシムス」はほとんど冠水し、「エパガシアーナ通り」と「アウリーギ通り」も水面下に沈む。西方の地区で北方のティベリス川に向かう街路は「フォーチェ通り」だけが機能している。中央では、③「クリア」や④「バシリカ」、②「円形神殿」、⑧「中央広場浴場」、⑥「カピトリウム」、あるいは①「エロイカ像の広場」などの主要公共建築物は床面は水面上にあり建物の機能は失われず、また水深は浅いので移動だけであれば難しくはない。もしかすると公共建築物は避難所のような機能を果たしていたかもしれない。さらに北方の大倉庫群の床面はすべて水面上にあり冠水を免れる。例えば、シナリオBの水位を超えると、すぐに「大ホレア」中庭の倉庫が冠水しはじめる。このようにシナリオBはデクマヌス・マキシムスが機能を失い、⑦「ローマおよびアウグスティヌス神殿」が水没するものの、都市全体の機能はなんとか保たれる。もし建物の地盤面が洪水時の冠水を避けるために計画されたとすると、一般的な洪水による浸水高さを想定している可能性があり、シナリオBは、後一二〇年ころのオスティアの人々が想定した洪水の脅威レベルであったと推定できる。

深刻なシナリオC

次に、当然であるが「かさ上げ」で回避できないレベルの洪水も起こりうる。それに対応していなければクライシスマネジメントとはいえない。そこであえてシナリオBを超える二つのシナリオを想定してみよう。まず洪水が北側の列柱廊床面（E地点）を超える水位に達した場合はどうであろうか？　このシナリオをCとする（図3-17）。中央部では⑤「トリクリニウムの家」（南側に公共トイレがある）やⒶ「ララリウムの家」全体が水没し、南側の⑪「フォーラム南側東面の列柱廊」床面も水面下となり、②「円形神殿」の前庭が水没しはじめるものの、依然として他の公共建築物（①、②の壇上、③、④、⑥）は水面上である。ちなみに「トリクリニウムの家」の南面にあるⒻ「公共トイレ」と前面の街路は冠水を免れる。南側の広場に面するⒼ「円形神殿の家」も冠水しない。その向かい側⑧「中央広場浴場」は広大なパレストラが人工地盤の上に造成され、シナリオCでも安全な高台を提供している。しかし、都市の北方、ティベリス川に近く、港からのアクセスに有利な北側に立地するホレア、「ピッコロ・メルカート」と呼ばれるホレアの床面は、「カピトリウム」の列柱廊とほぼ同じ高さであり、地上階が冠水する。共和政期に属するとされる「大ホレア」では中庭が他のホレアに比べ〇・五メートルほど標高が低く、中庭の倉庫は水没するが、西外周部および北側の壇上にある倉庫群は水面上に残る（おそらく「大ホレア」から「ピッコロ・メルカート」の建設までに〇・五メートル程度の「かさ上げ」が行われたのであろう）。しかし、「大ホレア」の一部を除いて、広場北方の大型倉庫群は、地階が水没する⑩「エパガシアアーナのホレ

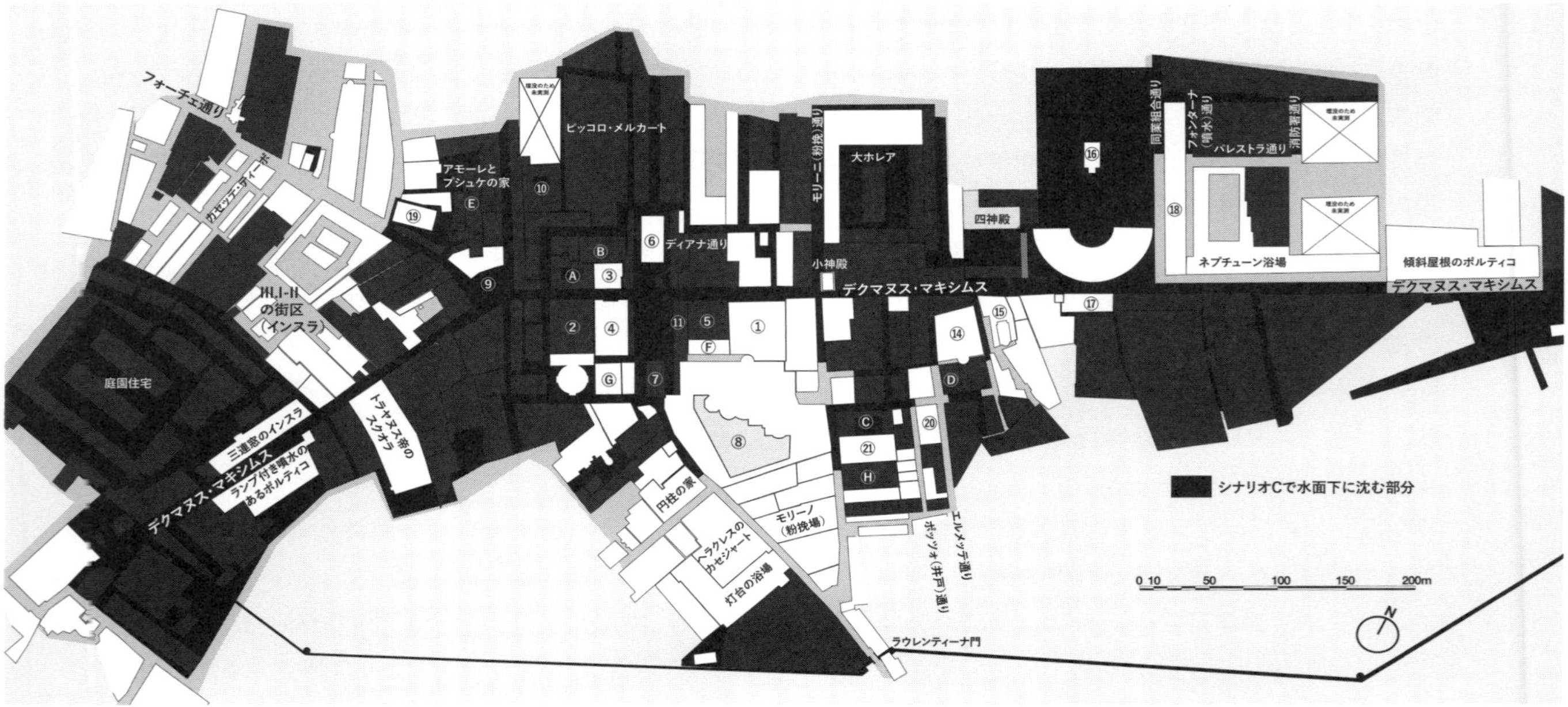

図 3-17　オスティア，シナリオ C で水没する地区（黒塗り）

ア」を含めすべて上階を備えており、いざとなれば上階へ物資を避難させることはできた。さらに、範囲を遺跡全体に広げてみると、さらにいくつかの地区が洪水の被害から免れることがわかる。都市の中央部では広場の北東「ディアナ通り」付近の地区は街路面に比べて数十センチ床面が高く冠水しない。

東部では「小神殿」と呼ばれる共和政期の街路面に建つ神殿や「四神殿」と呼ばれる神域の基壇（前面の広場は沈む）とその向かい側の建物（カセジャートとエクセドラと貯水槽がある）、⑭「アウグストゥス神殿の建物」、⑮「同業組合員の神殿」、あるいは⑯「同業組合の広場」にある神殿（広場と周囲の室群は沈む）など神域に加えて、共和政期の街路面に建つ⑰「共和政期の記念碑」と呼ばれるモニュメントの周囲のポルティコが水面上に残りシナリオCに対応する。さらに都市の東部「ネプチューン浴場」を含むコンプレックス（複合建造物）付近（ただし浴室設備の地階部分は水没）、⑱「描かれた天井の家」、「赤ん坊のヘラクレスのある家」を含むインスラ（街区II.IV）と周辺街路が水没を免れる。あるいはその東の「傾斜屋根のポルティコ」とその前面のデクマヌス・マキシムスはシナリオCでも水面上に残る。都市の北西、「フォーチェ通り」の北端「カセッテ・ティーポ」付近は、オスティアの中でもっとも標高の高い地区で、南の「庭園住宅」の地階が水没してもこの地区は水面上である（上階に避難することはできる）。III.I-II の街区（インスラ）は、十分な盛土の上に建っており、洪水の被害は受けない。さらにその東側の「アモーレとプシュケの家」も同じ標高であり、シナリオCでも影響は少ない。また共和政期の神域にある⑲「ヘラクレス神殿」も水没しない。西部では、かさ上げ地盤の上に建つ「トラヤヌス帝のスクオラ」や「三連窓のインスラ」、「ランプ付き噴水のあるポルティコ」が水没を免れる。南部に目を転ずると、「ポッツォ（井戸）通り」と「エルメッテ通り」に面する住宅群がこのシナリオに対応している。この地区は共和政期の街路面に対して、一・二メートル以上かさ上げされており、とくに⑳「レスラーの家」はさらに〇・六メートル高く床面が造られており、洪水に対しての準備は万全である。ただし、地盤のかさ上げがまだら状であり、黒く塗られた部分は街路より床面が低い。シナリオCでは水没している「フォルトゥーナ・アンノナリア通り」以南の街区群は南に向かうほど、つまりティベリス川から離れていくほど原地形として地盤が高くなっていくが、すでにⓒ「フォルトゥーナ・アンノナリアの家」やⓗ「プロティロ（柱廊付き小玄関）の家」など小規模ながらも優雅な住宅群は冠水している。その間の㉑「哲学者の浴場」は「フォルトゥーナ・アンノナリアの家」に比べると上階といえる高さに浴室を備えており、シナリオCに対応済みである。一方、「カルド・マキシムス」と「チッピ通り」に挟まれた三角形の地区では「モリーノ（粉挽場）」と呼ばれる工房など「ラウレンティーナ門」辺りまで水が達するが、洪水の被害は最小限である。「カルド・マキシムス」を挟んだ西側の「円柱の家」、「ヘラクレスのカセジャート」、「灯台の浴場」も被害を受けない。

他の地上部分はすべて水面下に沈むことになるため、多くの人々は上階へと避難することになる。しかし、このシナリオCはオスティアの人々にとって「想定外」の洪水ではなく、「ディアナ通り」に面する商店の持ち主は〇・八メートル近い将来のかさ上げを想定しており決してありえない洪水ではなかったはずである。「中央広場浴場」のパレストラや「ネプチューン浴場」コンプレックス、「同業組合員の神殿」の神域のような広場をもつ公共建築物が水面上に残ることは洪水時の「避難場所」の可能性を強く感じる。また都市の南部、ティベリス川からもっとも遠い「ラウレンティーナ門」付近がもっとも標高が高く、シナリオCでも冠水を免れることは予想通りとしても、「フォーチェ通り」の北部も同じくらい標高

図 3-18　オスティア，「アモーレとプシュケの家（I.XIV.5）」

が高いのは意外で、ここには河口付近にもかかわらず自然地形として丘があったのではないかとも思わせ（しかも、要塞前に走っていたとされる街道沿い）、最初の要塞をなぜここに置かなかったのか？と疑問であるが、これ以上考えることは想像を超えてしまう。

さらに、付け加えておくと、「アモーレとプシュケの家」は周辺より床が一段高く建設されており、このシナリオCでも地上階は水面上にある。この美しい庭と大理石張りの広間をもつ小邸宅が後四世紀のものというのもうなずける（図3-18）。また、「中央広場浴場」のパレストラや「ネプチューン浴場」コンプレックスでは、後四世紀に入っても商業活動が行われていたことが確認されており[5]、オスティアそのものが衰退した後も、より安全な高い場所は部分的かつ持続的に使用されていたのかもしれない。

最悪のシナリオD

最後に最悪のシナリオDを考えてみる。すでにお気付きかもしれないが、このシナリオで冠水を免れる可能性があるのは上階だけである。なんども取り上げた「ディアナ通り」に面する「ジョーヴェとガニメデの家」側面の店舗と向かいの「テルモポリウム」は保存状態もよく、もちろん一部は復元であるが上階の床面の高さが確認できる。この付近まで洪水が達したとするとどうなるであろうか？　というのは、この二軒、地上階の床面は〇・八メートルも違う高さであるが、上階の床レベルはほぼ同じである。上階の床が、最後の避難場所として、最悪のシナリオの基準になる可能性はある。このレベルに洪水が達するとすべての地上階は水面下に沈んでしまうが、公共建築物では「カピトリウム」、「円形神殿」と「同業組合員の神殿」のポディウム（基壇）（図3-17中の⑥、②、⑮）だけが水面上に残る。これらの神殿基壇の高さと「ジョーヴェとガニメデの家」の店舗、および「テルモポリウム」の上階の高さはほぼ同じなのである（口絵14）。これらの基壇上の狭い空間がシナリオDのとき避難所として機能できたかは判断できないが、神殿を守る、あるいは最悪のシナリオに対する基準建築という意味で（これくらいの高さに上階を造れば水は達しませんよという標識のような存在）、美的な要素よりも、まずは「高さありき」として設計されたとすれば「同業組合員の神殿」の「カピトリム」と同様なまでに窮屈で高い基壇の理由を思い巡らせることは可能であろう。

そこで、オスティア全域に上階の痕跡を探してみると、上階そのものはほとんど残っていないが、壁に残された梁穴やヴォールトの起栱部など上階の痕跡をたくさん見つけることができる。一つ一つの例をあげることは避けるが、実測の結果を記せば、オスティアで確認できる上階の痕跡のほどんどすべてが約〇・二一〜〇・三三メートルほどの範囲で同じ高さに収まることが確認できた。地上階の床の高さがこれだけ異なるなかで、上階床の高さがこれほど一致するのは、何らかの基準、あるいはこれくらいの高さであれ

図 3-19　オスティア，「アウリーギ（戦車御者）のハウジング・コンプレックス（III.X と III.XIV の間）」

ば水はやってこないという共通認識があったと考えてよいように思える。一つだけ例をあげると、カピトリウムから遠く離れた西方のアウリーギ通りに接続する「アウリーギ（戦車御者）のハウジング・コンプレックス」（図3-19）では、地上の街路をまたいで上階を造っている。ここでは上階床の高さを基準に合わせた結果、街路をまたぐアーチは頭をぶつけそうなくらい低くなっており、上階床の高さが下方の街路の天井高に優先されている。

安全基準としての神殿

こうした一種の「安全」な高さという指標を伝えるために、「カピトリウムの基壇が水没するほどの水位には達しない」という共通の認識があったとすれば、脅威の「見える化」として非常に効果的ではないだろうか。この「カピトリウム」の不釣り合いな高さは「組合員の神殿」と同じように、神域を洪水から守るという目的があったとしても、人々が巨大なカピトリウムの前に立つとき、この基壇まで洪水が達する可能性があると視覚的にシミュレーションできることは、リスクマネジメントとしてたいへん優れた方法で、人々が実際に上階を建設するときに、古代ローマ人らしく自己責任で安全な上階を造るよう誘導することができる。美しい都市を造ることも古代ローマの権威を表現するにはたいへん有効であったが、安全な都市を造るのも同じように古代ローマ人が自らの権威を表現する手段の一つだったのかもしれない。

カピトリウムの両脇の列柱廊の床が「洪水がここまでくるかもしれない」というメッセージであるとすれば、あとは「自己責任でリスクマネジメントしなさい」という態度が見えてくる。こうした自己責任の明確化は、リスクマネジメントにおいては、ある意味で人を守る知恵であったように思える。リスクマネジメントの方策について公的に対応してしまうと、人々は「安心」して、脅威が見えなくなってしまう。かさ上げや不釣り合いに高い基壇は、忘れてしまってはいけないリスクの視覚化、つまり「見える化」であり、常に人々がリスクを意識することにつながる。都市が冠水することを受容し、シナリオ別に対応する（つまり、危機の度合いによって対応を変える）のは現在の防災対策の参考にもなる。防犯、防火についても見てきたように、彼らはなくすこと、あるいは減らすことにはあまり躍起にならない。

リスクマネジメントの中心は、リスクを自覚させ、認識させて対応を迫ることであった。自己責任社会においてはリスクを許容しつつ（ゼロにすることは不可能）、クライシスマネジメントでは、責任の所在を明らかにし、事後処理を適切に行って損害をできるだけ抑えることが肝要であった。ここでも主役は人であって、アトリウムの金庫を見てもわかるように、いくら鍵を厳重にしても、人（奴隷）を配しておかなければ機能しないような防犯であったり、防犯を犠牲にして快適な住宅を造ったりの何もかもが、「まだら模様」の景色に見える。火災についても、あらゆる防火対策を講じている建物とまったく無頓着な建物が混在しており、ここには自己責任社会の限界も見える。繰り返すが、やはり今も昔も「自分の家だけは泥棒に遭わない、火事にならない、水も押し寄せない」と思っている人は必ずいたようである。ただ、最後の洪水については、少し景色は違っており、押し寄せる水の高さを「見える化」することによって、共通の景色を見せることに成功した。しかし、それは定期的に襲ってくる洪水という脅威がもつ特徴に起因しているように思える。最後に、まったく見えない、おそらく脅威として認識すらされていなかった疫病について、建築史の立場から解説してみたい。

（1）　G. S. Aldrete, *Floods of the Tiber in Ancient Rome (Ancient Society and History)*, New Haven, 2007.

（2）　G. E. Rickman, *Roman Granaries and Store Buildings*, Cambridge, 1971.

（3）　オスティアでデクマヌス・マキシムスと呼ばれている東西の幹線道路は、カルド・マキシムスも含めて現在の呼び名であり、古代における名称ではない（都市間をつなぐ街道は別として、ポンペイやオスティアの都市内の街路について、現在のような何々通りという名称があった証拠はない）。デクマヌスとカルドは格子状の街路をもつローマ都市において、直行する街路の東西方向の街路と南北方向の街路を指す言葉で、発掘者が街路名にこの言葉を使うことが多い。とくに中央広場と接続する場合には、マキシムスすなわち最上位の意をこめてデクマヌス・マキシムス、カルド・マキシムスと呼ばれる。ただし、オスティアのデクマヌス・マキシムスは広場内でも街路面特有の敷石で覆われており（図3-8以外に図3-15も参照）、いわば道路が広場を貫通している。古代ローマの都市では、デクマヌス・マキシムスやカルド・マキシムスが中央広場に接続することはあっても、道路に特徴的な敷石が広場内にまで延びることはなく、オスティアのデクマヌス・マキシムスは異例というか、筆者はデクマヌス・マキシムスと呼ぶことにも抵抗がある。おそらく、街の東西街区、さらに東西都市門を直線で結ぶ唯一の幹線道路であったため、荷車の通行に有利な敷石を優先し、要塞時代の仕様がそのまま保存されたのであろう。これ以降、貫通していることを強調する場合は貫通街路と呼び、東西を結ぶことを強調したい場合には幹線道路、とくに強調する必要がない場合にはデクマヌス・マキシムスとする。

（4） R. Cervi, "Evoluzione architettonica delle cosidette Case a Giardino ad Ostia", in L. Quilici, S. Quilici-Gigli, eds., *Città e monumenti nell'Italia antica, Atlante tematico di topografia antica 7*, 1998, pp. 141–156. および A. Gering, "Die Case a Giardino als unerfüllter Architektentraum. Planung und gewandelte Nutzung einer Luxuswohnanlage im antiken Ostia", *Römische Mitteilungen* 109, 2002, pp. 109–140.

（5） L. Lavan, "Public Space in Late Antique Ostia: Excavation and Survey in 2008–2011", *AJA* 116.4, 2012, pp. 649–691.

第四のリスク　疫病

第四のリスクである疫病は、「脅威レベルも高く」、「予測も不可能」でもっとも高いリスクである。

古代ローマを襲った疫病

細菌やウィルスを介して拡大する感染症について、そもそも目に見えない微生物の存在を認識していなかった時代においては、病が感染するという認識も薄かった。したがって医学あるいは医術は無力に近く、ひたすら終息を待つほかはない。医学の父と呼ばれる古代ギリシアのヒポクラテスは、瘴気《しょうき》、すなわち悪い空気が熱病を起こし、発病した患者が瘴気を発することで伝染すると考えた可能性がある。(1) 感染ともいえる発想であるが、彼の『空気、水、場所について(2)』を読む限りは、感染症というよりも風土病の一つとして熱病をあつかっている。悪い空気が人から人への感染を起こしているとはっきり認識していれば、拡大防止策として患者の隔離も思いつきそうであるが、著作を読む限りヒポクラテスは行ってはいない。残念ながら、古代において感染症患者が隔離された例はハンセン病の不幸な事例を除いては見られない。ヒポクラテスの医術は、古代ローマにも受け継がれ、とくにガレノスは、彼をプラトンやアリストテレスと並ぶ偉人ととらえ、著作の注釈書も多く残している。[3] ガレノスの注釈によれば、ヒポクラテスの『流行病』[4] のタイトルであるエピデミック（Epidêmiai：ギリシア文字の英語アルファベット表記）は、語義としては「訪問（英語では visits）」に近く、ある特定の場所、季節に訪れる病のことと断言し、むしろ患者が同時に同じ急激な環境変化にさらされることに注目して、体格や食習慣も違う多くの人が同時に罹患する流行病を理解しようとしたのだと注解する。[5] いわばガレノスが、ヒポクラテスの風土病に近い「流行病」を現在でいう疾患という意味を含めたエピデミックの語義に少し近づけて再解釈したのである。しかし、ガレノスは「悪い空気」を吸い込んだことを疫病の原因とするヒポクラテスの説をたった一箇所で言及するのみで、[6] 疫病の感染の原因にまでは至らない。ただ、感染症という概念すらない時代におけるガレノスの観察・見解は鋭いといってもよい。そこで、古代ローマと感染症について、皇帝、医師、とくにパンデミックに直面したマルクス・アウレリウス帝とガレノスの残した言葉から、彼らが感染症に何を見たのか、についてまとめておく。そのあと、感染症を広げるリスクとして高密度居住と浴場について注目し、具体的な遺構について観察していきたい。

皇帝、マルクス・アウレリウス

フュステル・ド・クーランジュの『古代都市』はポンペイの発掘が本格化する一九世紀後半に記されたが、古代ローマ人について、「不吉なものを見るまいとして、目をそむけ、家をでるときにはかならず右足からふみだし、満月のときだけ髪をからせた。身には護符をつけ、家の壁には火難よけの呪文を所せまいまでかきつけた。疫病をよけ、あるいはいやす言葉をこころえていた。しかも、それを二七回もくりかえして、そのたびごとに特殊の方法で唾をはかなければならなかった。(7)」と描写し、彼らの日常がいかに呪術的であったかを強調している。古代ローマ人にとって、疫病に対抗するためのもっとも有効な手段は呪文を唱えることであった。

先に記したように、疫病に対するクライシスマネジメントは隔離・治療と感染源（経路）の特定であるのは現代では共通認識となっているが、古代ギリシアを含め古代においては、感染防止に関してはほどんと無策に近い。とくに古代ローマにおいては、前三世紀の大カトーが民間療法に頼り、キャベツとワインをベースに魚類やサソリ、カタツムリを入れた液体を浄化剤として用いたり（Cato, *Agr.* 158）、脱臼には呪文が効くとまじめに述べるだけでなく（Cato, *Agr.* 127）、大プリニウスによれば大カトー自身が息子にギリシアの医師と関わることを禁止する（Plin. *NH.* 29.14）ほど、不信感があった。しかし前一世紀はじめのアスクレピアデス（ギリシア、ベテュニア出身の医師）は後一世紀の学者ケルススと大プリニウスに言及されており、ある程度のギリシア医学の浸透も見られる。ギリシア由来の医学は病気の原因よりも治療を重視していた。つまり症状が発生したのちに、それを和らげるための対症療法が治療の中心であったとしても(8)、その効能は別として、その影響を受ける古代ローマにおいても、一種のクライシスマネジメントが行われていたといえる。民間療法の例として、有名な万能薬にテリアカと呼ばれる薬方があり、ネロ帝の侍医アンドロマクスが処方したといわれる(9)。中世にはペストの特効薬としても用いられたが薬効は未知である。他にもスタビアエ（ポンペイの近郊）のミルクやアルメニアの土も治療薬として用いられた。古代ローマをパンデミックが襲った際の皇帝、マルクス・アウレリウスもテリアカを愛用していた（Cass. Dio, 71.6）。

古代ローマを襲ったパンデミックの中でもっとも有名かつおそらく最悪の例[10]は、後一六五年にパルティアに遠征したアウィディウス・カッシウスの軍隊が持ち帰って大流行した天然痘と考えられる事例で（SHA. *Verus* 8）、耐性をもっていなかった帝国全土で六〇〇万の人が死亡したとされる。当時はマルクス・アウレリウス帝、すなわち五賢帝と呼ばれる古代ローマのもっとも平和な時代を象徴する五人の皇帝のうち最後の皇帝の治世である。哲学者としても知られるアウレリウス帝の疫病への対応はどうであったのか？ それは、基本的には「何もしなかった」である。この疫病に対するアウレリウス帝の言葉が『自省録』に残っている。

「まったく精神の堕落というものは、我々をとりまく空気のいかなる汚染や変化よりもはるかにひどい疫病である。なぜなら後者は動物の疫病で、動物性に影響をおよぼし、前者は人間の疫病で、人間性に影響をおよぼすからである。[11]」（M. Aur. *Med.* 9.2）

当時は、疫病の原因が空気の汚染、あるいはルクレティウスによって空気の変化と考えられていた一方で、動物を介して広がるという認識もあったようであるが、この大惨事をまえにアウレリウス帝は瞑想するほかなかったのである。後三世紀には軍人皇帝たちの中には疫病で命を失う者もあり、後六世紀の東ローマ帝国のユスティニアヌス帝時代のペストの流行まで含めても、為政者たちには疫病に対してほとんどなすすべがなかった。では直接患者と向き合った古代ローマの医者たちはどのように見ていたのであろうか。

医者、ガレノス

この疫病により古代ローマ帝国の衰亡がはじまったととらえることも可能で、おそらく天然痘は帝国に定着し、くり返し流行し、帝国を幾度となく悩ませることになる。[12] 天然痘は飛沫感染し、二メートルの距離でも伝染していくため、空気の汚染と考えることも完全な間違いではない。また、天然痘ではないにしても前一世紀の詩人ルクレティウスは、トゥキュディデスが記録したアテナイの疫病について（Thuc. 2.47–）、疫病そのものが空気中に浮かんで漂い、呼吸によって体内に入り込み発病すると説明する（Lucr. 6.1103–）。ルクレティウスに影響を受けたかもしれないウァロも細菌説のような、口と鼻から身体に侵入して難病を引き起こす「小さな生き物」について記すが、そのような空気が漂う土地はできるだけ高く売ることが疫病を避ける方法だと説く[13]（Varro, *Rust.* 1.12.2）。疫病に対する古代ローマのクライシスマネジメントは、その効果の点では無力あるいは存在しないといってもよく、治療というよりは看護に近い。ただひたすら終息を待つ、あるいは神に助けを請うしかなかった。もちろん、古代ローマにも医者は存在したが、医術と祈禱の境界は曖昧で、専門職というよりは職人の一種と考えられた。前四世紀ではあるが弁論家のアイスキネスは、ギリシア語でイアトレイオンと呼ばれた病院について、医者が入居した家を意味し、鍛冶屋が入居すればこの家は鍛冶屋となり、女衒と売春婦に売り渡されれば娼家という名前になるとその変身を解説している（Aeschin. *In Tim.* 50.124）。このように庶民に提供される医療水準は決して高くはなかった（裕福な貴族に対しては、様々な専門医が当時の高度な医療あるいは看護を競って提供した）。後二世紀後半に活躍したギリシア人医師のガレノスは、多数の論理的医学書を残し、古代の医学を集大成したと評価されるが、後一六五年の疫病の流行の直前までローマに滞在していた。

ガレノスには疫病のパンデミックを知ってローマから避難したかのような記述（『自著について』Gal. *de libr. propr.* 1.19.15K）も残るが、[14] ローマを離れペルガモンに戻った理由ははっきりしない。しかし後一六八年に両皇帝（マルクス・アウレリウス帝とルキウス・ウェルス帝）に北イタリアのアクイレイアに呼び戻されたガレノスは、そこで疫病（おそらく天然痘）の流行を目の当たりにして、「非常に長い疫病」と描写した。皇帝たちはローマに避難したが、残った兵士たちは長く疫病と闘い、そして多くが死亡することになった。当時はギリシア由来の科学的な医療への関心およびその信頼が定着しつつある時代であったが、ギリシア医学にしても、疫病には無力であった。ヒポクラテスが多くの感染症の原因を「自然」に求め、「予後」つまり発病してからの患者がたどる経過観察を重要視したのも有効な治療手段がなかったからである。[15] ガレノスも疫病の原因についてはほとんど語らない。もちろん、後一世紀半ばの医師アテナイオスは沼地の危険を警告しているし、ネロ帝時代のアレタイオスやトラヤヌス帝時代のアルキゲネスも医師として著名であり、感染症に対する治療法の効果は別としても、医師という専門職は確立されつつあった。なかでもガレノスは多筆で多くの著作が伝わっており、それらには先に紹介したヒポクラテスの注解書も含まれ、先行するケルスス（医者ではなく学者）とともにヒポクラテスを医術の権威としてくり返し引用した。パンデミックに際してのガレノスの言葉には悲壮感がある。先にあげた民間療法のミルクや土、あるいは少年の尿を薬としてやむなく処方した際に、医師としての本性が伝わってくる。

「疫病だらけの状況下で、この手段は冒された人たちを救うことができる唯一のものだと思われた…というのもあの疫病は、獣のようにわずかな人を殺すのではなく、市全体で猛威をふるって、壊滅すらさせたからである（『テリアカについて、ピソのために』Gal. *de ther. ad Pis.* 16.14.280–281K）。

ガレノスは、多くの著作の中で、ヒポクラテス譲りの「空気の悪さ」や「水の悪さ」に加えて、「人の多さ」にも閉口し、ときには危機感すら憶えている。まずはガレノスの言葉を手がかりに、「人の多さ」すなわち、密接する都市の日常生活について、その実態を建築史学的な側面から検討し、次に「水の悪さ」、あるいは「空気の悪さ」に関係する浴場の実情も建築史の観点から読み解きながら、古代ローマ帝国がかかえていた疫病のリスクについて解説していく。

リスクとしての人口

一〇〇万都市ローマ、首都の人口推計

後一六二年にローマに到着したガレノスは「これほど多くの人々がいる市を、雄弁家のポレモンは世界の縮図だと呼んで賞賛したほどだった。」（『ヒポクラテス「関節について」注解』Gal. *in Hp. art. comm.* 1.22.18A.347K）と記し、人々の多さに閉口している。それだけでなく「この人口の多い市では、毎日一万人が黄疸に、一万人が水腫になっているのが見つかる」（『下剤の諸力について』Gal. *de purg. med. fac.* 2.11.328K）とも記し、病人の多さにも驚いている。ネロ帝の時代の疫病によって、ひと秋に三万人の死者を出したり（Suet. *Nero* 39.1）、後一八九年の流行では毎日二〇〇〇名が亡くなったりした（Cass. Dio, 73.14.3–4）という記録を見ると死亡者数の多さに驚くが、それは現在の我々の感覚であり、すでに「はじめに」に記したように、平時であっても毎日八〇名以上、年間三万人以上の死者が推計されているとすれば、黄疸と水腫を患った人々がすべて亡くなるわけではないとしても、この人口過密の都市においては、

周期的に襲ってくる疫病以外にも、かなり多くの人々が感染症で亡くなっていたと考えてよい。

そもそも人口が多く過密になればば感染のリスクが高いことは現在では常識であり、首都ローマは巨大な密接、密集、密閉の空間であった。人口の過密そのものが都市にとってのリスクであり、疫病に限らず、犯罪、災害の被害を増大させることはあらためていうまでもない。

さて、古代ローマの人口がどれくらいであったのかについては、多くの研究が存在し、また歴史家の大きな興味の一つでもあった[16]。古くは、ジョヴァンニ・ボテロという一六世紀末の政治学者が二〇〇万人近いという推計を記している[17]。内訳は一四〇万人の市民と婦女子や雇い人、外国人、そして思春期前の子供が一五万人、奴隷が四〇万人以上である。この数字は誇大すぎるとしても、政治学者だけでなく、歴史学者、考古学者にとって、古代ローマの人口推計、とくに後一六五年のパンデミック直前に最大に達したと考えられるアウレリウス帝の時代の人口推計はたいへん魅力的なテーマである。算出方法はいくつかあるが、もっともクラシックなものは、後四世紀と考えられるけれども、『都市ローマ一四行政区画の詳細』(*Curiosum*)や『都市ローマ要覧』(*Notitia*)といった不動産記録から、個人住宅(ドムス)や集合住宅(インスラ)の数を総計して、それぞれに想定される居住者数を掛け合わせて足してしまうものである。後四世紀には四万を超えるインスラ(基本的には一四行政地区の数が記載されているが、所有不動産リストであり、複数の所有もありえるため単に足し合わると実際より大きくなる)があったとされ、一つの集合住宅に二〇名が住んでいたとすれば、インスラの居住者だけで八〇万人の人口となる。ドムスが一七〇〇から一八〇〇くらいと推計されるので、一軒に二〇名が住んでいれば、四万人弱、奴隷や自由民を加えれば一〇〇万人近いという推定である。ただし、この推計で算出されるのは定住者だけであり、商売や労働者として流入してくる人々は含まれない。他にも食料供給から賄える人数を推定する方法もあり[18]、六五万から七〇万人の人々を養うことができたとされるが、食料が十分でない人々が存在したことは確実なので、これもあくまでも一般的な食にありつける人々の数である。他にも水の供給量から推計することも可能であろうが、一人あたりの水の使用量が想像に過ぎないため、信頼度に欠ける。最近の研究では、具体的な数字は導けないという結果もあり[19]、いずれの方法も精度の点で問題があるといえる。しかし、全体を見渡せば、後一六四年時点で、八〇万から一二〇万の範囲に収まっており、多くの概説書で約一〇〇万人と説明されるのも納得できる。

人口のなかみ、モデル生命表で考える

疫病と人口を考える場合には、人口総数よりも死亡確率や平均余命のほうが関連が深く、生命表（ある人口集団についての年齢別の死亡確率を平均余命などで表現したもの）といわれるモデルが有効である。属州であったエジプトで行われた戸籍調査の断片的な数字をあてはめると合致するモデル生命表（西型第三レベル）を見ると[20]、出生から五歳になるまで生き残る子供は約半数、現在の成人（二〇歳）まで生き残るのは約三割であることがわかる。富裕層では、元老院議員の欠員補充の様子から、定員六〇〇名で二五歳前後の財務官経験者が毎年二〇名加わることによって維持されており、二〇÷六〇〇名、つまり約三・三パーセントの構成率となる部分が引退、または死亡の年代であり、このモデル生命表では五〇代後半となる。いいかえると二五歳の平均余命が約二九年であることから、富裕層でも五〇代半ばが引退または死亡する年代と推定できる。また、このモデルが正しいとすると、夫婦で少なくとも五名の子供をもうけな

ければ人口を維持できない。五名の子供のうち、二～三名が五歳に達する前に死亡する社会が古代ローマであり、子供は常に死亡の危機にあった。火災、洪水が死因となることもあるだろうが、他に飢饉が発生していたとしても、感染症も高い死亡リスクの一つであったことが考えられる。さらに、このモデルは移民や疫病（パンデミック）がないことを前提しており、疫病が発生した場合に、五人の子供のうち、いったい何名が生き残ったのかは想像もしたくないところである。

加えて古代ローマの人口推計の難しさには、移民や流動人口の多さがある。多くの推計は定住人口をターゲットにしており、流動人口は算入していない。これは首都であり国際都市であったローマでは当然であるが、季節労働者や商人などは、家族をともなわずに（ドムスに住む富裕層も家族は郊外の別荘に住まわせていた可能性があるが、総数は少ないのでここでは考察から除外する）一時的にローマに滞在していたはずで、その人々の数を算入すればさらに密度は増えるが、具体的な数字を推定することは難しいだろう。

庶民生活における密接、密集、密閉

生活のなかみ、都市内人口密度で考える

定住人口一〇〇万人がおおむね同意されるとすると、古代ローマがそれまでの都市の常識をはるかに超えた人口をかかえた都市であることがわかる。例えば、古代ギリシア・ローマの時代では、アテナイの人口は、おそらく人口二〇万人を超えていたが前四三二～前四三〇年のトゥキュディデスが記録した疫病に

より三割程度の人口を失う（Thuc. 2.47-）。前四世紀半ば以降でも、一万五千人以上の人口をかかえる都市はアテネやコリントスなど数えるほどしかなく、ヘレニズム時代に入って、アレクサンドリアやエフェソスなど、そしてローマを含めた数都市が七五万人を超えるようになる。前二世紀から前一世紀のギリシアでは、繰り返される戦争を主な理由として人口は減少していく。一方で、アレキサンドリアはアントニウス帝の疫病までは、一〇〜一五パーセントの人口が増加した。[21] ローマの場合は、後一四年ころに八〇万人に達し、その後は前述の通りであるが[22]、単に一〇〇万人都市というだけでなく、前二世紀から後一世紀までの二〇〇年間に四倍、つまり一〇〇年ごとに倍、倍となる人口増加は人類史上はじめての経験であろう。

人口と感染症の関係を考察する際に重要なのは人口密度である。密接、密集、密閉の三密の度合いを具体的にイメージするには、人口の総計よりも密度が尺度として有効である。この人口密度も研究者に好まれるテーマであり、ローマは都市域を確定しやすく（アウグストゥス帝の行政区やアウレリアヌス帝の城壁など）、分母がはっきりしており、様々に現代都市との比較も可能である。例えば現代都市間で比較してみると、ロンドンの場合、グレーター・ロンドンと呼ばれる三二の行政区全体（七一九万人、二〇〇一年）の広さは、東京二三区（広さ六一八平方キロメートル、八五四万人、二〇〇五年）の二・五倍程度になる。パリの二〇の行政区全体（二一五万人、一九九九年）は東京の山手線の内側よりも少し大きく二三区の約半分、ニューヨークのマンハッタン島（島内の人口は一六三万人、二〇一四年）は東京の山手線の内側にすっぽり入る大きさで二三区の十分の一である。古代ローマはさらに小さく、東京都墨田区の広さ（一三七五ヘクタール）が、古代ローマのアウレリウス城壁の内側の面積（一三八六ヘクタール）に近い。したがって、感染症と関連の深い都市生活の密集度を考える場合、東京都の人口とパリ、ロンドンの人口の総計を比較してもあまり意味はない。むしろ、逆に今日では人口密度によって都市域とそうでない地域に分けることが一般的である。この人口密度による定義は国によって異なり、日本の場合は、一キロ平方メートル＝一〇〇ヘクタールあたり四〇〇〇人以上の地域を人口集中地区と定義している。後述するように、古代ローマの人口密度は一〇〇ヘクタールあたり約七万二千人であり、この定義の一〇倍を超える人口集中度である。

このように密集度を比較するには広さ、つまり分母が重要なのであるが、さらに分母をそろえてほぼ同じ面積の都市域、東京都墨田区と比較してみるともっとわかりやすい。墨田区の人口（常住人口約二六万人、昼間人口約二八万人、ともに二〇一五年）と比較して、四倍近い密度であるとイメージできる。[23] また、新宿区（一八二三ヘクタール、昼間人口約七五万人、二〇一〇年）と比べる文献もあり、[24] そこでは古代ローマの面積を一七八三ヘクタールと見積もり、アウレリウス帝の城壁を越えた周辺地域まで面積に算入している（アウレリウス帝の城壁の内側は約一三七〇ヘクタール）。おそらく古代ローマでも城壁外に住む人々は無視できないであろうから、周辺部を算入しても新宿区の昼間、つまり高層ビルが林立するオフィス街よりも密度が高かったことになる。人口密度だけを取り出して比較してみると、古代ローマは単純計算で一ヘクタールあたり約七二〇人であるが、昼間の人口密度であれば、千代田区の七〇〇〇人（二〇一〇年）に近く、古代ローマでは五～六階建てのインスラによって、東京駅前や霞ヶ関の高層ビルのオフィス・ワーカー並みとはいわないまでも、神田で昼間生活する人々ほどの密度（もちろん、千代田区には、昼間には相当人口密度の低い住宅地なども含まれる）を実現していたのであろうか。ただ、千代田区には皇居（約一二パーセント）が含まれているため、これを除外すると実際の密度はさらに高くなり、より古代ローマに近づくかもしれない。一方で、古代ローマ（地図4）にも中央に広大なフォルムが存在し、人々の居住は難しく（多くの奴隷がいた可能性はある）、また他にも浴場、競技場、劇場などの市民が居住することが難しい区域（もちろん奴隷は除く）があるため、簡単に計算して全体の一〇パーセント程度は非居住地と見てよい。さらに、古代ローマには広大な公園も存在し、おそらく富裕層が占有して居住していたはずであり、ここでは人口密度が一ヘクタールあたり七〇〇名に達することはありえない。この面積も一〇パーセント程度が見積もられるため、千代田区以上に古代ローマの都市内人口密度が高かったことは間違いなく、単純に古代ローマの居住可能な面積を全体から二〇パーセント減じてみると、一ヘクタールあたり九〇〇名の人口密度が想定される。この数字を参考に、実際の庶民生活がどのくらい密なのかを、オスティア遺跡を通じて考えてみたい。

モデルハウスとしての「庭園住宅」

オスティアには、こうした超高密度の人口を内包できるインスラの貴重な実例がある。オスティアでは地階部分はほとんどが店舗や倉庫で、居住部分、とくに庶民の住まいは上階と考えられるが、上階まで残す遺構はほどんどなく、地階に居住部分をもつ例からの復元に頼るしかない。まずは洪水のリスクでも取り上げたハドリアヌス帝時代の開発事業である「庭園住宅（III.IX）」である（図4-1）。四軒からなる住宅棟は一軒の広さが約三〇〇平方メートルで、四室の個室とメディアヌムと呼ばれる広間で構成されている。おそらく上階も同じ室構成で二ないし三階であろうと想像される。仮に三階建てとして、一軒に一〇名の人々（内訳はモデル生命表を参考に、奴隷の構成割合を全人口の三〇パーセントとして、〇歳から五

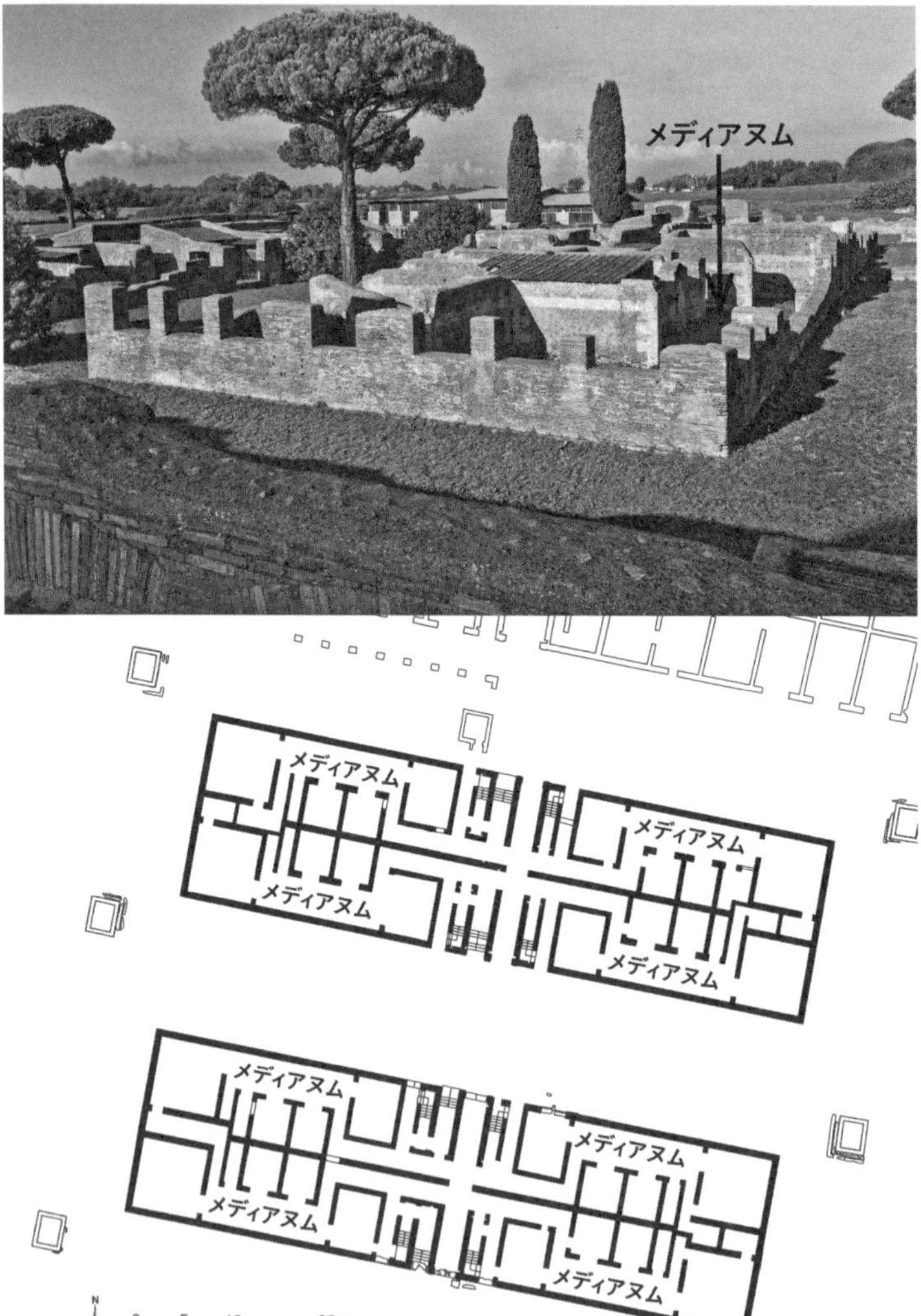

図 4-1　オスティア，「庭園住宅（III.IX）」

歳までの子供一名、五歳から一五歳程度の子供三名（うち一名が五歳までに死亡と想定、家族内の構成割合四〇パーセント）、二〇歳から三五歳程度の両親二名（同割合二〇パーセント程度）、祖父母一名（同割合一〇パーセント程度）、奴隷三名（同割合三〇パーセント程度））が居住していたとすると、三〇〇平方メートルに三〇名の密度となり、これはヘクタールに換算すると一〇〇〇名である。もし、周囲の広場を敷地面積に参入すると、二棟に広場を加えた七五〇〇平方メートルに二四〇名となり、一気にヘクタールあたり三二〇名に減る。しかし、この広大な広場が古代ローマにおけるインスラの標準であることは到底ありえないため、この住宅棟の周囲に幅員三メートル程度の街路を想定すると、約三六〇〇平方メートルに二四〇名（約四〇〇平方メートルに三〇名）となり、一ヘクタールあたり約六七〇名となりローマよりは疎となる。これをローマのような五階建て（一階は店舗なので算入せず、住居は四階分と想定）に無理にあてはめてみると、仮想街路込みで約八九〇名となり、古代ローマに近づく。きわめて粗い計算ではあるが、古代ローマの一般的な庶民住宅とは、「庭園住宅」のような平面をもつインスラが三メートルくらいの幅員道路に面して、地階を店舗、その上に四階分くらいの居住区画を載せていたような構成となる。

インスラ内での人口密度

さらに密な例がある。「庭園住宅」の北東に「カセッテ・ティーポ（III.XII.1-2およびIII.XIII.1-2）」と呼ばれる「庭園住宅」と同じくハドリアヌス帝時代に開発された規格住宅がある（図4-2）。同じ四＋一の五室構成だが、一軒が約一三五平方メートルと小型で広場はなく、住宅棟の周囲を街路が囲む。この住宅は壁厚が四五センチ程度と薄く三階建てとするには不安もあるが、あえて三階建てとして住宅だけの密度

図 4-2　オスティア,「カセッテ・ティーポ（III.XII.1–2 および III.XIII.1–2）」

を計算すると、ヘクタールに換算して約二三〇〇名、二階とすると約一五〇〇名である。この「カセッテ・ティーポ」には広場ではなく四周に幅員約二メートルの街路があり、この中心線まで敷地に算入すると、約一二〇〇名、二階の場合八〇〇名となる。古代ローマの実際を想像してみると、すべてのインスラが五、六階建てではなく、おそらくこうした安普請で地階に店舗はなく、二階あるいは三階建ての集合住宅も存在したはずである。

あるいは、ウィトルウィウスがいうように、石の柱や焼成レンガ、さらに小割石の壁など材料を変えながら上階に積み上げていくような構造があったとすれば（Vitr. *De arch.* 2.8.17）、「庭園住宅」のような平面の上に「カセッテ・ティーポ」のような、住宅が載るというインスラも存在したかもしれない。

一時的滞在者の共同生活

さて、これらの推定は家族を構成する定住者であり、古代ローマでもカウントが難しい季節労働者や貿易商などの一時的滞在者は、どのような環境で生活していたのであろうか。そのヒントになる建物がオスティアに一軒だけ残されている。すでに洪水のリスクで紹

図 4-3　オスティア，「絵のあるヴォールト天井の共同住宅（III.V.1）」上階，手前の部屋は共同浴室

介した正面に玄関を構え、向かって左手には街路に面するカウンター式のタベルナをもつ建物である（口絵12）。玄関奥には細長い中廊下が走り、奥の部屋の並びに大きな台所があり、中廊下に面して壁面や天井が美しい壁画で飾られた部屋が並ぶ（口絵15）、おそらく食事を提供する居酒屋兼娼家であった。上階へは正面左手のタベルナの奥に街路から直接入れる階段室があり、ここから上っていく。壁は二階の壁の低い位置までしか残っていないが、かろうじて二階の平面をとどめている（口絵12、図4-3）。階段はさらに上につながっているので、少なくとも三階建てであったことは間違いない。この二階も中廊下で区切られており、階段室のすぐ脇には共同の台所、トイレそして水浴び場がある。奥には向かって左側（窓の外は路地で眺めはよくない）に、奥行き三・六メートル、幅二・四メートル程度（四畳半より少し広い）の個室が三室、中廊下の右側（窓からは通り沿いの歩道に面する店舗が望める）には、奥行き四・五メートル、幅三メートル程度（八畳より少し広い）の個室が一室、他に幅が四メートル（一二畳より少し狭い）、五メートル（およそ二二畳半）、

六メートル（およそ二七畳）の部屋が一室ずつ並ぶ（図4-4）。四畳半の部屋を一人用とすると、八畳が二名、一二畳が三名、二二畳が四名、二七畳が五〜六名定員といったところであろう。そうすると、満室時には一七、一八名が滞在していた可能性がある。この建物の敷地は約二四〇平方メートル、四周の街路二メートル分を敷地に算入すると約三八平方メートルとなり、一階分で一ヘクタールあたり五〇〇名、復元通り三階建てとすると一〇〇〇名である。「庭園住宅」型のインスラと比較するため、あえて五階建てと想定すると、二〇〇〇名となる。人口密度としては「カセッテ・ティーポ」より少しだけ密といえるだろう。

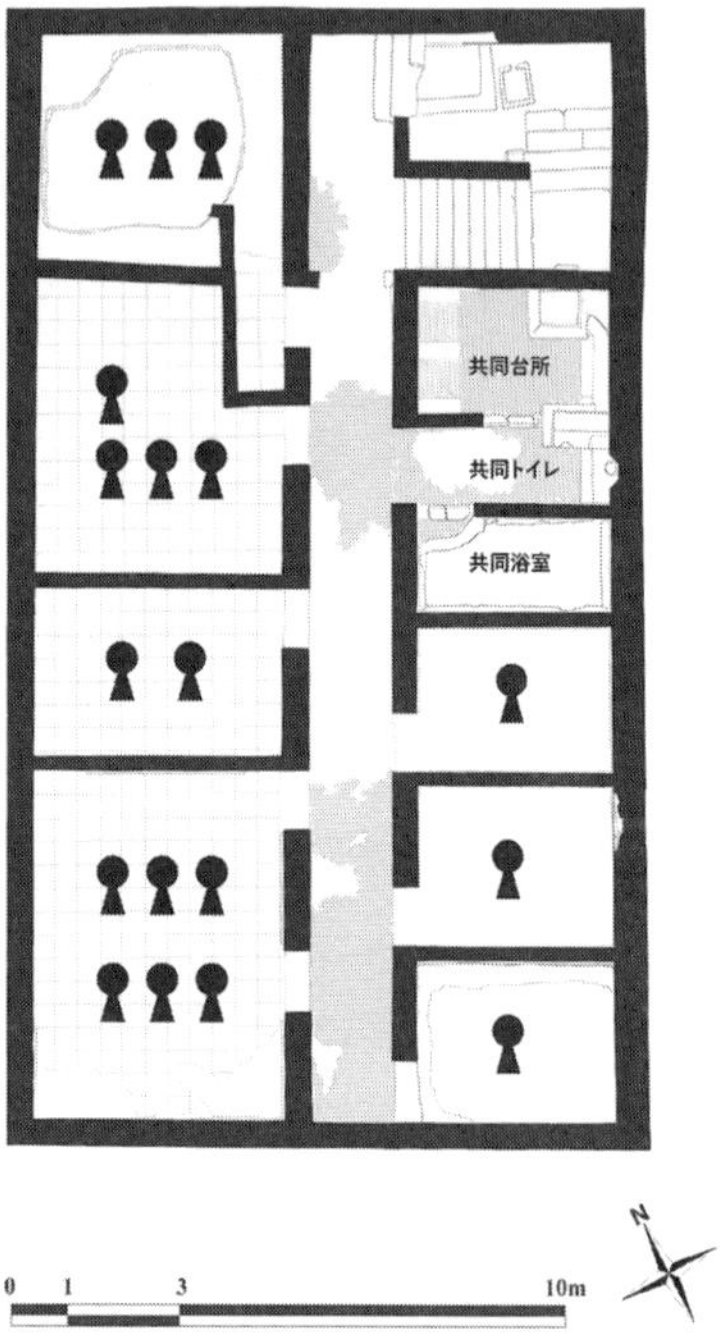

図 4-4　オスティア，「絵のあるヴォールト天井の共同住宅」，上階の建築内人口密度

室内人口密度　超過密の実態

非居住地を除く古代ローマの平均的な人口密度一ヘクタールあたり九〇〇名を基準に実際の居住する人数を推計してみたが、逆に「庭園住宅」のような四＋一室平面に一〇名の人が住んでいなければ、この高密度は実現しない。もちろん平均的な密度を基準としているので、ドムスのような密度の低い住宅が含ま

れることを考えると、「カセッテ・ティーポ」のような平面に一〇名が実情に近いのかもしれない。「カセッテ・ティーポ」の場合（図4-2）、奥の三面が街路に面する部屋とメディアヌムと呼ばれる広間状の部屋は接客空間と考えられるため、おそらく食事や執務に使われた。では、寝室を考えると、メディアヌムにつながる奥行き、幅ともに三メートル（六畳よりやや狭い）の二室、そして玄関に近い奥行き、幅ともに三・三メートル（七畳より少し狭い）の個室に奴隷を除く七名が寝泊まりしていたことになる（奴隷は一ないし二名かもしれないが、玄関脇の倉庫・台所・トイレあるいは玄関で寝泊まりする）。子供が四名とすると、赤ん坊は婦人と寝るとしても、六畳より狭い部屋に三ないし四名の人間が寝ることは避けられないであろう。これは「絵のあるヴォールト天井の共同住宅」の宿泊所でも同じであり（図4-4、およそ畳二畳に一名）、現在の感覚からいえば密接であることは間違いない。

古代に確認される感染症の多くは、原虫によるマラリア、ウィルスによる肺炎を除いて、細菌性のものであり、主に経口感染を介して広がるため、家族間での感染の危険性が高いが、古代ローマのように、一つの皿から取り分けるような食事ではさらに危険性が高まる。「絵のあるヴォールト天井の共同住宅」の二階には小さな共同台所があったが、「庭園住宅」や「カセッテ・ティーポ」にも小さな台所があった（図4-2）。こうした住宅内での調理は、火事の危険性も高まるが、不衛生であれば疫病の感染源となる可能性がある。しかも古代ローマでは、台所とトイレが近接していることが通例で、汚水と排泄物を一緒に処理できる点では合理的であるが、衛生上は危険きわまりない。「絵のあるヴォールト天井の共同住宅」では、上階のトイレの汚水管は階下の台所につながっており、もちろん密閉されてはいるが、近い調理場の汚水と排泄物もいっしょに処理されることになる。こうした環境下では、糞便を介して広がる腸チフスや赤痢、コレラなどの感染症の危険と常に背中合わせになっている状態であり、インスラという密集、密接の生活空間では、家族の中で一人でも感染すれば、瞬く間に広がるリスクが大きいといえるだろう。ガレノスは「ローマの異常さの一つは、他の市にはないことだが、同居者を別にすれば近所の人さえどのようにして患者が亡くなったか、誰に治療されたかを知らないことだった。これは都市が大きくて人口が多いためである」（『最良の医師を見分ける方法について』Gal. *quod. opt. med.* 1.46 Iskandar, tr. Iskandar）と記したが、すぐ隣で病死、あるいは感染死が発生していても、何の対策も講じられない、そもそも感染という意識がないと考えてよい。しかし、それ以上に脅威となる空間がかつて古代ローマには存在した、それは「浴場」である。次に具体的に見ていきたい。

古代ローマ浴場の真実、浴場は清潔か不潔か？

ヒポクラテスをはじめとして、疫病といえば熱病のことが多いが、とくに古代ローマを悩ませたのはマラリアである。三日半熱と呼ばれる熱病がマラリアと考えられるが、蚊を媒介して広がるこの感染症と古代ローマの公共浴場が結びつくのはもっともな話である。ガレノスが「熱病がローマにあふれかえっている」と記したように[25]、古いイタリア語で「悪い空気」（mala aria）に語源をもつこの感染症が、もともと湿地帯の上に形成されたローマにはびこり、上下水道が完備され衛生状態が劇的に改善されたあともローマに居座り続けたのは、やはり浴場の爆発的な普及と人気に一因があるのではないだろうか。もちろん、ガレノスも言及するように[26]、ローマに湧く水、あるいは水道から供給される水の清潔さは、特筆すべきものであり、首都の一〇〇万の人口を支える原動力であるのは間違いなく、ここでは疫病に対する浴場の功罪について慎重に考察しなければならないだろう。

浴場をめぐる功罪のうち罪に注目すると、古代ローマ人が清潔を美徳としたのは間違いないが[27]、実際に清潔であったのかは別問題である。むしろ美徳とされるほど清潔は貴重だったのではないだろうか。古代ローマ時代において清潔（英語でいう hygiene：この単語が衛生と訳されることもあるが、ここでは個人が清潔さや健康のために行う習慣の意味）と治療（あるいは養生、英語でいう therapeutic）の区別は流動的で[28]、健康という概念についてもガレノスは治療を受け入れられる体力のことと解していた[29]。ガレノスが衛生（英語でいう sanitation：浴場やトイレなどインフラに関わる清潔さを意味する）について意識していたかは不明であるが、おそらくローマで一日二回浴場に通っていたガレノス自身[30]も含め、古代ローマの医者は、浴場を病気の治療の場として頻繁に使っていた。ただ、ガレノスは健康の維持あるいは病の治療法の一つとして運動と入浴を勧めるけれども、運動とオイルマッサージの効用をくり返し説き、入浴そのものについてはほとんど記さない[31]。ここに医者としての鋭い観察眼がある、つまり浴場がもつ健康増進という功と感染症の媒介という罪の二面性を見ていたのだとするのはいいすぎかもしれないが、以下に古代ローマの浴場の真実を具体的に見ていきたい。

ギリシア起原のバルネアと古代ローマ人のテルマエ

古代ローマの文化を代表する存在に浴場がある。古代ローマのテルマエ（Thermae）は日本でもなじみ深く、とくにあらためて解説する必要もないが、テルマエと呼ばれる大型の入浴施設を古代ローマで一般化させたのは、初代皇帝アウグストゥスの盟友アグリッパであり、前二〇年ころに公共浴場すなわちテルマエを建設したとされる（Cass. Dio, 53.27.1）。それまでは、ティベリス川での夏の水浴やラワトリーナと呼ばれる入浴というよりは洗い場という意味に近い浴室、あるいはウァロが解説したギリシア起原のバルネア（balnea）（Varro, *Ling.* 9.68）が一般的で、決して古代ローマ人にとって魅力的な場所ではなかった[32]。バルネアとは一般的なお風呂という意味で、公共浴場やテルマエと区別するときに用いる。公共浴場にも当然、お風呂があるので、バルネアと呼ばれることもあり（次項のセネカの例）、その区別は明確ではない。古代ローマに登場したテルマエは、お風呂そのものよりも、お風呂以外の機能、例えば体操場などのレクリエーション、あるいは教育、社交、さらに治療・養生などの副次的な機能が期待される場合に使われる。テルマエの出現によって、入浴が一気に娯楽化し、生活や文化の一部を形成するようになったのである。首都ローマでは後四世紀には一日で数千人が利用できる大規模なテルマエが一一箇所も存在し、呼び名は別としてもオスティアにも公衆浴場が少なくとも一七箇所で確認できる。

犯罪の温床としての浴場

セネカに『道徳書簡集』で、「共同浴場〔ここではバリネオ、balineoと記されている〕の脇に住むのは最悪だ」（Sen. *Ep.* 56.1）といわせた喧噪は、後一世紀はじめの共同浴場についての描写である[33]。しかし、ポンペイやヘルクラネウムのテルマエは薄暗い場所であった（口絵16）。セネカの描写から、明るく清潔な場所を想像しがちであるが、「暗いこと」を前提に、しかも多くの人々でごった返していたとすると、浴場は当然「犯罪」や「事故」の温床となりうる。「疫病」からは外れるが、当時の文献や碑文を見ると、老若男女の集う公衆浴場が、時に軽犯罪や事故、風紀に注意すべき場所でもあったことが記されている。例えば、先のセネカは、浴場の喧噪を列挙するなかで、盗みの最中につかまった泥棒（の悲鳴）もその一つにあげている。ローマで出土した後一～二世紀ころの解放奴隷の子供と思われる墓碑から、八歳のフォルトゥナトスが浴場のプールで溺死したこともわかる。また、イギリスのバース（まさに浴場という英語の語源の街）で大量に発見されたことで有名になった呪詛板（鉛板が多い）には、浴場での盗難に対する恨み、あるいは盗人に対して必罰を願った例が多くある。[34] さらに遠く離れたエジプトでも、浴場で装飾品の盗難に遭ったご婦人の裁判記録が見つかっており、[35] 犯罪、事故の記録には枚挙にいとまがない。

新しい浴場の登場

浴場のリスクマネジメント　出入口管理と利用者制限

人気に加えて、盗難が多かったためか、似通った浴場の平面にも少し変化が現れる。ポンペイでは、先行する二つの浴場、すなわち「中央広場浴場」と「スタビア浴場」では微温浴室から温浴室へ移動するルートが一つしかなく、各室に入る人と出る人が同じ出入口を通る（図4-5左上）。まさに出入口そのものである。しかし、建設途中の「中央浴場」を見ると、部屋をつなぐ通路が二箇所あり、入る人と出る人を分けていたと考えられる（図4-5左下）。つまり循環経路になっており、浴場の有料化にともなう変化であるが、防犯の観点からは、入口でチケットをもれなく確認できるだけなく、各室の出口でも利用者をしっかり管理すれば、盗人を見分けることも容易になる。後二世紀のギリシア語作家ルキアノスは、当時

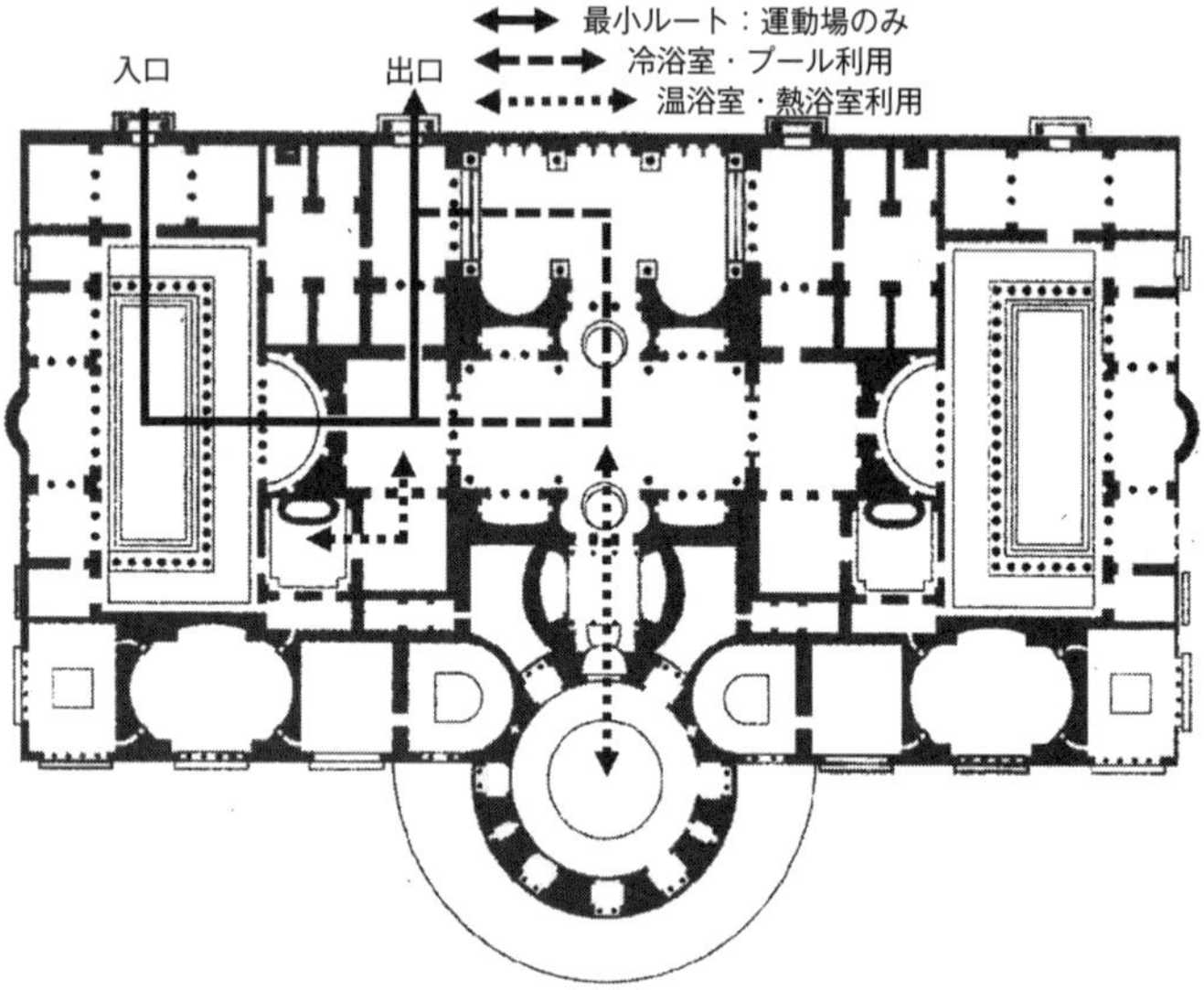

図 4-5　ポンペイ，「スタビア浴場」の動線（左上）と「中央浴場」の動線（左下），「カラカラ浴場」の動線（右）

の共同浴場内の各室の配置、順路を詳細に説明している。「入浴のあと、再び同じルートをたどって戻る必要はなく、微温浴室を通って冷浴室に戻ることができる」（Luc. *Hipp.* 4-8）と記しており、ループ上の順路が整備されていたことがわかる。カラカラ浴場では、浴場そのものに入口と出口が設けられ、利用者は設定された様々なルートに沿って入浴できる（図 4-5 右）。基本的には運動で汗を流したあと、冷浴室やナタティオと呼ばれる遊泳室で衣服を脱いで身体を洗うが、運動だけでショートカットして出場することもできる。冷浴室やナタティオは脱衣場も兼ねており、裸になったあと、微温浴室や温浴室、あるいは熱浴室で再び汗を流す。平面を見ると、これらの暖かい部屋はあくまでもオプションであり、冷浴室やナタティオなどの冷たい部屋だけを通ってショートカットすることもできる。このように様々なルートを設定しつ

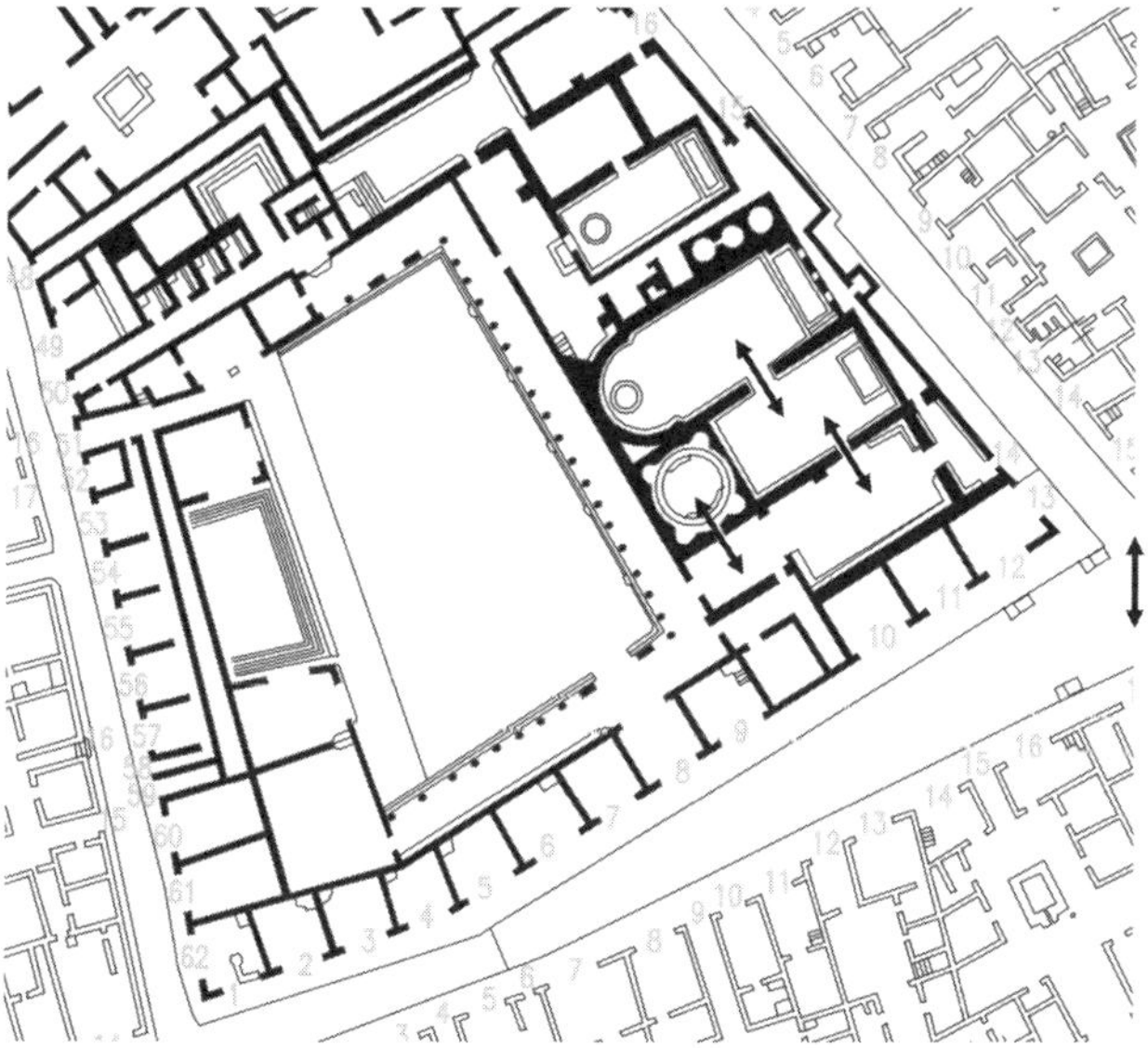

↕ 各室の出入口

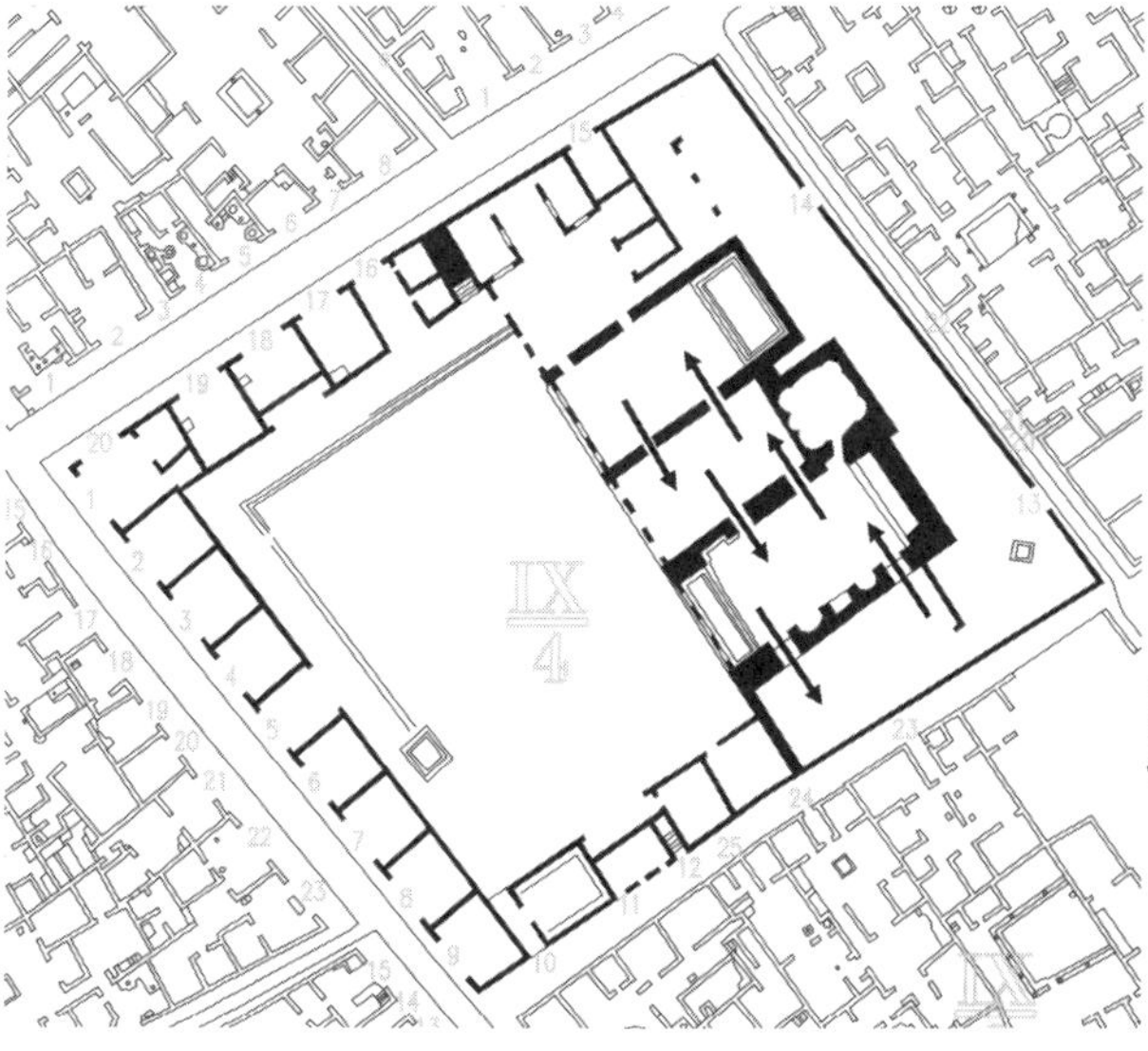

↓↑ 各室の入口と出口

つ、出口を一つにすることによって、利用者の管理を効率的、確実に行っている。なお、左右対称に部屋があるのは、男女別ではなく、利用者の増減に対応するためである（男女の利用は時間帯で区別されていた）。中央の冷浴室やナタティオと微温浴室や温浴室が一つに対して、左右に出入口と運動場があるのは、運動場は時間によって利用者の増減が大きかったのではないかと思われる。時間帯あるいは季節によって閑散期、つまり運動せず中央に移動する人が多いときには片側だけを使ったり、ピーク時には両側を使ったりして利用者をコントロールすることができる。このように、古代ローマのバルネア、テルマエは、一つの大きなアミューズメントパークのように、人々に娯楽を提供していたが、その反面、防犯や事故防止のために人々の出入りをコントロールする機能も兼ね備えていた。

「明るい」郊外浴場

こうした人の流れの制御に加えて「明るさ」も獲得されていく。やはり窃盗などの軽犯罪は明るいところでは起こりにくいものである。セネカはスキピオの別荘の個人浴場を「風呂は昔の習慣にしたがい狭く暗い。わたしたちの祖先は、入浴して暖まり良い気分になるためには暗さが必要だったのである。」（Sen. *Ep.* 86）と評しながら、[36]一方で、「一日中陽光を入れることのできない浴室は、虫の喰った穴と呼ばれるだけでだろう。皮膚を入浴でしめらせ、同時に日焼けさせなければならないのだ。また窓の外には田園風景や海が広がり、眺望も楽しむことができなければならない」（Sen. *Ep.* 86）という新しい浴場が登場してくる。その実例として、ヘルクラネウムの「郊外浴場」がある（口絵7）。海岸沿いの崖下にあり、ヘルクラネウムの街ではもっとも低い場所に位置する。水道の供給を考えると、十分な水圧が確保できたはずで

図 **4-6**　ヘルクラネウム,「郊外浴場」の待合室（左）と温浴室（右）

図 **4-7**　ヘルクラネウム,「中央浴場」

ある。南側の海に面する部屋には広い窓が穿たれ明るい浴室を実現していた（図4-6）。この窓の新しさは、ヘルクラネウムの「中央浴場」と比べるとよくわかる。中央浴場は街の中に位置するテルマエであるが、南側にパレストラ（運動場）をもち、仮に郊外浴場と同様に広い窓を造れば容易に光を取り入れられるが、実際は閉鎖的な壁と上部に穿たれた矩形の小さな明かり取りが並ぶだけである（図4-7）。採光よりも熱が逃げる窓を小さくして断熱を優先したと考えられる。ただそうすると、熱が逃げる心配のほとんどない冷浴室についても同様に小さな窓にしているのは解せないが（夏の涼しさを求めている可能性はある）、合理的な説明は見当たらない。暗ければ盗難などの犯罪も起こりやすくなる一方で、防犯性よりも熱効率を優先する以上に、伝統的、慣習的にバルネア、テルマエの窓は小さく、中は暗いものとして造れたと解するほかないだろう。しかし、後一世紀半ばころに発明された板ガラスをはめた広い窓によって浴室空間は劇的に変化し、セネカが求めた明るく景色のよい浴場が実現したのである。このテルマエに使われた板ガラスと窓の進化については、トピック2ですでに解説したが、窓ガラスの登場は古代ローマのテルマエに大きな影響を与えた。明るいテルマエの登場によって、どれくらい犯罪が減ったのかは定かではないが、より安全な場所になったのは間違いなく、さらに人々が押しかけるようになった。

「熱い」お湯

もう一つの人気の秘密は「温かいお湯」である。テルモ（thermo）という「熱い」に関係する言葉が使われるテルマエは、午後のやや早い時間に入浴するのがよいとされ、快適な温度も求められた[37]。ポンペイの近郊、ボスコレアーレにあるピサネッラ荘で発見された青銅製のボイラーは、後一世紀に個人浴場でも

図 4-8　ポンペイ,「ユリア・フェリクスの家（II.4.3）」の浴場

湯温の調節ができたことを示している。セネカもお湯の温度が調節できたことを記しており、「火事場の温度」が少し前から流行っていて、沸騰したお湯と熱めの湯の区別もないと嘆くほど、熱いお湯の供給が可能になっていた。こうした個人用のバルネアは貴族の別荘だけでなく、ポンペイの「ラビリントスの家（VI.11.9）」、「メナンドロスの家（I.10.4）」や「ユリア・フェリクスの家（II.4.3）」など都市の大邸宅にも付設された。「ユリア・フェリクスの家」の浴場は個人用とはいえない大きさで、公衆便所もあることから、おそらく一般の市民にも開放されていた（図4−8）。また、「ラビリントスの家」ではハイポコースト（hypocaust）と呼ばれる床暖房の施設があり、テルマエに近い本格的なお風呂が個人住宅にも普及していた。おそらくセネカのいう流行の「煮込み」風呂があったのかもしれない。「メナンドロスの家」にはそれほどの設備はないが、やはり地下に釜があり廃熱を利用して上の浴室を暖めていたようである。おそらく冬には、自宅に暖かいバルネアをもたない人々のシェルターとしても機能したであろう。[38]

健康的「共同浴場」としてのテルマエ

不健康な「古い」浴場

こうして成立してきたバルネア／テルマエに対して、古代ローマ人は「健康的」ととらえていた[39]。ティベリウス帝時代に活躍した学者ケルススは、彼が記した百科全書で唯一現存する『医学論』において、入浴自体が健康的と記しており（Celsus, *Med.* 1.2.2）、ガレノスも入浴に疲労回復の効果があるとする（『健康を維持することについて』Gal. *de san. tuenda* 3.4）。明るく安全で、様々なアミューズメントも用意されているバルネア／テルマエが熱狂的に古代ローマ人に支持されたのもうなずけるが、はたして本当に健康的であったのか？ 疫病あるいは感染症の観点から再評価してみたい。

結論を先取りすれば、テルマエをセネカが描写したようなアミューズメントパークのようにとらえると、清潔で健康的な場所をイメージしてしまうが、古代ローマのバルネア、とくにセネカのいう初期のお風呂は決してそのような場所ではない[40]。ここでいう初期とは後一世紀くらいまで、つまりセネカや大プリニウスが活躍していたころまでで、お風呂は不潔な場所というイメージが強い。大プリニウスは、暗い場所を好むゴキブリ（ブラッタ blatta）は風呂場でよく見かけると記している（Plin. *NH.* 11.34.99）。先のケルススは、『医学論』において効能、とくに発汗による治療効果を説くが、見方を変えれば、バルネア／テルマエは次にあげる病気の患者が入浴する場所であった。上流階級であれば、自前の浴室での治療かもしれないが、庶民にとって浴場は、赤痢やマラリア熱、結核を伝染させるだけなく、麻痺や肝臓の腫瘍をもつ人々が集まり、コレラや内臓疾患、下痢の原因をまき散らし、加えてセンチュウやウジ虫を発生させ、さらには淋病、狂犬病、せつと呼ばれる内部に芯のある炎症性の腫れ物、乾癬、スプルーと呼ばれる口腔炎と下痢をともなう腸吸収不全症、トラコーマ、あるいはまつげに取り付くケジラミによる目の疾患まで、様々な病理を媒介する場所だったのである。[41] とくに発熱時の疫病対策（Celsus, *Med.* 3.7.1A）としての入浴は病魔を広げてしまう結果を招く。後一世紀後半の詩人マルティアリスは、タイスという名の女性について、浴槽に入る前の衣服の下は「脱毛剤で緑色になるか、チョークと酢でできた膏薬の下に埋もれるか、三層か四層になったべたつく豆の粉を塗りたくっている」と表現している（Mart. *Epigr.* 6.93）。オイルマッサージを施したあとであれば、たとえストリギリス（strigils）と呼ばれる肌かき器でそぎ落としたとしても、湯船には油など、様々な不溶性のものが浮かんでいたに違いない（これらはバクテリアの餌になる！）。マルティアリスの詩にはバルネアとテルマエの二種類の風呂を意味する単語があり、おおむね一般的な風呂のことをバルネアと呼び、熱い風呂あるいは皇帝が関わる風呂をテルマエと呼んだようである（もちろん後者が清潔とは限らない）。[42] 新しいテルマエが出現したあとも、熱くないあるいは皇帝が関わらない浴場バルネアは多く存在したようである。こうして見ると、温泉とテルマエは別物とはいえ、後二世紀のハドリアヌス帝が湯治を思いついたとは信じがたい状況である。ほんの少し前にセネカが、暗がりの中で身体を清めるようなテルマエは、もはや人間用ではなくウジ虫用だと敬遠されたことや、浴室内の美化に注意が払われたとも記しており（Sen. *Ep.* 86）、セネカからハドリアヌス帝の間にバルネアからテルマエへの大きな変化が起きたことがうかがえる。

「明るく」、「温かく」、「衛生的」な共同浴場、テルマエ

「明るさ（窓ガラス）」や「熱いお湯（ボイラー）」などの技術開発に加え、もっとも「衛生化」に貢献したのは上水である。セネカの書簡によると、雨水などを沸かしたお湯は普通で、セネカの言葉を借りると、かつての浴場では「ろ過した湯水を使わなかったから、浴槽は濁っていたのだ。少し強い雨が降ろうものなら、浴槽には泥水が溜まっていた」（Sen. *Ep.* 86）のであり、浴槽のお湯は雨水を温めていた可能性が高い。たしかに、ポンペイの住宅を見ると、アトリウムの地下に貯水層があり、インプルウィウム／コンプルウィウムから集められた雨水を溜めていた。これを飲用として使ったどうかはわからないが、後一世紀に水道が整備される前は、他に大きな水の供給源はない。ちなみにウィトルウィウスは、雨水を衛生的な水としている（Vitr. *De arch.* 8.4.2）。ポンペイは固い溶岩の上に載っており、もちろん井戸もあったが各家に見つかるという頻度ではない。生活用水だとしても、貯水槽を介したマラリアやその他の感染症の発生のリスクはかなり高いといえる。公共浴場についてもセネカが解説するように、「かつての浴場は、新しいお湯が温泉のようにふんだんに流れているわけではなかった」（Sen. *Ep.* 86）のであり、逆にいえば、一日に何人が入浴するのかは不明だが、開場中はお湯抜きされることはなかったと想像される。

ポンペイのスタビア浴場や中央広場浴場では、地下から大量に水を汲み上げることが可能であったが、いわゆる「掛け流し」は汲み上げた水だけでは難しく、後一世紀以降に上水が安定的に供給されるようになって、やっと温泉のようにふんだんに水が使えるようになったのであろう。[43] 後一世紀は、まさに「明るく」、「温かい」そして「清潔な」新しい浴場、テルマエが登場する時期といえる。その中でも、トピックの窓でも取り上げたヘルクラネウムの「郊外浴場」は（図4-6、4-9）、テルマエの原形として、後の帝

図 4-9　ヘルクラネウム,「郊外浴場」平面図（レーザースキャニングで実測）

政期の大テルマエを想起させる「新しい浴場」である。以下、くわしく見ていきたい。

お湯を沸かす　ボイラーの給湯能力

南側に広がるナポリ湾の眺望を楽しめる広い窓をもつヘルクラネウムの「郊外浴場」では、テピダリウム（微温浴室）やカルダリウム（温浴室）の浴槽に排水口があり、お湯はきちんと交換されていたようである。また、ポンペイよりはずいぶんと後であるが、ハドリアヌス帝によってローマでは入浴時間は日の出から一三時までが女性、一四時から二一時までが男性と決められており、ヘルクラネウムでもすでに同様の規制があったとすれば、二二時くらいから日の出までの間にお湯が抜かれ清掃された可能性が高い。奴隷の仕事としてテルマエの掃除は一般的であり、ときには休場して清掃したかもしれない。一般的にはカルダリウムの床下には焚口があり、浴槽の底だけでなく、浴室全体を直火で暖めていた。ヘルクラネウムの郊外浴場にも、ラコニクム（サウナ）に蒸気を通して床や壁を暖める装置があった。また、直下にボイラーがない場合には、浴槽の底にある大きめの穴がボイラーにつながっていて追い焚きをしていた。これは後のほとんどすべてのテルマエにいえることであるが、ボイラーは浴槽だけでなく、建物全体を暖めており、壁中に埋め込まれたチューブ状のレンガは壁の中に空気層を作ってボイラーからの熱気を循環させていた。おそらく壁を触ると人肌ほどには暖かかったはずであり、逆にボイラーを止めてしまうと、建物全体を暖めるのにずいぶん時間がかかったはずである。もし、お風呂のお湯を抜いて空焚きをすれば、衛生上もかなり効果があったと思われる。

こうした仕組みの登場は、セネカ（後一世紀半ば）や小プリニウス（後一世紀末から後二世紀はじめ）

の時代と考えられる。セネカはのちにハイポコースト（hypocaust）と呼ばれる床、壁暖房のシステムのことに触れている（Sen. *Prov.* 4.9）。また浴場の給湯システムについて、らせん形のチューブに水を通すことによって、効率的にお湯を沸かせると説明している（Sen. *QNat.* 3.24.2–3）。小プリニウスはこの部屋をオイルマッサージ用と説明し、浴場用はプロプニゲオン（propnigeon）と呼んでいる（Plin. *Ep.* 2.17, 11.23）。小プリニウスはパッシブな（機械や装置を使わない受動的な）太陽熱を利用して、別荘にこの暖かい部屋を設計していたが、多くの遺跡で発見されているように、実際には地下のボイラーの暖気を循環させて暖房していた。床下にボイラーがあり、浴槽だけでなく浴場の床全体を暖めていたとすれば、かなりの高温になった可能性もあり、ヨーロッパ各地の遺跡から発見される木製のサンダルは、浴場で足の裏をやけどしないための履き物と考えられている(44)。おそらく、暖房能力、あるいは給湯能力を持続させるためには、二四時間の稼働が前提であったであろう（一度、床や壁体が冷めてしまうと再び暖め直すには相当の時間が必要と想像される）。

「掛け流し」か「差し湯」か

ヘルクラネウムやオスティアの浴場の排水口には栓が見当たらない。もちろん何かを詰めて止水していたのであろうが、衛生のためにお湯を入れ替えるとすると、排水された分だけお湯を足さなければならない。とすると給湯能力が重要になってくる。ポンペイの都市内水道に使われた鉛管の太さから、おおまかであるが給水能力は計算できる。諸説あるが(45)、大雑把に計算すると一分間にだいたい一〇〇リッター＝〇・一立方メートル（出口での流速を秒速一メートル（現在の住宅よりやや遅いくらい）、鉛管の内径を四〇から五〇ミリ（ヘルクラネウムの郊外浴場の外径が約五〇ミリである）と仮定）、一時間で六立方メートルである。ヘルクラネウムの郊外浴場の場合、カルダリウムの浴槽は浅く約三立方メートルしかなく、三〇分でお湯は入れ替わる。ところがテピダリウムの浴槽は巨大で満水にすると約二五立方メートルである。仮に給水口が一つだとすると（実際には給水口は見つかっていない。後段で解説）、午前と午後に一回ずつお湯が入れ替わる計算となる。現在の公衆浴場では「一時間あたり浴槽の容量以上のろ過能力」が求められる、つまり、おおまかに一時間に一回お湯が入れ替わっていることが現代的な衛生基準だと見なせば、ヘルクラネウムの郊外浴場は、「掛け流し」、常に給水していたと想定でき、カルダリウムは衛生的、テピダリウムはやや衛生さに欠けるといった判断ができる。カルダリウムの浴槽が想像以上に小さいのもよく理解できる（おそらく三、四人が入っただけでかなり窮屈となる）。ただ、古代ローマに、ろ過装置はあったとしても、現在のようにポンプで循環、消毒はできないので、新しいお湯を混ぜて薄めているだけ、いわゆる差し湯というべきであろう。当然、古代ローマのお風呂はバクテリアやウィルスには無力なので、彼らにとって繁殖に理想的な温度に保たれたお湯がどのような結果をもたらしたのかは想像したくないところである。セネカによれば[46]、「当時のひとびとはお湯の透明度を検査するように見ることなど、思いもつかなかっただろう。すぐに汚れてしまうのは明らかなことだからだ」とのことであり、衛生という概念そのものがあやしかった。古代ローマ人の慣習では、手足は毎日洗うが、全身を洗うのは八日に一度くらいであり、そもそも清潔や衛生に対する感性が現在とはまったく違っていた。「スキピオのようになりたくない。こんな風呂に我慢するのは文字通り追放されたものの生活ではないか」とちまたの意見を借りてセネカが嘆くように、「昔のひとは言いようもなく不潔だった」のである。ただし、セネカの嘆きのすべてに「昔は」、あるいは「当時は」とあり、これらは古い浴場についてだと想像される。セネカの時代、あるいは次世代では清潔な「新しい浴場」が考案されたのは間違いないが、すべてが置き換わったとは考えにくい。後二世紀のマルクス・アウレリウス帝がテルマエの不潔さに嘆いているのもまた事実である（M. Aur. *Med.* 824）。おそらくウィトルウィウスのころ、つまりポンペイやヘルクラネウムの少し前に、衛生的な浴場が可能となり、トラヤヌス浴場で設備としての清潔なテルマエが確立したと思われる。

テルマエへの大量給水

首都ローマでの大量消費

衛生的な浴場を実現するためには、大量の水の供給が不可欠であった（あとで記すように大量の燃料も）。古代ローマにおいて、こうした大浴場、すなわちテルマエの稼働と水道の整備とは切っても切れない関係であることはいうまでもない。[47] 古代ローマの主要な水道一一本のうち七本がアウグストゥス帝時代までに整備され、最後に建設されたカラカラ浴場への給水のために建設されたアントニヌス帝の水道を除く一〇本は後二世紀はじめまでの人口増加に対応することはすでに記したが、これは飲料水の供給だけではなく、給湯とくに「掛け流し」のための給水の部分が多くを占めると考えるべきである（もちろん、多くの余剰水は防火にも役立つ）。後一世紀末に『水道書』を記したフロンティヌスは給水先について、皇帝用、個人用、公共用の区別を設け、それぞれに水量を記録しているが、それぞれの給水先に浴場が含まれるため浴場向けに供給された水量は不明だが、公共用の内訳の一つ、公共建造物用の大半は皇帝が建設した以外の浴場と思われ、その比率が六割程度であることから、全体でもそれに近い比率で浴場に配水されていたのかもしれない。総給水量は大まかに見積もって一〇〇万立方メートルとされ、古代ローマでは一人一日あたり一立方メートルの水が供給されたとされるが、現在の東京と比較して三倍といわれる供給量は、見方を変えれば、その多くがバクテリアやウィルスの繁殖、あるいは培養を抑えるために、浴槽の温水を薄めるために使われたともいえる。例えば、トラヤヌス浴場から少し離れた場所にあるセッテ・サーレ（イタリア語で七つの広間という意味）と呼ばれる巨大な貯水タンクがなければ、営業時間外、あるいは営業中であっても、大量のお湯を入れ替えることは不可能のように思える（基本的に古代ローマの水道は、流しっぱなしなので利用の少ない夜間の水を溜めておくほうが効率的）。あるいはタンクではなく、専用の水道をもつ後のカラカラ浴場などの巨大な設備にその実際を見ることができる。こうした大量の水を、まさに湯水のように使うことによって、現代にはおよばないものの、浴槽でのバクテリアやウィルスの繁殖を抑えることに成功した結果、これまで見てきたように、庶民の密接、密集の居住空間にもかかわらず、人口の増加が実現できたのではないだろうか。後一世紀末に水道長官となったフロンティヌスは、マルキア水道を飲用に、旧アニオ水道を庭園や不潔な用途に指定しており（Frontin. *Aq.* 92）、水質にばらつきがあったとしても、ガレノスが「この都市の数々の利点と同じく、泉が良質で多数あり、我が町ペルガモンと同様に、水が臭かったり、有毒だったり、濁っていたり、硬かったりすることはまったくなかった」（『ヒポクラテス「伝染病第六巻」注解』*Gal. in Hp. epid. VI comm.* 10.17B.159K）と評したように、古代ローマには良水という利点があった。おそらく、地下から湧き出る水も含め、古代ローマには良質な水が大量に供給されたことが、感染症に対抗できる唯一の武器であった。前五世紀に古代のアテナイが伝染病にあっけなく破れ去ったのと異なり、古代ローマは二〇〇年近くも五〇万人以上の人口を保った（もちろんアテナイに比べて市域は七倍以上であるが）。これは古代ローマ人が、大量の水を消費、あるいは浪費するテルマエを手に入れたことにその一因があるといってよい。

ヘルクラネウム、郊外浴場の「掛け流し」

ヘルクラネウムの郊外浴場を例に、「掛け流し」について具体的に考察してみよう。ヘルクラネウムの郊外浴場には温浴室（カルダリウム）とボイラーのセットが残っている。口絵17下はその位置関係を示した断面図である。報告書の平面図とセットで観察すると、とてもシンプルであるが、当時のお湯の沸かし方がよく理解できる。[48] まず、温浴室の浴槽には給湯口があり（口絵17右上）、おそらく裏側のボイラーとつながる。また、追い焚き用の穴もある。もう一つ底の隅に鉛管の冷水の供給口がある。また、カルダリウムの浴槽の裏側にボイラー室があり給湯管がつながっていた。

もちろん古代ローマに現代のような電動ポンプはないので、サイフォンの原理を使って給水することになる。これは「密閉した水は必ず水面の低い方に流れる」という原理である。例えば、低い位置にある浴槽に水を供給するには、ボイラー（正確にはボイラー内の水面）よりも浴槽の水面を低い位置にしておけば（口絵17下）、ポンプがなくても水は浴槽に流れ込む。有名なボスコレアーレのピサネッラ荘の湯温調節式のお風呂もボイラーが浴槽より高い位置にあるのはそのためである。しかし郊外浴場の場合は、ほぼ同じ高さにボイラーと浴槽があるので工夫が必要である。上部は失われている（あるいは噴火当時工事中だった可能性もある）のでよくわからないが、一つはボイラーを密閉式にする方法である。つまり、水を封じ込めておくのである。そうすれば水面は存在しないので、どこか遠くの給水塔の水面より低ければ水は流れる。しかし水は熱によって膨張するため（二〇度くらいの水を五〇度くらいまで温めると一パーセントほど体積が増える）、タンクをその圧力に耐える構造にしなければならない。もちろん鉛製のタンク本体や水道管も熱で同様に膨張するが、水に比べると三分の一くらいしか膨張しないので水の膨張には追随できない。したがって、お湯を常に掛け流しにして圧力を解放してやるほかない。おそらく密閉式ではピサネッラ荘のように栓を作ってお湯を止めると破裂してしまう。それを覚悟して栓をしてお湯を沸かしたとしても、そのあいだ給湯は止まるため、下のほうの追焚口を使ってお湯が冷めるのを防ぐことになる。栓をせずに、掛け流しにすれば圧力は解放されるが、どんどん水は流れていくため、そんなに水が温まるとも思えない。熱いお湯にしなければ膨張も圧力も小さくなるが、それでは温浴室の意味がない。

もう一つは、密閉ではなく開放式、つまり釜のように上部に蓋があり、釜から給湯口までのどこかに栓を作ってお湯を止めておいて、十分に温まってからお湯を流す方法である。釜の脇の階段はメンテナンス用であろうか。ただ、この場合、ボイラーの水面を浴槽より高くしておけば水位差だけ水は流れるが、断面を見る限り、大きな高低差は作れそうもなく、常にお湯が勢いよく流れることはない。また、ボイラーの冷水の供給側にも栓が必要になる（放っておくと水があふれてしまう。ただ現状で栓は見つからない）。したがってお湯は熱いけれども浴槽の水面差分だけしか給湯できないシステムとなる。釜の容量は約一立方メートルで（直径約一メートル、高さは最大でも一・二メートルくらい）、カルダリウムの給湯口と釜の上端の高さはおよそ〇・六メートルしかなく、一回の湯沸かしにつき〇・五立方メートルのお湯が供給される。〇・五立方メートル（重さ五〇〇キログラム）の水の温度を二〇度上げるには、一〇メガカロリー（四二メガジュール）の熱量が必要で、ここからは大まかすぎて想像の域を超えてしまうが、薪は二・一キログラムで足りる（薪一キログラムあたりの燃焼熱量を二〇メガジュール（かなりよい条件）と想定）。しかし、すべての熱が水に伝わるわけではなく、また温めている間にも放熱していくので、すでに釜や周りの壁などが十分に暖まっていたとしても、四～五倍ほどの薪は必要であろう。それでも現在のナラ材での換算（容積一立方メートルで六〇〇キログラム）でも、二・一キログラム＝〇・〇〇七立方メートルの薪、つまり一〇センチ角で長さ三五センチの薪二本分、その四あるいは五倍としても、同じサイズの薪八～一〇本を完全に燃焼させればよいのかもしれない。それでも三〇分は要するであろう。つまり、わかりやすく換算してしまうと、一立方メートルの水の温度を一時間で二〇度上げられる、とすると常に薪をくべて沸かし続けても午前一回、午後一回ほどお湯が入れ替わるようなイメージとなる（一時間あたり一立方メートルの給湯で容量約三・八立方メートル）。

再び「掛け流し」か「差し湯か」　熱くて不潔なお風呂とぬるくて清潔なお風呂

カルダリウムを清潔に保つには一時間に一回、あるいは午前、午後に一回はお湯を入れ替えたい。多くの薪をくべて頑張っても釜が出す熱量には限界があるため、ごくごく大雑把に計算してみると、完全な掛け流しでは、もとの水を三～四度分くらいしか温められなかったと換算できる（掛け流しだと給水能力が一時間に六立方メートル、そこで温度上昇も二〇度の六分の一）。午前、午後に一回の入れ替え程度の差し湯とすれば、三立方メートルとなり約七度の上昇である。これでは温浴室とはいえないが、空気を送り

図 4-10　ヘルクラネウム,「郊外浴場」プール付き微温浴室（上）と断面（下）

込んだり、薪ではなくチップにしたりして、燃焼効率を上げていくことも必要だったであろう。ぬるいけれど間断なく流れる清潔なお湯か、熱いけれど間を置いて少しずつのやや不潔なお湯か、悩ましい問題であるが、いずれにせよ、熱いお湯がふんだんに供給されたとは考えにくく、追い焚きの穴があることもうなずける。この追い焚きの穴が釜の熱をお湯にどれくらい伝えたのかは想像さえも不可能だが、やはり、それでもお湯はぬるかったのではないだろうか。セネカのいう「煮込み」風呂にするには、汚れるのを覚悟でお湯を入れ替えない、つまりできるだけ排水（廃熱）しないことが必要だったであろう。くり返すが、湯元を「煮込んで」滅菌しても、感染源は浴槽にあるので、滅菌の効果しかなく、むしろ「掛け流し」にしろ「差し湯」にしろ、繁殖に適した温度を保つ影響のほうが強力であるのはいうまでもない。

一方で奥にある巨大なテピダリウム（微温浴室）については、報告書を見てもボイラーや給水システムの情報がなく、実際の調査でも痕跡は見つからなかった。この巨大な浴槽（図4-10上）にはハイポコーストと呼ばれる床下暖房装置があり（これはポンペイのスタビア浴場にもある）、地下の大きな燃焼室と浴槽につながる穴もある（図4-10下）。カルダリウムのように湯口が見つからず、この燃焼室とつながる穴と海側の扇型の入水階段の最下段の排水口だけである(49)。地下の燃焼室とつながる穴からお湯を供給したとすると、密閉式かあるいは高いところにタンクを設けてサイフォン効果によって地下からお湯を供給したのであろうか。もし地下から給湯したとすると、カルダリウムほどの給湯温度は必要ないとしても、単純に計算してもカルダリウム裏のボイラーの八〜一〇倍の能力がないと十分に給湯できないように思える。あるいはお湯を替えずに（普段は排水口は塞いで、掃除のときだけ排水する）、追い焚きのように対流循環式でお湯を温めたのかもしれないが、そうすれば不潔感は拭えない。ガレノスは「小便自体が生温かいことを理解せず、なぜ浴場〔の浴槽の中〕でする小便は冷たく、外でするのは温かいのかと尋ねるものが最近いた…」(『単体薬の混合と諸力について』Gal. *de simpl. med. temp. ac fac.* 3.8.11.554K) と衝撃的な事実を記録しているが、多少ぬるくてもお湯は入れ替えたほうが衛生的であるのは間違いない。

お湯の入れ替えが必須とすると、快適でより衛生的な浴場を建設するには、釜の給湯能力を上げるのがもっとも効果的で、密閉式のタンクを巨大な釜に据えるような設備が必要となる。それを実現したのがトラヤヌス浴場だったといえる。ちなみにトラヤヌス浴場の大浴槽は九〇〇〇立方メートルといわれており、これだけの水(重さ九〇〇〇トン)の温度を二〇度上昇させるには、一八〇ギガカロリー(七五六ギガジュール)が必要で、三七・八トンの薪の燃焼熱量となる。現代並みに一時間に一回入れ替えられるだけの差し湯をしたとすれば、その四~五倍、一〇〇~一五〇トンくらいの薪(一七〇~二五〇立方メートルの容量)を一時間で燃やしていたことになりそうである。これだけ膨大な薪をくべてお湯を沸かしていたとすれば、古代ローマが薪を焚く煙で常に曇っていたというのもうなずける話である。

(1) ヒポクラテス「人間の自然性について」、ヒポクラテス(小川正恭訳)『古い医術について他八編』岩波文庫、一九六三年、第九節。
(2) ヒポクラテス「空気、水、場所について」、同前書、七―三七頁。
(3) 坂井建雄『図説 医学の歴史』医学書院、二〇一九年、二六頁。
(4) ヒポクラテス「流行病」、前掲書、一一五―一四七頁。
(5) R. Flemming, "Commentary", in R. J. Hankinson, ed., *The Cambridge Companion to Galen*, Cambridge, 2008, pp. 342–343.
(6) スーザン・P・マターン(澤井直訳)『ガレノス 西洋医学を支配したローマ帝国の医師』白水社、二〇一七年、二一五頁。

（7）フェステル・ド・クーランジュ（田辺貞之助訳）『古代都市』白水社、一九九五年、三一三頁。

（8）坂井、前掲書、四〇–四一頁。

（9）テリアカについては、マターン、前掲書、二二六–二三三頁に詳しい。以下のガレノスに関する史料は主に本書による。他に、V. Nutton, *Ancient Medicine (Sciences of Antiquity)*, Abingdon, 2012. を参照。

（10）共和政期には少なくとも一一回の感染症の拡大が確認されている。G. Sticker, *Abhandlungen Aus Der Seuchengeschichte Und Seuchenlehre*, I, Whitefish, 2010, pp. 20–21.

（11）マルクス・アウレーリウス（神谷美恵子訳）『自省録』岩波文庫、二〇一二年、第九巻二節。

（12）クリストファー・ケリー（藤井崇訳）『ローマ帝国』岩波書店、二〇一〇年、一二六–一五一頁。

（13）こうした健康と土地の関係については、堤亮介「古代ローマの農事書における「健康的な場所」」、『待兼山論叢 史学篇』五〇、二〇一六年、二九–六一頁。

（14）これ以降のガレノスに関する記述は、ガレノスの著作の引用も含め、マターン、前掲書による。また、伝記については、V. Nutton, *Galen: A Thinking Doctor in Imperial Rome*, Abingdon, 2020. も参考とした。

（15）坂井、前掲書、三〇–三二頁。

（16）以下の人口の推計については、E. Lo Cascio, "The Population", in C. Holleran, A. Claridge, eds., *PART III The People, Companion to the City of Rome*, Hoboken, 2018, pp. 139–154.

（17）ジョヴァンニ・ボテロ（石黒盛久訳）『都市盛衰原因論』水声社、二〇一九年。

（18）E. Lo Cascio, "Le procedure di recensus dalla tarda repubblica al tardo antico e il calcolo della popolazione di Roma", in *La Rome impériale. Démographie et logistique*, Rome, 1997, pp. 3–76.

（19）Cascio, *op. cit.*, 1997, pp. 146–147.

（20）ケリー、前掲書、一三五–一四四頁。同じ生命表が、長谷川岳男・樋脇博敏『古代ローマを知る事典』東京堂出版、二〇〇四年、二一三頁、表七にも掲載されている。

（21）V. Nutton, *Ancient medicine*, Abingdon, 2004, p. 19.

(22) 諸説あるが、おおむね合意されている数字は、長谷川・樋脇、前掲書、一七七頁、表四にまとめられている。

(23) 同前書、二〇〇–二〇八頁。あるいは、湯浅赳男『文明の人口史――人類と環境との衝突、一万年史』新評論、一九九九年。

(24) 伊藤重剛「ギリシア・ローマの都市と建築」、鈴木博之ほか編『記念的建造物の成立（シリーズ都市・建築・歴史1）』東京大学出版会、二〇〇六年、二二三–二九〇頁。

(25) マターン、前掲書、一二八頁。

(26) 同前書、一二三頁。

(27) キャスリン・アシェンバーグ（鎌田彷月訳）『図説　不潔の歴史』原書房、二〇〇八年、一–四八頁。

(28) Flemming, “Commentary”, *op. cit.*, pp. 297–298.

(29) *Ibid.*, p. 399–305.

(30) マターン、前掲書、一二七頁。

(31) Flemming, “Commentary”, *op. cit.*, pp. 247.

(32) I. Nielsen, *Thermae et Balnea: the architecture and cultural history of Roman public baths*, Aarhus, 1990. および、F. Yegül, *Bathing in the Roman World*, Cambridge, 2009. を参考とした。

(33) セネカ（塚谷肇訳）『ルキリウスへの手紙／モラル通信』近代文芸社、二〇〇五年、一七二–一七六頁。

(34) ジョン・G・ゲイジャー（志内一興訳）『古代世界の呪詛板と呪縛呪文』京都大学学術出版会、二〇一五年。

(35) ロバート・クナップ（西村昌洋監訳）『古代ローマの庶民たち　歴史からこぼれ落ちた人々の生活』白水社、二〇一五年、六七–六八頁。本書で描かれる浴場を舞台にした庶民生活も参照のこと。

(36) セネカ、前掲書、三四三–三四九頁。以降のセネカによる浴室に関する記述はこの部分である。

(37) 本村凌二ほか『ラテン語碑文で楽しむ古代ローマ』研究社、二〇一一年、一四四–一四七頁。

(38) T. Parkin, A. Pomeroy, *Roman Social History: A Sourcebook*, London, 2007, p. 226. など。

(39) 堤亮介「元首政期ローマにおける「都市の健全性」と公衆浴場」、*Journal of History for the Public* 11, 2014, pp. 17–35. を参照。他に、G. G. Fagan, “Bathing for Health with Celsus and Pliny the Elder”, *The Classical Quarterly New Series*,

Vol. 56, No. 1, 2006, pp. 190–207.

（40） G. G. Fagan, *Bathing in Public in the Roman World*, Ann Arbor, 1999, pp. 177–188. によれば、古代ローマの浴場が清潔であるというのは誤った見方で、古代ローマ人が抱いていたイメージの受け売りに過ぎないとする。実際に、考古学的な証拠を参照すれば、それが誤りであるという結論に至っても驚くに値しないとしている。ポンペイやオスティアをはじめとした古代ローマ世界の下水、トイレ研究で著名なG. C. M. Jansenもそれに同意している。G. C. M. Jansen, A. O. Koloski-Ostrow, E. M. Moormann, *Roman Toilets: Their Archaeology and Cultural History*, Leuven, 2013, pp. 158–159.

（41） ケルススの『医学論』から読み取れる浴場が感染源となりそうな症例を列記した。なお、ケルススは浴場、厳密には湯に浸かって身体を暖めることが健康によいことも併記しており、浴場で健康を回復する人もいれば感染症に冒されてしまう人もいたのである。ただ、ギリシア由来の医学は、原因の究明ではなく、普段は体力の増進、発症後は経過観察さらに対処療法が主であったので、感染源としての浴場の認識は薄い。ケルスス（石渡隆司ほか訳）『医学論』（1）-（16）、医事学研究、一九八六-二〇〇一年。

（42） アシェンバーグ、前掲書、一-四八頁では、入浴に関するギリシアからの伝統と古代ローマの浴場との違い、あるいは後者の不潔な実態をうまく説明している。

（43） A. T. Hodge, *Roman Aqueducts and Water Supply New Edition*, London, 2002. や、H. B. Evans, *Water Distribution in Ancient Rome: The Evidence of Frontinus*, Ann Arbor, 1997. などの解説、和書には、中川良隆『水道が語る古代ローマ繁栄史』鹿島出版会、二〇〇九年がある。

（44） もしかすると汚れた床で滑らないためかもしれない。サンダルをはじめとして、革や毛皮を使う生活用品についての解説は、M. Leguilloux, *Le cuir et pelleterie à l'époque romaine*, Paris, 2004. に詳しい。

（45） 注（39）の文献を参照。

（46） 以下のセネカの言葉は、すべてセネカ、前掲書、一七二-一七六頁からの引用である。

（47） 今井宏『古代のローマ水道――フロンティヌスの『水道書』とその世界』原書房、一九八七年に後述のフロンティヌスの『水道書』の邦訳と解説がある。

（48） A. Maiuri, *Ercolano: I nuovi scavi (1927–1958) I*, Roma, 1958, pp. 147–174.

（49） *Ibid.*, Fig. 114. この報告書の平面図には抜けがあり、この扇形入水階段と中央の凹型の円形浴槽が描かれていない。

おわりに　マネジメントの臨界点

第一のリスク、盗難で触れたように、古代ギリシアの哲学者クセノフォンは、ソクラテスの言葉として理想の住宅の条件に「安全」、「陽当たり」、「清潔さ」をあげた。快適で安全な家が理想であったのは今も昔も変わらない。しかし、都市の中で理想の住宅を手に入れることは古代ギリシアの時代も容易ではなかった。安全・安心という意味での理想の住宅を手に入れるのは、今も昔も夢に過ぎないのかもしれない。人間が想定する災害、あるいは人が起こす犯罪ですら、常に想定を上回って発生する。犯罪や災害を起こさないことではなく、起こったときにどのように対応するのか、また不幸にして被害が発生した場合にどのように処理するのかというクライシスマネジメントの重要性は古代も同じであり、古代ローマ人もそれを重要視したが、クライシスマネジメントを的確かつ有効に進めるためには、その前提として十分な予防措置、対策、つまりリスクマネジメントが施されていることを忘れてはならない。都市や建築の遺構を注意深く観察するとリスクの予防を意識した工夫が多く見つかる。

自然の大きな営みの中で発生した災害や、あるいは社会構造の変化にともなう人為的な発生も憂慮される人災（事故）、また犯罪者とのイタチごっこともいえる無益だけれども避けられない戦い、あるいはいつの間にか忍び寄る環境破壊や疫病などの脅威に対してどのように向き合うのか。あるいはどのように評価するのか、という問いが重要になっている。「場当たり的」という言葉は、思いつきととらえると決してよいイメージではないが、もともとの意味である演劇での気転を効かせた芸、すなわちアドリブのような意味合いでとらえれば、「優れた場当たり的対応」は存在するかもしれない。臨機応変といえるだろうか。古代ローマ人はそうした対応が得意であった。原理、原則は無視しないが、あくまでも実際的な効果、あるいは功利を重視して対応している。都市や建築の場合、場当たり的に対応してしまえば事故や災害に直結するかもしれないが、臨機応変に対応すれば発生した事故や災害の被害を最小限に抑えることもできる。臨機応変の裏側にはリスクをしっかり予防する入念な事前準備が存在していた。

警察権力をもたない訴訟社会であった古代ローマは、基本的には自己責任の世界であった。公共の利益に反すれば即、訴えられる危険があった。古代ローマ社会、とくに都市や建築を見る限りは、訴訟を避けるというよりも、訴訟になっても勝てる理論武装や手腕あるいはより具体的な措置が重んじられたように思える。そこでは事後処理ではなく、事前準備がものをいう。そのため、オスティアでは、かさ上げへの準備（結果として、出入りが不便な出入口をもたらす）や上階への生活空間の移動などの巨大なインフラ投資、また「庭園住宅」のように住宅棟を島のように囲んでアイランド化するプロジェクトも実行された。災害（火災も含めて）や犯罪など根本的な解決が不可能な問題に対しても、惜しみなく労力、資金を投入しており、その規模は莫大であろうと想像できる。

現代にも匹敵する建設・土木技術力を誇った古代ローマ人であるが、やはりその技術力によってリスクあるいはクライシスをマネジメントしようとした。ポンペイから出土したモザイク画に有名な「メメント・モリ（死の瞬間を想え）」がある（図5-1）。頭蓋骨の両側でトーガ（地位）と豪華な衣装（財産）

図 5-1　ポンペイ，「メメント・モリ」，「I.5.2 のなめし革工房」内のトリクリニウムで発見，現在はナポリ博物館蔵

が天秤にかけられている図である。これは、死んでしまえば地位も財産も無意味になると諭した寓意だといわれる。もちろん、それは間違いないが、じつは天秤は建築家が使うリベッラと呼ばれる水平を測るための道具である。また、骸骨がのっているのは車輪（発明、道具の象徴）と蝶（ひらめき、アイデアの象徴）であり、死んでも道具とアイデアは残る、あるいは貧富や身分差に関係ない（よく「富める家でも貧しい家でも水は高いところから低いところに流れる」と表現される）という意味も含まれる。そして、その上で地位と財産のバランスをとるのが建築なのだという。[1] このバランスをとるという表現がポンペイやオスティアの都市あるいは建築にピッタリくる表現である。古代ローマ人がもっていた技術観は、決して最先端の高度な技術がすべてに勝るという世界ではなく、バランス感覚をもって、我々が死んだ後に残る道具やアイデアがもっとも生き生きとするようなモノ造りの世界である。この道具が建設者（ビルダー）であり、アイデアが建築家（アーキテクト）だというのはいいすぎかもしれないが、ここではそう受け止めておきたい（こうした技術観の表現がポンペイという一地方都市に存在することが驚きでもある）。古代ローマ人はこのアイデアとそれを

実現する技術によって「安全」を「安心」にまで高めようとした。

先に登場した後一世紀末の水道長官、フロンティヌスは都市（ここでは首都ローマ）の利便性、健全性、そして安全性に資することが水道長官の職責と述べているが（Frontin. *Aq.* 1）、彼は、まさに水道技術によって首都ローマに貢献しようとしたのである。新しい浴場が提供した古代ローマ人の「新しい生活様式」は、あくまでも「結果として」、伝染病の脅威を抑えたのは間違いない。しかし、技術の本質とは、何か目的があって開発する以外に、「目的外」の効用が発見されたときに輝きを増すのも事実である。新しいテルマエにいけば何やら病気にかからないという自覚、つまり安心は決して根拠のないものではなかったのである。ただし、お湯を薄める行為（技術）は滅菌にはなるが、滅菌でない、つまり脅威はなくなったわけではなく弱まった（あるいは薄まった）だけであり、おそらく天然痘という空気感染によって広まる疫病に対しては無力であった。むしろ、技術を駆使して造り上げた密集という入浴を含めた都市生活スタイルが「想定外」の脅威をもたらしたのである。

疫病も含め、犯罪、火災、洪水などの脅威（リスク）には何か原因があると考え、原因を根絶することによって、リスクをなくせばよいと考えがちだが、人から金銭を奪う行為や火炎をなくしてしまうことは不可能であり、堤防によって水を防ぐことも失敗のくり返しである。疫病についても、滅菌は可能かもしれないが滅菌は難しく、たとえ根絶に成功しても、新しい疫病の発生は避けられない。歴史を見る限り、リスクは我々の生活に並存する事象ととらえるべきである。リスクは必ず存在する前提で、我々は心構えも含め常に対処しなければならず、その作業、手続きは永遠に続くのである。基本的に古代ローマ人は、リスク／クライシスマネジメントについては「まだら」であった。例えば、住宅のセキュリティに関しては、非常に厳重に玄関や店をロックするが、アトリウムや上階のベランダなど無防備と思われる箇所があったり、火災に対しても耐火性能の高い構造技術をもちながらもすべての建築に普及しているわけではない。洪水では堤防によって都市を守ることはせず、浸水を前提としたかさ上げや上階で対応したが、やはり最悪のシナリオに対応する安全な部分はまだらにしか存在しない。疫病についても、テルマエの安全性が増したとはいえ、オスティアの一七の浴場を見る限り、多くのバルネアも生き残っており、「健康的なテルマエ」もまだらな存在であった。古代ローマ人は、リスクへの対応の「規準」あるいは「規範」は示すが、それをすべての人々には強要しない。あくまでも「自己責任」による運用が求められるのである。「規準」や「規範」を遵守する人々が一定数存在する限りは、古代ローマのリスク／クライシスマネジメントはそれなりに機能する。もし、規準や規範が無視されて犯罪、火災、洪水が身近になれば、逆に遵守する人々が現れる。こうしたバランスの上に古代ローマ社会は成り立っていたように見える。そして、そのバランスが崩れ（その原因は経済力、技術力の衰退など様々ありそうであるが）、庭園住宅や建築の不燃化、高層化に過度の資金を投入し、「安心」を手に入れようとして失敗した結果、ある種の臨界点に達する。そのとき、古代ローマ人は「何もしない」というリセットを行うことも事実である。ポンペイのように自然災害が破壊した都市を「再建しない」というリセット、オスティアでは都市そのものが放棄（ポルトゥスへの移動）、つまりリセットされる。首都ローマはアウレリウス帝によってリセットされ、その後、人口が回復することはなかった。コンスタンティヌス帝は首都ローマを再びリセットして、バランスがとれるビザンティウムに移動したのかもしれない。我々、現代人にそのリセットができるかどうかはわからないが、現代の肥大化した都市に並存する脅威（リスク）の多様化、複雑化、そして「安心」への過度の要求を見ると、その臨界点は近づいているようにも見える。自然災害が強制的にリセットするかもしれないが、多くの古代ローマ皇帝のように、その場所を放棄することはおそらく我々日本人には難しいように思える。

本書で語ったリスク／クライシスマネジメントとは、リスクを生活の一部として受け入れた上でマネジメントすることである。見えても見えなくても、予測できてもできなくても、今そこにあるリスクを受け入れた上で入念に準備し適度の安心と安全を得ること、そして不幸にも災難、災害が発生したときには、その責任の所在を明らかにすること、これが古代ローマ人が教えるリスク管理の本質のように思える。

（1） S. Cuomo, *Technology and Culture in Greek and Roman Antiquity*, London, 2007.

エピローグ

本書では、ポンペイ、ヘルクラネウム、オスティア（を通じて首都ローマ）以外の都市や郊外、農村などはあつかわなかった。多くの資料は存在するものの、編者の能力の限界もあり、古代ローマ帝国の危機管理の全貌をとらえたとはいえないが、まずはご容赦願いたい。ただ、現時点で限定的にいえることは、本書で取り上げた脅威でも犯罪や火災については、郊外や農村においても、都市に準じる管理と考えて問題なさそうではある。

本書の中で視野に入れたもう一つの課題は、いかに「ポンペイ」と「オスティア」をつなぐか？である。もちろん「政治史」や「経済史」的に両都市をつなげることは簡単であり、多くの研究があるが、建築・都市史的につなぐには、時間的に断絶しているのでとても難しい。後七九年に火山灰の下に埋もれたポンペイは、後一世紀アウグストゥス帝以降の時代に古代ローマが経験した建築・都市の大変革（レンガ、ドームなど最新建築）の影響が到達する前の世界である。一方、衰退しながらも後五世紀まで存続したオスティアは、古代ローマの円熟した建築技術や都市計画の影響を色濃く受けていることは間違いない。建築・都市史的に見ても大きく発展段階の異なる都市を「つなぐ」試みは、欧米の研究者には無謀に思えるかもしれない（欧米では、ポンペイ研究者とオスティアなど古代ローマ後期の研究者は完全に住み分けられており、比較研究は散見されるが、「つなぐ」試みはほとんどされていない）。簡単にいえば、ポンペイのアトリウム住宅とオスティアのインスラのように、建築・都市的に見ても「違いすぎる」のである。また、不整形ながらもグリッドプランをもつポンペイに対して、オスティアにはグリッドプランそのものがない。こうした違いは、後二世紀前半までのトラヤヌス帝、ハドリアヌス帝の時代の建築・都市の発展が凄まじかったためであるが、その前後の都市の様態の違いは、研究者の想像を超える部分もある。しかし、それらをあえて「つなぐ」ことは、古代ローマを一つの総体として見るという本書のもう一つの目的にも合致し、一つの文明が構築した世界（都市）をはじまりから終わりまで通観する試みに挑戦することでもあった。そして本書を構想した時点で確信したのは、「防災・防犯」という視点が、両都市を「つなぐ」ための大きな軸になる可能性をもつことであった。それは人間の生活に直結する問題として「防災・防犯」が存在するからである。防災・防犯については、建築や都市がいかに変貌しようとも、人々の関心が薄れることはない。とくに、防犯については、時代、地域に関わらず、共通した問題で、とくに都市インフラが整い外部からの人口の流入も盛んであった古代ローマ都市で、しかも強固な警察組織が存在しないなかで、犯罪の抑制がどのように図られていたかは非常に興味深い問題であった。簡単な施錠は可能であったが、必ずしも現代ほど厳重な戸締まりが期待できない古代ローマにおいて、警察や施錠に頼らない防犯、とくに住宅内部での工夫や仕組みについて提示できた。このように古代ローマの都市は防災・防犯から見ても決して遠い古代の町ではなく、現代社会にも示唆的な先例として見直すことができるのではないか。

古代ローマ帝国は、集合住宅や上下水道など近代都市でも基盤となるインフラを内包しているだけでなく、電気や内燃機関を用いずに現代社会に匹敵する快適な生活の実現に成功しており、単なる西欧の古代文明ではなく、現在の人類全体が参考にすべき世界文明である。また、快適な都市生活のために、防災・防犯あるいは健康は欠かせない要素であり現代社会に大きな示唆を与えることができる。本書では、こうした視点を大事にするために、研究書としてではなく一般書としての体裁を選び、研究者だけでなく、一般の人々にも鮮烈なイメージを与えることができるよう心がけた。ポンペイ遺跡は火山国である日本でもなじみ深く、多くの観光客が訪れるが、それに比してヘルクラネウムやオスティアは知名度が低く、遺跡の重要度の割にメディアでの紹介は少ないのが実情である。本書が、これらの遺跡を日本人に紹介、解説する機会となれば望外の喜びである。

最後に、本書にはＪＳＰＳ科研費 18H03806 および 18H00732（ヘルクラネウムに関する部分）の成果が含まれる。また平成二六〜二九年度（二〇一四〜二〇一七年度）、セコム科学技術振興財団研究助成、「古代ローマ帝国の防災・防犯マネジメント」の成果は本書の根幹をなす。最後に、図版を作成してくれた九州大学大学院の修士、山谷勇太郎、林詠賓、趙欣妍の諸氏にも名前を紹介することで謝意を表したい。

二〇二一年一月

堀　賀貴

執筆者紹介（執筆順，＊は編者）

堀　賀貴（ほり・よしき）＊

博士（工学，京都大学），M.Phil（マンチェスター大学）

1964 年三重県生まれ，京都大学大学院工学研究科建築学専攻博士後期課程単位習得の上退学，山口大学講師，准教授を経て，2003 年より九州大学大学院人間環境学研究院都市・建築学部門教授。

エヴァン・プラウドフット（Evan Proudfoot）

Ph.D

1984 年米国ミシガン州生まれ，ミシガン大学卒業後，オックスフォード大学リンカーン・カレッジ修士，博士課程で古代ローマ考古学を学ぶ。2018 年オックスフォード大学より Ph.D を取得。

藤井慈子（ふじい・やすこ）

博士（史学，上智大学）

1971 年生まれ，上智大学大学院文学研究科史学専攻博士後期課程修了，日本学術振興会特別研究員，イタリア政府奨学生を経て，現在イタリアを拠点に活動するローマ・ガラス史家。

ジャネット・ディレーン（Janet Delaine）

Ph.D

1954 年オーストラリア生まれ，レディング大学の講師，上級講師を経て，2005 年よりオックスフォード大学ウォルフソン・カレッジ准教授，2019 年より同カレッジの古代世界研究クラスターのディレクターを務める。

古代《こだい》ローマ人《じん》の危機《きき》管理《かんり》

2021 年 5 月 15 日　初版発行

編　者　堀　　賀　貴

発行者　笹　栗　俊　之

発行所　一般財団法人　九州大学出版会
〒814-0001　福岡市早良区百道浜 3-8-34
九州大学産学官連携イノベーションプラザ 305
電話　092-833-9150
URL　https://kup.or.jp
印刷・製本／城島印刷㈱

©Yoshiki Hori, 2021
Printed in Japan　ISBN 978-4-7985-0301-1

近刊紹介

古代ローマ人の都市管理

堀　賀貴 編　　　　四六判・定価 1,800 円

後 1 世紀，首都ローマで巨大なコロッセウムの建設が進む一方，地方都市ポンペイは大地震からの復興途上にあった。金融危機・政変・大火や公共投資の失敗といった都市管理上の危機に，中央の為政者たちはどのように対応したのか？　ウェスウィウス火山の噴火による都市消滅が迫る直前まで，下水道や交通などの都市インフラ上の問題にポンペイの人々はどのように対処したのか？　レーザースキャニングと GPS による実測結果をもとにした流水シミュレーション等の多数の図版・写真や豊富な文献史料から，古代都市のリアルな姿に迫る。

九州大学出版会　　　　（価格税別）